業務別 データベース設計のための

データモデリング入門

渡辺幸三

◎システム屋と業務屋の共通言語「データモデル」
◎広範囲な業務知識も一石二鳥で学べる
◎実用的なモデリング例満載

- 商品管理
- 在庫管理
- 販売管理
- 購買管理
- 取引先管理
- 会計管理

日本実業出版社

まえがき

言葉が通じなくなったとき、塔は崩れた

　企業の情報化投資には巨額の資金が投入されます。システムベンダー等の外部リソースを利用すれば、予算は数百万円から数千万円、場合によっては数億円という桁に達します。それぞれの企業がそれぞれの財務状況に応じた精一杯のコストをかけて、情報化投資に取り組んでいます。

　では、それらの投資活動の「成功率」は実際どの程度なのでしょう。投資額に見合うほどのコスト削減や競争力強化を実現できたなら「成功」だとして、そのような結果に至るプロジェクトは全体の何割くらいなのでしょう。

　はっきりした数字があるわけではないのですが、筆者はシステム開発の世界に長年かかわっている者として、システム開発プロジェクトの成功率は一般に想像されている以上に低いだろうと予想しています。雑誌には成功事例も失敗事例も紹介されていますが、成功事例は「珠玉と言うべき特殊な恵まれたケース」で、失敗事例は「氷山の一角」だと筆者は考えています。

　この予想は、昨今のＩＴ（情報技術）の発展とそぐわない印象を読者に与えるかもしれません。しかし、決して矛盾することではないのです。

　システム開発の成功のカギは、ソフト技術者やシステム系コンサルタントをはじめとした情報システムの専門家（システム屋）と、ユーザーや経営者といった業務の専門家（業務屋）との協力体制にあります。ところが、情報システムや業務がそれぞれ高度に専門化した結果、皮肉なことにシステム屋と業務屋の「溝」がかえって広がっているのです。両者とも相手の世界に関心を払う余裕がないほど、自分の世界

の問題で手一杯になってしまいました。

　そのために、両者が相手の意向を理解しないままにシステムが組み立てられてしまう、ということが起こります。業務屋は、「自分にはよく理解できないけれどシステム屋が何やら気のきいた感じのシステムを設計してくれてるし、自分としても言うべきことは言ってあるから大丈夫だろう」と設計を承認してしまう。一方、システム屋は、「業務屋が兎にも角にもこの仕様を承認したし、納期も迫っている」という理由で、どんどんシステムを組み立ててしまう。これではうまくいくほうが珍しいと言わざるを得ません。

　結局、システムがほとんど完成した頃になって、ユーザーから「こんなシステムだとは思わなかった。これでは使えない」というクレームが続出することになります。そのため、技術者たちが燃え尽きるほど働いて修正しても、結局はユーザーにとって不満足なままに稼働せざるを得ない——。これが現実のシステム開発のよくあるパターンです。あまりに大きなムダ、あまりに痛ましい犠牲と言うべきです。

　情報システムを現代の「バベルの塔」にしてはなりません。天に届きそうだった塔は、人々の言葉が通じなくなったときに崩れました。同じようにシステム屋と業務屋の言葉が通じなくなれば、巨額を投入したシステム開発もやはり破綻します。システムを完成させ、稼働させるためには、彼らに「お互いにわかりあえる言葉」を使ってもらわねばなりません。しかし、そんな便利なものがあるのでしょうか——実はあるのです。

　「データモデル」が、両者の共通言語としての役目を果たしてくれます。なぜなら、データベースシステムとしての論理的な制約を考慮した枠組みで業務要件を表現したもの——それがデータモデルだからです。

　本書は、システム屋と業務屋の双方にデータモデリングの技術を学

んでもらうための実用書です。そのために本書は、コンピュータの知識がなくても、また業務知識がなくても理解できるようになっています。

　第1部ではデータモデリングの文法や背景が解説されます。データベースの役割から始めて、データモデリング技術の理論やテクニックが説明されています。理論といってもことさら難しいものではありません。毎日のようにデータモデリングに取り組んでいる者として、最低限これだけを理解すれば十分と判断できる実践的な内容を厳選してあります。

　とはいえ、データモデリングの文法だけ理解しても実戦には臨めません。外国語の勉強と同じく、「用例」にふんだんに触れておかねば学んだ言語は実際には使えないからです。

　そのために、第2部は「データモデルの用例集」になっています。6つの業務分野ごとに、データモデルが「単純だけど硬直的」なものから「複雑だけど柔軟」なものへ発展する過程が示されます。それなりに高度な内容も含まれていますが、それらを読み進めることによって、読者はデータモデリングのための思考の枠組みを把握できるだけでなく、一般的な企業活動がどういうものであるかを理解できます。

　なお、第2部の業務分野として物品の在庫／販売管理と会計管理が選ばれているのは、これが業務支援システムとして基本的なものだからです。この分野の基本的なデータモデルを理解したなら、読者は他の業態・業務向けのデータモデリングにも臨みやすくなるでしょう。

　読者がシステム屋として、あるいは業務屋としてかかわる情報システムの品質向上のために、本書の内容が役立つことを心から願っています。

渡辺　幸三

〈業務別〉データベース設計のためのデータモデリング入門●もくじ

まえがき

第1部　データモデルとは何か

第1章　データベースとデータモデル ……………………………11

1　表計算からデータベース処理へ ……………………………12
データベースの役割 ………………………………………12
データベースの「敷居の高さ」 …………………………15

2　リレーショナル・データベースの歴史 ……………………17
リレーショナル・データベースの登場と普及 …………17
データモデリング技術の発展 ……………………………17

3　なぜデータモデルが必要なのか ……………………………19
システムの破綻を事前に防止する ………………………19
「処理系」の複雑さがネック ……………………………19
プロセス指向vsデータ指向 ………………………………21
料理の取り分け作業にみる複雑さ ………………………22
シンプル・イズ・ベストとは限らない …………………25

4　広がるデータモデルの役割 …………………………………27
システムをわかりやすく示すために ……………………27
パッケージ導入にもB2Bにも ……………………………29

5　システム屋と業務屋の共通言語 ……………………………31
システム屋と業務屋とがわかりあえない ………………31
データモデルでわかりあう ………………………………32
技術者同士が相互批判するために ………………………34

第2章　データモデリング入門 ……………………………… 37

1　データ項目を捕まえる ……………………………………… 38
「数値化可能な上位概念」を探す ……………………………… 39

2　エンティティをまとめる ……………………………………… 41
関数従属性を見極める ………………………………………… 41
エンティティと識別子 ………………………………………… 42
属性項目を欠くエンティティ ………………………………… 45

3　識別子の諸相 ………………………………………………… 46
識別子にも「格」がある ……………………………………… 46
「人工的」な識別子 …………………………………………… 47
複合キー ………………………………………………………… 48

4　エンティティ関連 …………………………………………… 50
基数制約の示し方 ……………………………………………… 50
エンティティ関連その1：親子関係 ………………………… 52
概念が結婚して子供が生まれる ……………………………… 55
エンティティ関連その2：参照関係 ………………………… 56
3種類の属性項目 ……………………………………………… 58
エンティティ関連その3：派生関係 ………………………… 60

5　完全正規形への3つのルール ……………………………… 64
「正規化」とは何か …………………………………………… 64
「第三正規形」でも十分ではない …………………………… 65
実務家のための3つの正規化ルール ………………………… 66

●コラム1　第一正規形からBC正規形へ ………………… 71

第3章　データモデリングの実際 …………………………… 77

1　エンティティ関連を使い分ける …………………………… 78

　　　　処理を意識するということ …………………………… 78
　　　　参照と親子の使い分け例 ……………………………… 79

　　2　2種類の「正しさ」……………………………………… 82
　　　　正しさを検証するための2つの関門 ………………… 83
　　　　「用例」の正しい使い方 ………………………………… 84

　　3　モデルの正しさを検証する …………………………… 87
　　　　ユーザーの発言をあてにし過ぎないこと …………… 89

　　4　トップダウンとボトムアップ ………………………… 92
　　　　現在の姿を参考にする（ボトムアップ・アプローチ）……… 92
　　　　思いや願いを参考にする（トップダウン・アプローチ）…… 94
　　　　「イイとこ取り」の混合型アプローチ ………………… 94

　　5　その他の分析図法 ……………………………………… 96
　　　　DFDの文法 ……………………………………………… 96
　　　　DFDの活用方法 ………………………………………… 98
　　　　分析・設計手順の全体 ………………………………… 101

　　　●コラム2　「鑑賞される絵」としてのデータモデル …… 104

第2部　業務別データモデル用例集

第1章 商品管理 …………………………………………… 107

　　1　商品とは何か …………………………………………… 108
　　　　色違い、サイズ違いの商品 …………………………… 108
　　　　拡張属性をサブタイプ化する ………………………… 114
　　　　フィーチャ・オプション ……………………………… 115

　　　　セット商品 …………………………………………………118

　2　商品の分類体系 ………………………………………………120
　　　　「階層型」の分類 ……………………………………………120
　　　　「マトリクス型」の分類 ……………………………………124
　　　　より複雑な分類形式 …………………………………………125
　　　　「分類体系のバージョン」を導入する ……………………126

　3　単価のいろいろ ………………………………………………128
　　　　識別子と範囲指定項目の関係 ………………………………129
　　　　販売単価検索用の関数を用意する …………………………131

　　　●コラム3　データモデルとサブシステムの深い関係 ……132

第2章 在庫管理 …………………………………………………141

　1　倉庫と在庫 ……………………………………………………142
　　　　在庫と受払 ……………………………………………………142
　　　　いろいろな「入出庫」 ………………………………………144
　　　　在庫金額を把握する …………………………………………145
　　　　在庫評価法のいろいろ ………………………………………145
　　　　月次管理のしくみを組み込む ………………………………147

　2　利用可能在庫と引当 …………………………………………149
　　　　100個あっても100個出せるとは限らない ………………149
　　　　引当すればよいというものではない ………………………151
　　　　「在庫の未来」を見通す ……………………………………153

　3　ロットと荷姿 …………………………………………………156
　　　　ロットごとの在庫管理 ………………………………………156
　　　　「荷姿」を考慮する …………………………………………158
　　　　「ロケーション」を導入する ………………………………160

- 4 一般出庫 ……………………………………………… 163
  - いろいろな在庫取引 ……………………………… 163
  - 受払情報との関係 ………………………………… 167
  - 「赤黒基準」による取引訂正 …………………… 169

- 5 棚卸 …………………………………………………… 171
  - 実棚数と理論数との差で調整する ……………… 171
  - 在庫取引を禁止しないで棚卸する ……………… 172
  - 「棚卸指示」を導入する ………………………… 175
  - 棚卸のタイミングと対象範囲 …………………… 179
  - 在庫精度の向上 …………………………………… 180

第3章 販売管理 …………………………………………… 181

- 1 受注する …………………………………………… 182
  - 受注情報を階層化する …………………………… 184

- 2 納期回答する ……………………………………… 188
  - 出荷予定を管理する ……………………………… 189

- 3 出荷する …………………………………………… 192
  - ロット出荷 ………………………………………… 194
  - 梱包単位を考慮する ……………………………… 196
  - 出荷報告と送り状発行 …………………………… 197
  - 直送 ………………………………………………… 199

- 4 売上計上する ……………………………………… 201
  - 返品に対応する …………………………………… 203
  - 調整売上 …………………………………………… 204
  - 営業活動の評価 …………………………………… 204

第4章 購買管理 …………………………………… 207

1 発注する ………………………………………… 208
 どれくらいの量を発注すべきか ………………… 208
 入荷予定を登録する ……………………………… 211

2 入荷を受け付ける ……………………………… 212
 入荷実績を登録する ……………………………… 212
 受入と検収 ………………………………………… 214
 発注担当者の評価基準 …………………………… 216
 ロット管理品の入荷 ……………………………… 217

3 仕入計上する …………………………………… 219
 仕入の元ネタにもいろいろある ………………… 219

　●コラム4　正規形を「ずらす」ということ ……………… 221

第5章 取引先管理 ………………………………………… 225

1 取引先とは何か ………………………………… 226
 取引先のサブタイプ ……………………………… 226
 「一見さん」の扱い ………………………………… 228

2 売掛と請求 ……………………………………… 230
 売掛残高 …………………………………………… 230
 識別子とエンティティ名 ………………………… 232
 売上を締めて請求書を送る ……………………… 233
 入金消込 …………………………………………… 235

3 買掛と支払 ……………………………………… 237
 相殺 ………………………………………………… 238

　●コラム5　エンティティとテーブル ……………………… 240

第6章 会計管理 ……………………………………………………… 243

1　勘定科目と仕訳 ……………………………………………… 244
　　簿記を学ぶということ ………………………………………… 245
　　勘定科目とは何か ……………………………………………… 246
　　仕訳とは何か …………………………………………………… 247

2　総勘定元帳 …………………………………………………… 250
　　仕訳日記表を作る ……………………………………………… 250

3　決算書の作り方 ……………………………………………… 253
　　決算とは何か …………………………………………………… 253
　　試算表と決算書 ………………………………………………… 254
　　「博打」の結果を報告する …………………………………… 259
　　実際の決算書 …………………………………………………… 261

4　キャッシュフロー計算書 …………………………………… 266
　　キャッシュフロー計算書の作り方 …………………………… 266
　　直接法で求める営業キャッシュフロー ……………………… 268
　　間接法で求める営業キャッシュフロー ……………………… 269

5　会計システムのデータモデル ……………………………… 272
　　勘定科目 ………………………………………………………… 272
　　部門 ……………………………………………………………… 273
　　仕訳と決算集計 ………………………………………………… 274
　　仕訳例と集計例 ………………………………………………… 275

6　業務支援システムとの関係 ………………………………… 280
　　見えなくなる会計システム …………………………………… 281
　　消えゆく「補助科目」 ………………………………………… 282
　　業務支援システムと2つの会計システム …………………… 283

　　あとがき
　　さくいん

カバーデザイン／田中　聖、本文組版・図版／一企画、イラスト／筆者

> 第1部
> データモデル
> とは何か

第1章 データベースと データモデル

「データモデル」とはそもそも何なのでしょう。これが企業の情報化投資において重要視されるべきであるのはなぜなのでしょう。こうした疑問に答えるために本章では、データモデルと関係の深い「データベース」の話から始めて、システム屋と業務屋の相互理解を進める「共通言語」であるデータモデルの役割と位置づけを説明します。

第1部 データモデルとは何か

1 表計算から データベース処理へ

「データ処理」と聞くとMicrosoft Excel®などの表計算ソフトを想像する読者も多いと思います。実際、表計算ソフトは日常的なデータ処理にはたいへん手軽で便利で、筆者のような「データベース屋」にとっても、欠くことのできないツールです。

とはいえ、便利な表計算ソフトにも限界はあります。例えば、一覧表形式の情報が複数個かかわるような複雑な形式の情報を扱い始めると、とたんに扱いが面倒になります。複雑な形式の情報を整合性のとれた形で処理するには、表計算の設定（ある種のプログラミング）が複雑になるからです。また、表計算ソフトでは設定そのものがユーザーに「むき出し」になっているため、その場の思いつきで試行錯誤しながら気楽に設定できて便利な反面、設定した本人以外が簡単に設定を変更できてしまうという問題があります。さらに、表計算ソフトで作られたシートを複数のユーザーが同時に利用できないという基本的な制約もあります。

■データベースの役割

複雑な形式のデータ処理を複数のユーザーに安心してまかせるためには、表計算ソフトよりも「データベースソフト」のほうが便利です。

その理由を説明しましょう。

図1●表計算ソフトとデータベースソフト、どっちを選ぶ？

手軽さなら表計算ソフト、複雑なデータを扱うのならデータベースソフト！

図2●表計算ソフトとDBMSを比べると…

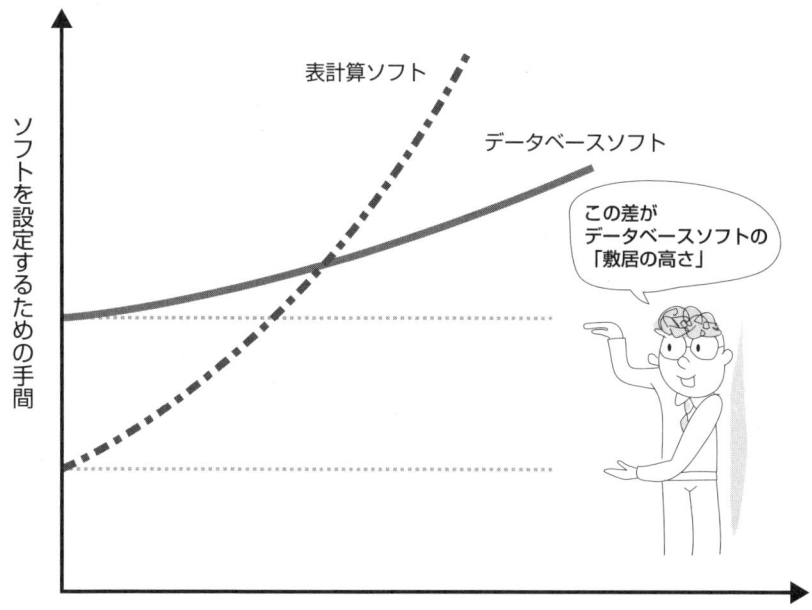

　データベースとは「データの基地」という意味で、複雑かつ膨大な情報を多くのユーザーに同時に利用してもらうための格納形式のことをいいます。これをコンピュータ上で実装するためのツールが**データベースソフト**（または**DBMS**，DataBase Management System）と呼ばれるソフトウェアです。

　表計算ソフトとDBMSの特性の違いは上のようなグラフで表わせます。これは扱うデータの形式の複雑さと、それらのデータを扱うための設定の手間とを比べたものです。

　表計算ソフトを使う場合、単純な形式を扱うならお手軽です。ところが、扱うデータの形式が複雑になるにつれて設定の手間が急に煩雑になります。一方、DBMSでは単純な形式のデータを扱う場合にも比較的手間がかかるという意味で「敷居が高い」とは言えますが、グラフの勾配が緩やかなことからわかるように、データ形式が複雑になっても手間はそれほど増えないため、

図3●目的・用途に合わせてデータベースと表計算が組み合わされる

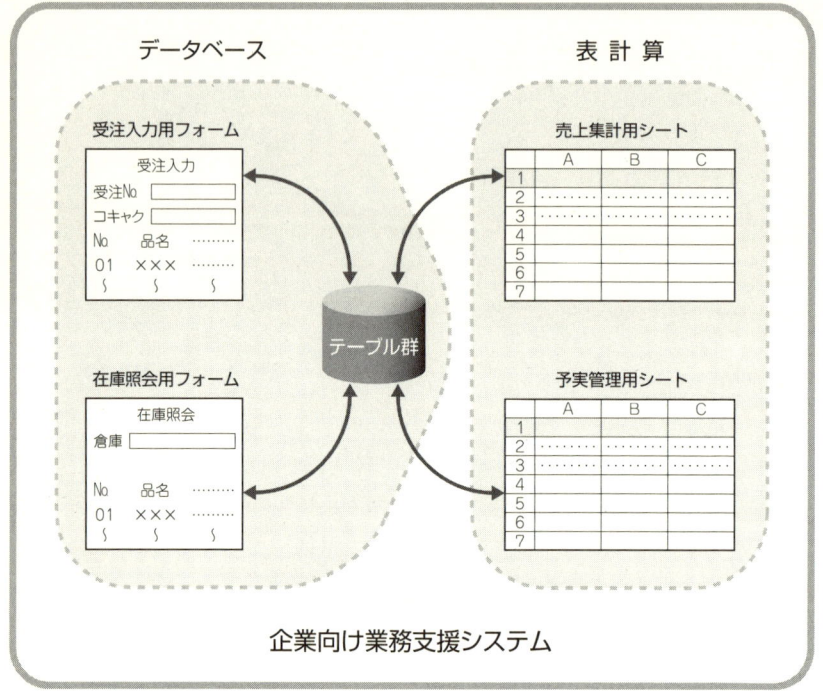

一定以上の複雑さにおいては表計算ソフトよりも扱いやすくなります。

　特に、企業活動を支援するシステムを組み立てるためにはDBMSが不可欠です。その種のシステムでは、複雑な形をとる膨大なデータが扱われるだけでなく、多くのユーザーが同時に利用することになるからです。DBMSはまさにこのような形態でのデータ処理を得意としています。

　なお、実際の企業向け情報システムは、しばしばデータベースと表計算を組み合わせた形で作られます。複数のユーザーによって共用されるようなデータを格納するのにデータベースが使われ、一部のデータを特定の目的のために取り出して加工するのに表計算ソフトが使われます。それぞれによいところと不便なところがあるので、両者をバランスよく組み合わせることによって、システムのトータルな使いやすさが向上します。

■データベースの「敷居の高さ」

　複雑で膨大なデータを多くの人数で同時に処理するためにはDBMSのほうが便利だと説明しました。ところが、DBMSのマニュアルを読んで使い方に習熟したとしても、それだけではデータベースシステムは作れません [注]。実はDBMSの便利さを享受するためには、上述したような「操作上の敷居の高さ」のほかに「思考上の敷居の高さ」とでも呼ぶべきハードルを越えなければならないのです。

　その意味をたとえ話を使って説明しましょう。

　小説を書いたこともなくワープロを使ったこともない人が突然、ワープロを使っておもしろい長編小説を書いて提出しなさいと指示されたとします。この人は、ワープロのマニュアルを読むだけで、作品を完成させることができるでしょうか。

　彼がたまたま文学の天分に恵まれた人物でない限り、無理に違いありません。なぜなら、ワープロを使えるようになる以外に、おもしろい物語のアイデアを生み出したり、そのアイデアを長編小説という形式に沿って整理するために、特別な技術や訓練が必要だからです。そして、そのための知識はワープロのマニュアルには書かれていないので、マニュアルを熟読したとしてもワープロの操作方法が理解できるだけで、作品を完成させることはできません。

　DBMSを使ってデータベースシステムを組み立てるのも、これと同じようなものです。

　一般に、ワープロやDBMSのような道具を活用するためには3種類の知識や能力が必要です。ひとつは素材としてのアイデアを発想したり収集するための能力（A）、2つ目がそのアイデアを道具が要求する様式に合わせて解釈したり設計したりするための知識やセンス（B）、3つ目が道具そのものやその使い方に関する知識（C）です。この3つが揃っていなければ、どんなに気の利いた道具を揃えても優れた成果を生み出すことはできません。

　書店へ行けば「ナントカで簡単データベース」といった書籍やパソコン雑誌の記事をたくさん見つけることができますが、実はそれらのほとんどが

[注] 住所録のような単純な形式のデータしか扱わないというのなら可能でしょうが、その程度なら表計算ソフトでも間に合います。

図4●作品を生み出すために必要な3つの知識や能力

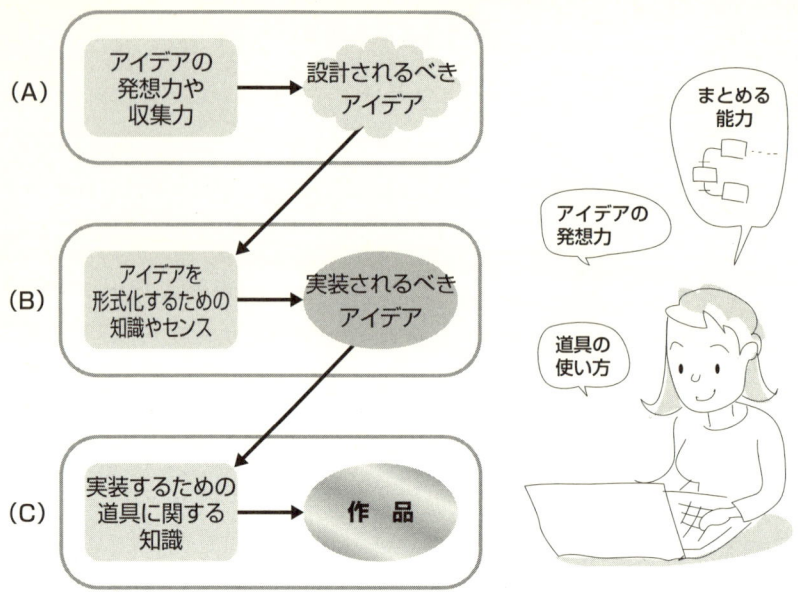

(C) を解説したものでしかありません。実際、(C) に限れば、DBMSを初心者にもわかりやすく解説するのは難しいことではありません。ところが、読者の多くはその種の記事をいくら読んでも「敷居の高さ」が完全に解消された気分にはなりません。「わかったけど、まだわからない」という感じを抱いたままです。それは、その種の記事には「(A) や (B) に関しては自分でナントカしてください」という「暗黙の了解」があるからです。多くの初心者はそこでつまずいてしまいます。これが、DBMSを扱う場合の「思考上の敷居の高さ」の正体です。

そういうわけで、DBMSを活用したいのなら、DBMSの知識 (C) だけでなく、業務要件を確実に収集し (A)、収集された業務要件をDBMSの様式に再構成する (B) ための技術を学ばなければなりません。そのための技術（知識体系）が**データモデリング**です。そして、本書はまさに「企業の業務支援システムを構想したり理解するために必要な (A) や (B) に関して自分でナントカする」ための入門書です。

2 リレーショナル・データベースの歴史

　データモデリングの説明に入る前に、**リレーショナル・データベース**（**RDB**）の歴史を概観しておきましょう。データモデリングの考え方はRDBの普及の過程で生まれたもので、両者は切っても切り離せない関係にあるからです。

■リレーショナル・データベースの登場と普及

　現在のデータベースの標準的な枠組みであるRDBは、1970年にIBMサンノゼ研究所のE．F．コッド博士によって提案されました。それは「コンピュータ側の都合」を無視した純粋に数学的な理論体系で、データベースを「**テーブル** [注] **の集合**」として形式化できることを示すものでした。さっそく、この画期的な体系にもとづくデータベース管理システム（DBMS）の開発が始められました。

　「階層型データベース」等の従来型のデータベースを推す陣営は、リレーショナル・データベースは机上の空論であって、まともな効率で動くDBMSは開発不可能だろうと予想していました。しかし、従来型の「コンピュータ側の都合を考慮したDBMS」にひけをとらない性能の**リレーショナル・データベース管理システム**（**RDBMS**）が1980年までに完成しました。それは、コッドの理論が完成度の高いものであったうえに、ハード系の技術革新のスピードが予想を越えるものであったためです。その後の10年でリレーショナル・データベースはデータ処理の世界で不動の地位を確立しました。

■データモデリング技術の発展

　RDBMSが普及する過程で、現実世界におけるデータ要件とデータベース設計とを結びつけるための方法論が必要になりました。いくらデータベースが数学的な枠組みを持ったとしても、現実の問題は数学的な姿をとっていま

[テーブル] 表形式の情報のまとまり。詳しくは後述。

せん。現実の問題に対するデータベース設計の「解」を手早く見出すためには何らかの工夫が必要でした。

その先鞭をつけたのが、台湾出身で当時マサチューセッツ工科大スローン校の助教授だったP．チェン博士によって1976年に発表された**ER図**（Entity Relationship Diagram）です。チェンの提案はもともとデータベース設計のための図面を意図したものではなかったのですが、RDBで扱われるべき情報の「形」が視覚化可能であることをタイミングよく示してくれました。

彼が提案したER図において、認識されるべき現実における諸要素は**エンティティ**か**関連**かのどちらかに分類されます [注]。「エンティティ」は「関連」によって他の「エンティティ」とリンクされます。このような枠組みにもとづいて、さまざまな事象を分析・視覚化していこうというのが彼の提案でした。

発表以来さまざまな改良がなされ、ER図にもとづくデータベース設計手法はシステム屋にとって不可欠な技術となりました。ER図などの図法を用いて視覚化された「情報の形」を**データモデル**といい [注]、データモデルを組み立てる行為のことを「データモデリング」といいます。

図1●P.チェンのER図

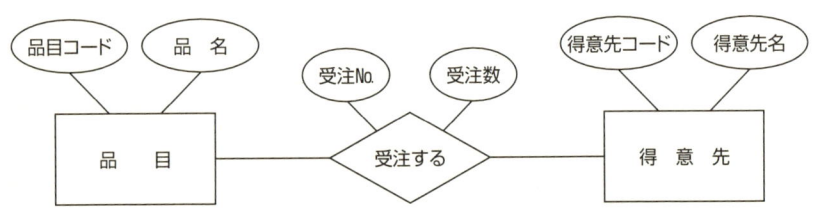

本書での図法については次章で詳しく説明しますが、チェンのオリジナルとはかなり異なっています。本書のER図はＪ．マーチンの図法を応用したもので、後述するように、この形式に従うと、データモデルの内容が「論理的に正しい」ことを形式的に検討できるようになっています。

[エンティティ(entity)]「実体」などと訳される英単語。ある種の情報のまとまりで、データベースにおける「テーブル」に相当します。図1の長方形。

[関連(relationship)]エンティティ同士のある種の関係を示します。図1のひし形。

[注]紛らわしいことに、リレーショナル・データベース、階層型データベース、ネットワーク型データベースのそれぞれの形式を、「リレーショナル・データモデル」、「階層型データモデル」、「ネットワーク型データモデル」ということがあります。したがって、正確を期すなら「これは、リレーショナル・データモデルに準じたデータモデルです」と言うべきなのですが、これではかえって混乱してしまいます。本書でデータモデルという場合、常に「RDBの枠組みにもとづいてER図で描かれた情報の関連図」と理解してください。

3 なぜデータモデルが必要なのか

　業務支援システムは複雑かつ膨大なものなので、複雑さがうまく分散されるようにデザインしないと保守性の悪いシステムになってしまいます。そのために、データモデルがどのように貢献するかを見ましょう。

■システムの破綻を事前に防止する

　データベースに含まれるテーブルが片手で数えられるくらいの数しかない場合には、データモデルを作っても作らなくても大きな差はありません。しかし、企業の業務支援システムにはテーブルが数十個から数百個も含まれます。それくらいの規模になると、データモデリングせずにいきなりテーブルを作成していくのは、事前にプロットも決めないで推理小説を書き始めるようなものです。物語は遅かれ早かれ破綻するか、つじつま合わせのために無理をする羽目になるでしょう。

　データベースシステムの開発も同じです。データモデルを使って、関係者全員でデータベース設計の妥当性を事前に検証しておかねばなりません。

　また、とにかくデータモデリングすればいいということではなく、「適切なデータモデル」を組み立てなければなりません。なぜなら、データモデルの出来・不出来はデータベースシステム全体の複雑さに影響し、ひいてはシステムの開発・保守コストに決定的な違いをもたらすからです。

■「処理系」の複雑さがネック

　その理由を説明する前に、一般的な企業向け業務支援システムの構造を理解してもらわなければなりません。

　システムは以下の3つの要素で出来ています。まずは、データが格納されている**データベース系**。そして、データベースからデータを取り出してそれを画面や紙の上に出力したり、取り出したデータを加工してデータベースに

図1●業務支援システムの3要素

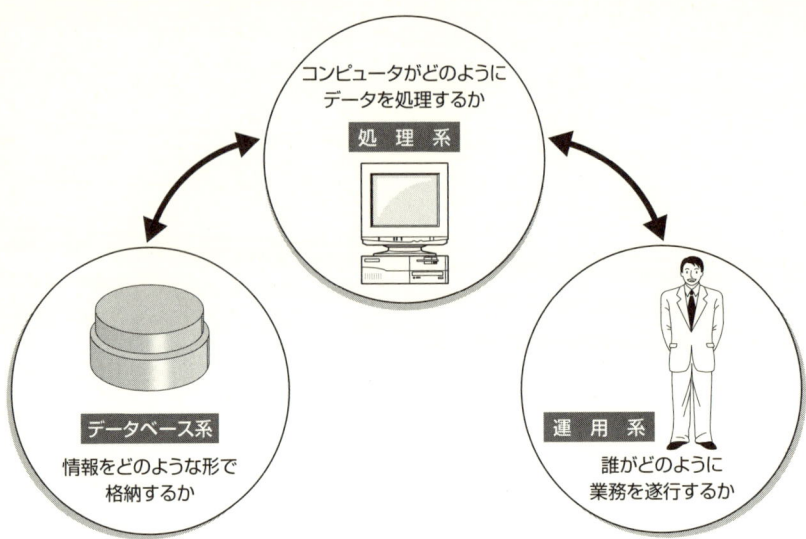

戻すといった作業を行なうプログラム群、すなわち**処理系**。3つ目が、処理系をどんなタイミングでどのように組み合わせて、誰（受注担当者等のユーザー、およびコンピュータ）がどんな業務を遂行するのかを示す**運用系**です。

　一般にシステムの複雑さは処理系に極端に偏りがちです。それは、処理系が基本的に「プログラミング言語」で記述されるものだからです。「言語」というくらいなので、これを使えば相当ややこしい処理内容を書くことができます。しかし、これを裏返せば、プログラミング言語のせいで処理系に複雑さが偏ることを抑制しにくいということでもあります。

　そのために多くのシステムが、複雑になりすぎた処理系のせいで「酸欠状態」に陥っています。その結果、変化するビジネスの状況に応じてシステムを改造しにくいとか、そもそもプログラムの内部がどうなっているのかわからないので改造したくてもできないといったさまざまな不具合が生じます。企業活動を支援するはずの情報システムなのに、情報システムのせいで業務改革に取り組めないなどという笑えない実例もあります。

第1章 データベースとデータモデル

■プロセス指向vsデータ指向

　ある意味で、そのような状況は「プログラム言語を使ってやれること、つまり処理（プロセス）」を基準としてシステムの仕様が決められていくために生じています。これを**プロセス指向アプローチ**といいますが、このやり方で出来あがるデータベースは「プログラムの仕様に合わせたデータの格納様式」でしかありません。そのようなデータベースのあり方はプログラムのあり方と密接に関連するので、プログラムを変更する場合、それにともなうデータベースへの影響が大きくなります。

図2●プロセス指向アプローチとデータ指向アプローチ

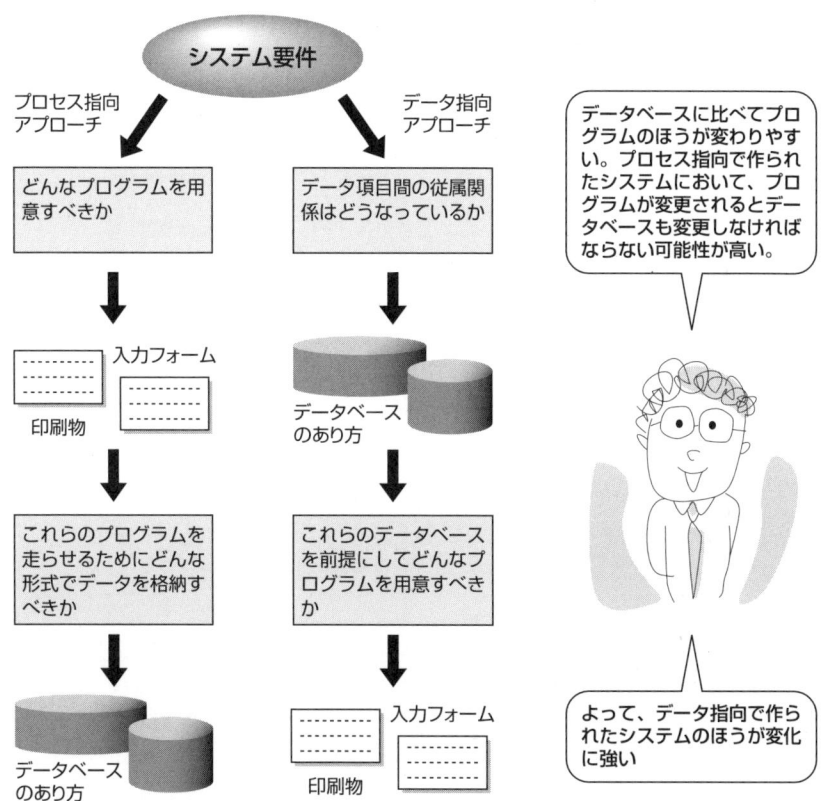

一方、データモデリング、つまり「データの形をデザインする作業」から始めてシステムの仕様を決めていくスタイルを**データ指向アプローチ**といいます。この方式で作成されたデータベースは「データ項目間の**関数従属性**[注]の体系」になります。この場合、データベースはプログラム側の事情から基本的に独立しています。したがって、プログラムの変更にともなうデータベースへの影響は限られたものとなります。これがデータ指向アプローチのほうが優れているとみなされる根拠です。

■料理の取り分け作業にみる複雑さ

データ指向アプローチのほうが優れていることを、「データベースと処理系の複雑さの相互関係」という観点から眺めてみましょう。

一般にデータモデリングすることによって、データベースの形式は複雑になります。具体的にいうと、1個のテーブル（表形式で表わされるデータベースの構成要素）ですむと思いきや、データモデリングしてみると3個に分かれてしまうといったことが起こります。ひとつひとつのテーブルがより小さくなるとともにテーブル数が増える——というのが一般的な傾向[注]です。そして、このことはプログラムを複雑にするように思えますが、実際にはその複雑さを軽減する効果をもたらします。

そのカラクリを「料理の取り分け作業」にたとえて説明しましょう。

料理の載っている皿から、各人の好き嫌いを考慮しながら、座っているゲストに取り分ける作業を子供に指示するとします。

このとき、「すべての料理が混ぜ込まれているひとつの大皿しか用意されていない」としたらどうでしょう。取り分け作業を確実に行なってもらうための指示内容は複雑で膨大なものになってしまいます。例えば、スパゲッティが欲しいけれどピラフはいらないというゲストのためには、スパゲッティを引きずり出すだけではなく、スパゲッティにくっついたピラフの粒をこそげ落とすことまでやってもらうような行き届いた指示を用意しなければなりません。水を欲しがるゲストのためには、汲み上げたスープ状の液体を蒸留したりそれを冷やすための手順さえ必要かもしれません。

[関数従属性] 特定の社員No.には特定の社員名が対応する、といったデータ項目間の関係のこと。第1部第2章参照。
[注] データモデリングでは、同一の識別子（42ページ参照）を持つエンティティを統合する動きもあるので、場合によってはテーブル数が減ることもあり得ます。しかし、一般的には、エンティティが分割される動きが顕著なので、テーブル数は増える傾向があります。

第1章 データベースとデータモデル

図3●皿は少ないが指示は複雑　　図4●皿は多いが指示は単純

　では、「いくつもの容器を用意する。そして、ひとつの容器にはひとつの料理しか置かない」という方針をとったらどうでしょう。その場合、取り分け作業のための指示は単純なものですみます。スパゲッティが欲しいゲストには、スパゲッティの皿に手を伸ばして小皿に取り分けて渡すだけ。水が欲しいゲストには、ピッチャーからコップに水を注いで渡すだけです。これらの指示を用意したり改善するための手間も、大皿ひとつの例に比べたらずっと小さくてすみます。容器が増えたために、その部分だけ眺めたときの複雑さは増大しているようですが、システム全体の複雑さは、実はずっと軽減されています。

　後者の条件において起こっていることをまとめると次のようになります。

何をもって「ひとつの料理」とみなすかを明確にしたうえで、それぞれの容器にひとつの料理だけを置くように配慮する。このことによって、取り分け手順の複雑さが「容器の数の増加」という複雑さに移行する。その結果、指示を用意したり改善したりするための手間が減る。

これと同じ配慮をデータベースシステムに対して適用する――そのために行なうのがデータモデリングです。前のパラグラフにおける「料理」を「情報のまとまり」に、また「容器」を**テーブル（表。データモデリングにおける情報のまとまり）**に置きかえれば、以下のようにそのままデータモデリングの目的になります。

> 何をもって「ひとつの情報のまとまり」とみなすかを明確にしたうえで、それぞれのテーブルにひとつの情報のまとまりだけを置くように配慮する。このことによって、取り分け手順の複雑さが「テーブルの数の増加」という複雑さに移行する。その結果、指示を用意したり改善したりするための手間が減る。

なお、このような方針が「いろいろな容器（テーブル）に手を伸ばして料理（情報）を取ってくる操作が増えるので、処理に時間がかかる」という理由で反対されることがあります。確かに、非力なコンピュータ上のシステムでは「テーブルに手を伸ばして取ってくる」ための操作に時間がかかるのでその傾向は否めません。ちょうど、料理の載った容器が別々の部屋にバラバラに置かれているようなものです。

そのため、現実のデータベース設計においては、「いくつかの料理を意図的に同じ容器に混載する」ことがあります。取り分け手順が多少複雑になってもいいから容器へのアクセスにかかる時間を節約したほうがよいと判断される場合です。例えば、クリームコロッケと茹でカリフラワーを同じ皿に載せてしまうようなものです（組み合わせても問題のない場合に限ります。例えば、シチューとカレーの場合は混ざりあってしまうので無理です）。

結局はテーブルを結合してしまうのなら、データモデリングしてもしょうがないと思われるかもしれませんが、そうではありません。結合する場合であっても、クリームコロッケと茹でカリフラワーが本来は別の皿に置かれるべき別の料理であったことが理解されていなければならないからです。例えば、料理長が「今後は茹でカリフラワーに特製ソースをかけて提供しよう」と決めたとしましょう。同じ皿に盛ったままではクリームコロッケにカリフ

図5●ひとつの皿にいくつかの料理を載せて歩き回る距離を縮める　図6●カリフラワーに特製ソースをかける

ラワーのソースが染みて台無しになってしまいます。ソースのようなものをかけることが決まったなら、両者を改めて別々の皿に載せるような配慮が必要になります。このとき、これらが本来は別々の皿に載せられるべき異なる料理であったという理解が役立つことになります。

■シンプル・イズ・ベストとは限らない

　そんなわけで、データベース設計に関しては必ずしも「シンプル・イズ・ベスト」ではありません。筆者は仕事がら多くのデータベース設計事例を目にしますが、初めから「雑多な料理が混ぜ込まれている少なめの大皿」しか用意されていないケースが少なくありません。そのようなシステムの処理系は一様に複雑で膨大です。一般に、データベース系はまだまだ複雑にする余地があります。

　もちろん、不必要に複雑にすべきではありませんが、処理速度を極端に落とさずに処理系が単純になるなら、積極的にデータベースを複雑にする工夫をすべきです。また、データベースが複雑になることによってエンティティ

を扱うプログラムが増えることにもなりますが、的確なデータモデルにもとづくデータベースを処理するプログラムの内部構造はより単純かつ明解になります。その結果、システムの複雑さがうまい具合に分散され、システム全体の複雑さを管理するためのコストが軽減されます。

図7●要求される複雑さを分散させれば管理コストは低減する

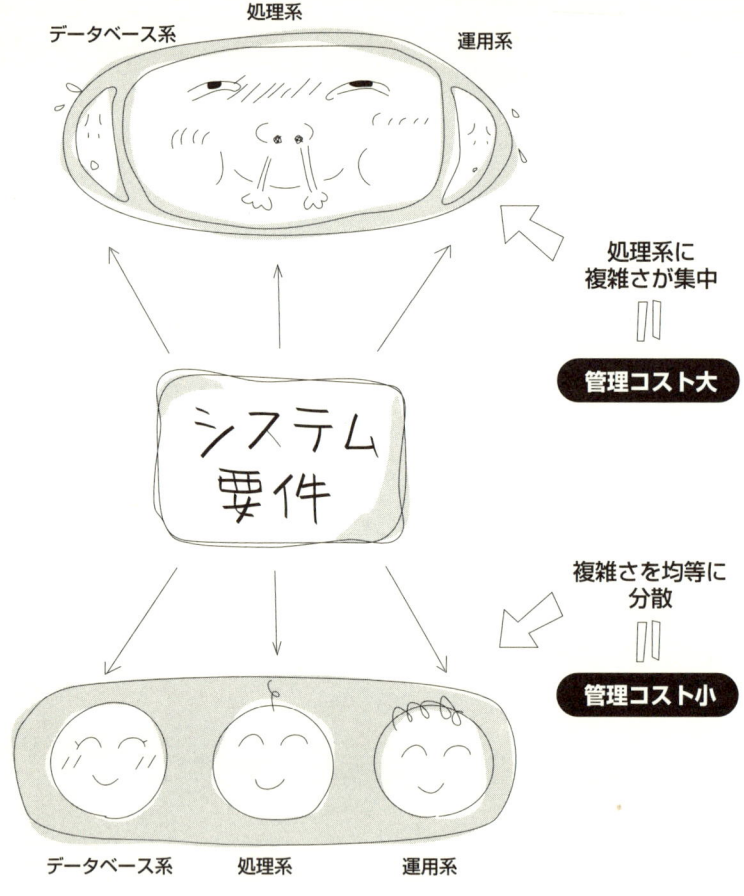

4 広がる データモデルの役割

データモデルは業務支援システムの設計・開発の過程で活躍するだけでなく、さまざまな局面で役に立ちます。例えば、完成したシステムを改善する際にもデータモデルが貢献します。また、ERP [注] などのパッケージシステムの導入を検討する際や、企業がWebを使って他企業と連携する際にも、システムの基本的な姿を示す図面としてデータモデルを活用できます。

■システムをわかりやすく示すために

あまり語られることがないのですが、「わかりやすいかどうか」は業務支援システムの重要な評価項目です。システムのわかりにくさは多方面にわたってユーザー企業に悪影響を及ぼすからです。

例えば、わかりにくい業務支援システムは、常に変化していく市場や経営方針に追随するという使命を果たせません。改善要望にもとづいてどの部分をどう修正すればよいかを分析しにくいからです。場合によっては、下手に修正してシステムが動かなくなるよりはガマンしてそのまま使おうということになります。変化に対応するために大枚をはたいてシステムを導入したのに、そのシステムがその後の変化を許さないなどというのでは、企業としては困るわけです。

また、わかりにくいシステムを使い続けると余計な保守費用がかかる恐れがあります。特にシステム開発を外部ベンダーに委託した場合、わかりにくいシステムを保守できるのは開発元のベンダーだけということになるので、システムの保守費用やサービスの質はベンダーの「言い値」にならざるを得ません。ベンダーが意図的にやっているわけではないのでしょうが、結果的に顧客の囲い込みがなされ、ベンダー間の自由競争が阻害されています。

このように、システムがわかりやすく組み立てられていることが、ユーザー企業にとっての切実な願いであるにもかかわらず、わかりやすいと自慢で

[ERP] Enterprise Resource Planningの略で、訳せば「企業資源計画」。経営資源を有効活用するという観点から企業全体を統合的に管理する手法。

きるシステムは多くありません。設計・開発のプロが中身を調べたり設計資料を熟読しても、何がどうなっているのかよくわからないというケースさえあります。

　その理由のひとつが、設計資料に「データモデル」が含まれていないという点なのです。テーブル定義書のようなこまごました資料があっても、データベースの論理的な形を示す図面であるデータモデルが添付されていることがほとんどありません。建物の姿を直観的に理解してもらうために建物の絵が描かれるように、業務支援システムの姿を直観的に理解してもらうためにデータモデルが用意されるべきです。なぜなら、業務支援システムというのは基本的に「データベースシステム」なので、データモデルを使えばシステムの姿を端的に示せるからです。

　言い換えれば、データモデルを見ればその骨格がわかるように業務支援システムはデザインされなければなりません。データモデルを見るだけでそのシステムのことが多く理解できればできるほど、データベースシステムとしてよく出来ていると言えます。前節で述べたように、システムの複雑さがデータ系にうまく移行されているため、処理系が相対的にシンプルになっているとみなせるからです。そのようなシステムはわかりやすいだけでなく、改善要望に応じて修正し

図1●いいシステムはデータモデルに表われる

やすく、また開発者以外による保守も可能な、いいシステムです。

■パッケージ導入にもB2Bにも

　ERPなどのパッケージシステムを導入する際には、システムの仕様をデータモデルのレベルで納得しておかないと危険です。見てくれのいい画面だけを眺めて導入を決めると、実は期待したとおりにデータを格納できないことに後で気づくかもしれないからです。結局、パッケージを使おうが手作りで開発しようが、自社のシステム要件をデータモデルの形で事前にとりまとめておくべきです。候補になっているパッケージシステムのデータモデルと突き合わせることによって、導入やカスタマイズの方針を決定すれば、企業本来の強みを損なわずにパッケージを導入できるからです。

　一方、パッケージシステムのベンダーにも、製品のデータモデルを積極的に開示することが望まれます。ユーザーが導入を考える際に、自社のシステム要件との適合性を判断するための材料になるからです。もしベンダーがデータモデルを示さないとしたら、あまりに稚拙だから開示をしぶっているのだろうと思われても仕方ありません。そういう意味で、「ハズレのパッケージシステム」をつかまされないためにも、ユーザーにとってデータモデルを

図2●データモデルはパッケージシステムの検証にも役立つ

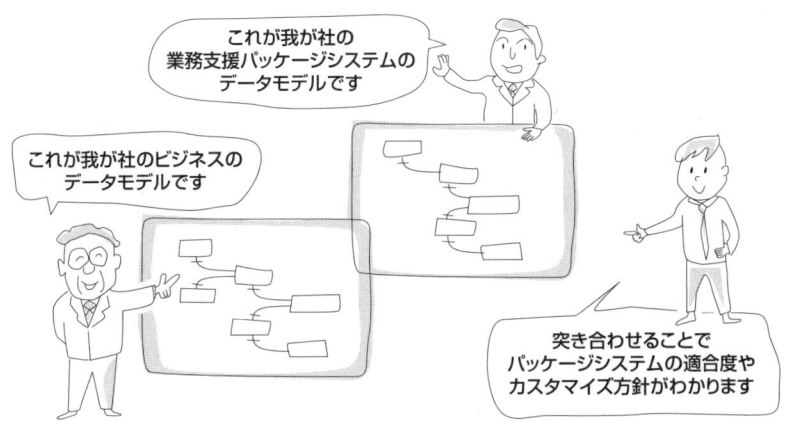

使った検証は有効です。

　また、企業のWeb活用においてもデータモデルが決定的な役割を果たします。

　企業のWeb活用といえば「サイトを立ち上げてそこから最終消費者にモノやサービスを提供する」といったしくみ（B2C, Business to Consumer）を想像しがちですが、それはどちらかと言えば特殊な形態です。ほとんどの企業は最終消費者ではなく企業間の取引で収益を上げているからです。

　多くの企業にとっては**EDI**（Electronic Data Interchange）による企業間連係（**B2B, Business to Business**）がWeb活用の中心になります。従来の紙やFAXに代えて、Web経由の電子的なやりとりで受発注をしようというものです。これが発展すると、バラバラだったそれぞれの企業が機能的に統合された**サプライチェーン**になります。

　データモデリングはEDIやサプライチェーンなどの広域データ処理を実現させるための基礎技術です。なぜなら、どのようなWeb技術を利用するにせよ、やりとりされるデータの形式が矛盾なく組み立てられていることがそもそもの前提だからです。矛盾を含むデータ形式同士でEDIをやろうというのは、同国人にも理解不能なメッセージを他言語に翻訳して外国人に理解してもらおうとするような無駄なことです。そして、データモデリングこそが、矛盾のないデータ形式を組み立てるためのカギなのです。

　つまり、EDIを成功させるためには、一企業だけでなく、業界や取引関係のある企業グループ全体に対する「広域データモデリング」が実施されなければなりません。一企業だけのデータモデリングをやっても、せいぜいその企業内の業務プロセスが改善されるだけで効果は限定的です。しかし、Webで連係した企業グループ向けのデータモデリングは、グループ全体の効率化をもたらします。

　例えば、グループ全体で共用できるような品目・在庫情報や売掛・買掛情報をデータモデリングすることによって、Web上にグループ企業としての共有データベースを置けるようになります。その結果、企業間取引にともなう間接費用が大幅に削減され、企業ブロックとしてのコスト競争力が強化されるでしょう。

5 システム屋と業務屋の共通言語

　ソフト技術者等の「システム屋」がデータモデリング技術を積極的に活用すれば、システム開発において品質向上や効率化がはかれます。しかし、それだけではこの技術が威力を十分発揮しているとは言えません。本来の効果は、システム屋とともにエンドユーザーや経営者等の「業務屋」がモデリング技術を理解したうえでシステム開発にかかわったときに発揮されます。なぜなら、データモデリングの知識はシステム屋と業務屋の間の深い溝を埋める「共通言語」の役目を果たすからです。

■システム屋と業務屋とがわかりあえない

　実際のところ、システム開発の現場での最大の障害は「システム屋と業務屋のコミュニケーション不全」です。コンピュータに詳しいメンバーは業務に疎いし、業務に詳しいメンバーはコンピュータに疎い。疎いこと自体はたいした問題ではありません。知らないなら知っている人に聞くか、知っている人と一緒に仕事をすればいいだけのことだからです。ところが、情報システムの開発においては両者の事情が徹底的にすり合わされなければならないのに、それが十分になされません。たとえ、すり合わすための努力が十分になされた場合でも、その割には効果が出ていないのが実状です。これは、それぞれの深い専門性をお互いにやりとりできるようなコミュニケーション手段がないためです。

　その結果、システムが出来あがってから、「こんなシステムだとは思わなかった」というユーザーからのクレームが大量に噴出することになります。この種のクレームにともなう社会的コストは甚大です。現実に多くのシステムが結局は役に立たずに捨てられたり、多くの才能豊かな技術者が度重なるデスマーチ（死の行進。超過重労働のこと）によって精神的・肉体的に疲弊してしまっています。

図1●システム屋と業務屋がわかりあえない

　このような状況は一部の不幸なプロジェクトだけに生じているのではありません。程度の差はあれどんなプロジェクトにおいても見られるものです。失敗プロジェクトを減らすためにも、また成功プロジェクトの効果をさらに高めるためにも、この問題には優先的に取り組む必要があります。

　デスマーチの原因がシステム屋と業務屋のコミュニケーション不全にあるのならば、解決策としては業務とコンピュータの両方に精通した人材に参画してもらうという手が考えられます。しかし、これは現実的なアドバイスとは言えません。ユーザー企業としては社内にそのような人材がいないゆえにシステムベンダーなどの外部業者にシステムの設計・開発を依頼するのでしょうが、外部業者にもそんな人材がやたらといるわけではないからです。残念ながら、システムベンダーに所属するソフト技術者のほとんどは「コンピュータ屋」であって、彼らに業務のエキスパートであることを期待するのは、刀鍛冶に剣術の素養を期待するようなものです。

　では、いったいどうしたらいいのでしょう。

■データモデルでわかりあう

　要するに、システム屋と業務屋の両者が、お互いの事情をじっくりと理解しあうための「共通言語」を学べばよいのです。ただし、その言語はコンピ

ュータシステムとしての制約、及び現実の業務としての制約とを同時に表現できるものでなければなりません。

しかし、そんな都合のいい言語があるのでしょうか。

それが本書のテーマであるデータモデルです。この技術を両者が習得することによって [注]、システム設計のプロセスは大きく様変わりします。

例えば、業務屋が複雑で膨大な業務要件を口頭で伝えるとします。すると、システム屋は聞き取った内容をその場でデータモデルの形に視覚化して業務屋にフィードバックします。業務屋はそのモデルを見て、自分たちの意図が正しく伝わったかどうかをその場で確認します。また、システム屋は暫定的なモデルを眺めながら、過去の経験や他業種での事例を参考にして、モデルを改善するためのアイデアをその場で提案し、業務屋はその内容を吟味します。このように両者のコミュニケーション不全は大きく緩和されるでしょう。

場合によっては次のようなことも可能です。注文住宅を建てようとする施主がだいたいのイメージをスケッチして設計士に渡せば話が早いように、業務屋が自社のデータモデルを事前にスケッチしておいてシステム屋に渡します。それを見ればシステム屋はユーザー要件の大枠を短時間で理解できます。そのようなデータモデルをシステム屋が大なり小なり修正してしまうことがほとんどだとしても、その過程でユーザー要件はより明確化され、洗練されることになるでしょう。

図2●システム屋と業務屋がデータモデルでわかりあう

[注]ただし、立場によって要求される習得レベルは違います。システム屋は「聞き取った業務要件にもとづいてデータモデルを描ける」程度に習得しなければなりませんが、業務屋は「自分では描けないが、誰かが描いたデータモデルを読解して評価できる」程度に理解しておけば十分です。

■技術者同士が相互批判するために

　また、データモデリング技術は、システムベンダーが組織的な技術力を強化していくための知的インフラになります。もしデータモデルを使わなければ、プロジェクトの部外者である技術者に事例紹介したり設計の妥当性を検証してもらうなどということはほとんど不可能です。なぜなら、一般にシステムの設計情報は複雑膨大で、第三者が理解したりイチャモンをつけられるほどにわかりやすくまとまっているわけではないからです。しかし、データモデルを使えば、データベースシステムとしての概要が端的に視覚化される[注]ので、第三者がシステム設計について容易に「とやかく言える」ようになります。

　ただし、組織のメンバーがデータモデリングなどの共通言語を学ぶだけで、経験の横展開や第三者による設計品質の検証が進むと考えるのは早計です。技術者同士が自由に相互批判するための「文化」を整備したり、相互批判の意義が周知徹底される必要があります。

　筆者は昔から、社内で進められているいろいろなプロジェクトの設計情報を「覗き見」する趣味があるのですが、あるプロジェクトのデータベース設計を覗いていたときのことです。いくつか腑に落ちない点があったので設計者に確認してみたところ、彼は「渡辺さんには渡辺さんの考えがあるでしょうが、僕には僕の考えがあるんです」と言って不機嫌に黙り込んでしまいました。

　そのとき、彼が特別忙しかったわけでもないし、筆者がことさら意地悪な聞き方をしたわけでもないので、そのように「反論」されたことは不思議でした。自分には自分の考えがある——当たり前のことです。それなら自分の考えを引用しながら、自分の設計が他の可能性に比べてなぜ適切であるかを淡々と論証すればよいだけの話です。設計が「批判」されたとしても、それを作った個人が「非難」されているわけではないのですから、不機嫌になったり意固地になったりする必要はありません。おそらく彼の反応は「設計結果を批判し、あるいは批判される」ことが日常的な習慣になっていないゆえのものだったのではないでしょうか。

[注] ただし、データモデルは業務支援システムの「データベース系」のあり方を示すものでしかありません。19ページで説明したように、業務支援システムは「データベース系」、「処理系」、「運用系」の3要素で成り立っています。したがって、システム全体を端的に示すためには3要素のそれぞれを視覚化するための技法を駆使しなければなりません。それらの技法の概要については96ページ以下を参照してください。

設計者は自分の「成果」の工学的妥当性が他人に云々されることにオープンでなければなりません。また、同僚からの批判だけでなく、ユーザーがセカンドオピニオン（専門家の判断結果に対する、第三者である同業者による評価）を確認することに対しても好意的であるべきです。なぜなら、システム設計を含めた工学的技能は「成功経験」よりも、むしろ「痛い目にあうこと」や「批判されること」を通して成熟していくものだからです。

　その際、批判したほうもされたほうも「よりよい設計に到達できたことに対する充実感」こそあれ、「相手を打ち負かした優越感」だの「批判されたことに対する屈辱」だのを感じる必要はありません。また、他人を批判するといつか自分も批判されるから黙っておこうといった気弱な「やさしさ」も不要です。何のかんの言ってもたかが仕事なんだから、こんな問題でいちいち感情を振りまわされるのはアホらしい――そのように達観して、組織的な設計技術力の向上に協力したほうが得策です。なぜなら、高度な設計技術を持つ組織には質のよい仕事がまわってくるようになるので、やりがいも給料も増えるからです。

図3●技術者同士が批判しあうことで組織的な技術力が向上する

> 第1部
> データモデル
> とは何か

第2章 データモデリング入門

知的な刺激にあふれたデータモデリングの世界へようこそ。「関数従属性」とか「基数制約」などという大仰な用語が出てきますが、それらの用語の意味さえ理解すればデータモデリングの文法は難しいものではありません。パズルを解くような気持ちで始めましょう。

第1部 データモデルとは何か

1 データ項目を捕まえる

　データモデリングの最初の課題は、対象となる現実に含まれる**データ項目**を見つけ出すことです。データ項目というのはデータモデリングにおける「情報の最小単位」のことです [注]。

　では、具体例に沿ってデータ項目の探索過程を説明しましょう。次のようなことを考えている人物（N氏としましょう）がいたとします。

　「知子は愛嬌があるし私と趣味が合う。ところが明美も美しいし理知的だ。良子は明るく健康的だし、直子は素直でやさしい。誰にプロポーズしようか悩むところだなあ」

　N氏が自分のことを棚上げにしてこんなお気楽なことを考えているのかどうかはさておき、N氏が考えている内容からデータ項目を抽出してみましょう。そのために、まずはN氏の関心に含まれる**上位概念**を探索することから始めなければなりません。例えば、次のように考えを進めます（『…』の部分が、もとの発言から抽出された上位概念です）。

図1●結婚相手選び（？）に悩むN氏

知子　明美　良子　直子

みんなそれぞれ長所があるからなあ

[注] データ項目が「情報の最小単位」であるということは、データ項目の一部の桁を取り上げても何も意味を読み取れないということです。例えば、商品コードが5桁だとして、ある商品の商品コードが"24534"だったとします。"24534"の一部、例えば1～2桁目の"24"に、システムが認識すべき何らかの意味があるなら、商品コードはデータ項目として失格です。この問題については109～110ページで詳説します。

「知子や明美など、身の回りの『女性』に彼は関心を持っている。関心を持つだけでなく、『可愛さ』や『聡明さ』や『健康状態』といったいくつかの『評価項目』を区別しているようにも見える。おそらくN氏は女性ごとにいくつかの評価項目を集計して、トータルな『結婚相手としての適合度』を判定したいのであろう」

■「数値化可能な上位概念」を探す

「知子」という特殊な対象を「女性」のように一般化することで、知子以外の多くの対象を包含する概念となります。これは「女性」という概念が、「知子」や「明美」などのいくつもの"下位概念"を"格納"できる"上位概念"である、ということです。この種の概念はデータ項目の候補になります。

ただし、とにかく一般化されていればよいということにはなりません。この例でなら、「知子」を格納するために「人間」とか「哺乳類」などのように一般化しすぎては、当初の目的とは無関係な対象まで扱うことになります。

図2●適度に一般化しないと関係ない対象まで扱うハメになる

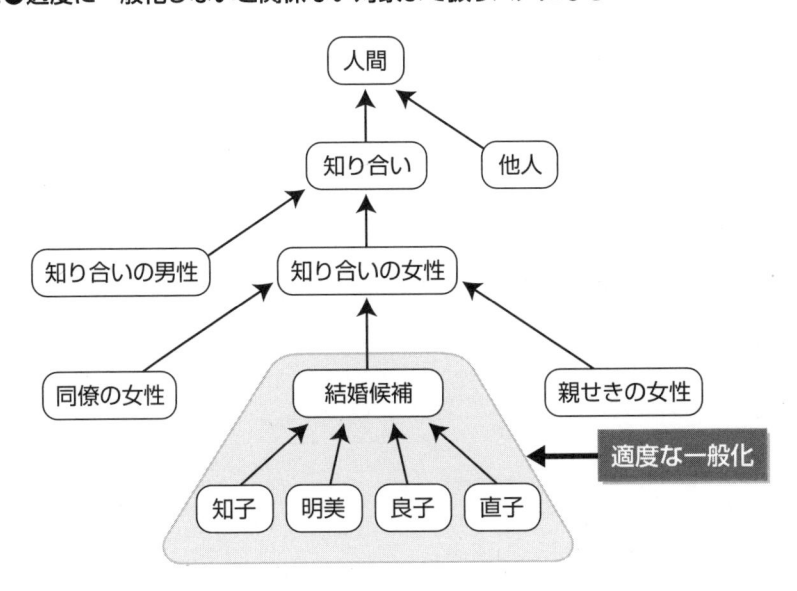

データモデリングにおいては「適度な一般化」が要求されるということです。

また、上の例では「可愛さ」「聡明さ」「健康状態」といった一般概念のさらに上位に位置する概念として「評価項目」が挙げられている点にも注目してください。そのように、概念の階層構造が分析されてデータモデルに組み込まれることもあります。

なお、いくつかの下位概念を含むだけでなく、それらが容易に**数値化**できるものでなければ、データ項目とはみなせません。上の例なら女性という概念に含まれる個々の女性そのものを数値化するのは無理です。しかし、女性名は数値化可能な概念なのでデータ項目とみなせます [注]。

このように、データモデリングにおいて**データ項目**は「数値化された現実を格納できる単一の概念」のことなのです。

言い換えると、データモデリングは数値化できる事柄しか扱えないということです。例えば、上記のような「結婚相手としての魅力」などを客観的に数値化することは、本来は難しいはずです（ここでは、それが「客観的な評価」ではなく、たまたまN氏の「主観的評価」で十分なので問題ないわけですが…）。データベースやデータモデリングは有効な技術ではありますが、きわめて限られた現実しか扱えません。データモデリングは、「現実世界に含まれる数値化可能なデータ項目を識別して、それらの相互関係を定義するための専門技術」だということです。

とはいえ、およそ企業活動にともなう指示や実績などの多くはデータ化しやすいもので、データモデリングが扱える分野は広大です。適用する対象を見定めれば大きな効果があります。データベースやデータモデリングの可能性を過大評価することも過小評価することもまちがっています。適用できる対象を見定めて、それに対して淡々とモデリングして、その領域内での大きな効果を期待するのが正しい姿勢です。

[注] 女性名は文字列で表わせますが、これもある種の「数値」と言えます。デジタル化された画像も数値とみなせます。

2 エンティティを まとめる

　データ項目間の**関数従属性**と**エンティティ**を説明します。関数従属性はデータモデリングの理論的核心とも言える概念なのでじっくり理解してください。これも前述の例に沿って説明しましょう。また、同時に本書で使うER図の文法を徐々に示していきます。

◼︎関数従属性を見極める

　N氏の関心の中から女性名と身長をデータ項目として分析できたとして、それぞれの項目の「値」を並べてみます。

図1●女性名と身長の一覧

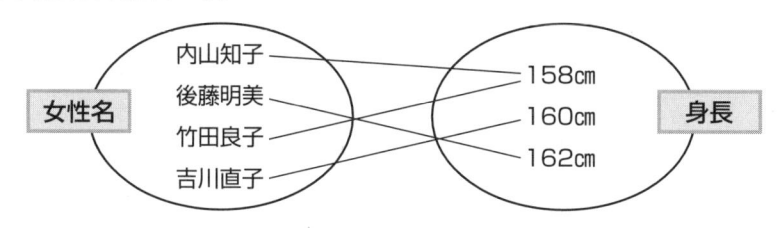

女性名：内山知子、後藤明美、竹田良子、吉川直子
身長：158cm、160cm、162cm

　さて、「内山知子さんの身長を教えて」と聞かれれば、読者はこの一覧表を見て「158cmです」と答えることができます。同姓同名の女性のデータが含まれないという前提で、この一覧表の行数がいかに増えようとも、特定の女性名を持つ女性の身長の値をただひとつだけ答えることができます。
　では、その反対はどうでしょう。
　例えば「身長が160cmの女性を教えて」と聞かれたなら、「吉川直子さんです」と答えることはできます。ところが、「身長が158cmの女性の名を教えて」と聞かれたなら読者は「えーっと、2人います。内山知子さんと竹田良子さんです」と答えることになります。

以上の観察から、これらのデータ項目の間にはある種の「方向」を持つ関係が成立していることがわかります。1件の「女性名」で尋ねられたなら、例外なく唯一の「身長」を答えることができる。ところが、1件の「身長」で尋ねられた場合、唯一の「女性名」を答えられるとは限らない。このようなデータ項目間の方向を持つ関係のことを**関数従属性**といいます。この場合なら「身長は女性名に関数従属する」と言えることになります。

　関数従属性の関係とその表記のしかたは下のようになります。X、Yをデータ項目として、一般に①が言えるなら②や③といい、この関係を④や⑤のように表記します。上述したように、X→Yが成立したとしてもY→Xが成立するとは限らないことを十分理解してください。

---

①Xのすべての値について、対応するYの値を常に1件だけ示すことができる
②YはXに関数従属する
③Xが決まればYが決まる
④X→Y
⑤Y＝f（X）

　データモデリングにおいて、Xをこの関係における**識別子（候補キー）**、Yを**従属子**または**属性項目**と呼びます。例えば「女性の氏名を識別子とすれば身長は属性項目だな」というように使います。

■エンティティと識別子

　一般に、識別子に関数従属する属性項目はひとつとは限りません。前述の「女性名」に関数従属する属性項目は「身長」以外にも「趣味」や「生年月日」など、いくらでも考えられます。

　識別子とこれに関数従属するいくつかの属性項目のまとまりを**エンティティタイプ**といいます（長いので、本書では単に**エンティティ**と呼びます）。そしてひとつのエンティティにおける識別子と属性項目との対応関係を**エンティティ・スキーマ**といい、スキーマにもとづいて追加された1件のデータ

をタプル（行）といいます。また、エンティティにおけるタプル全体のことをリレーション [注1] といい、ある瞬間におけるタプルの集合を特にインスタンスといいます。

図2●「結婚候補」の中身とエンティティの構成要素

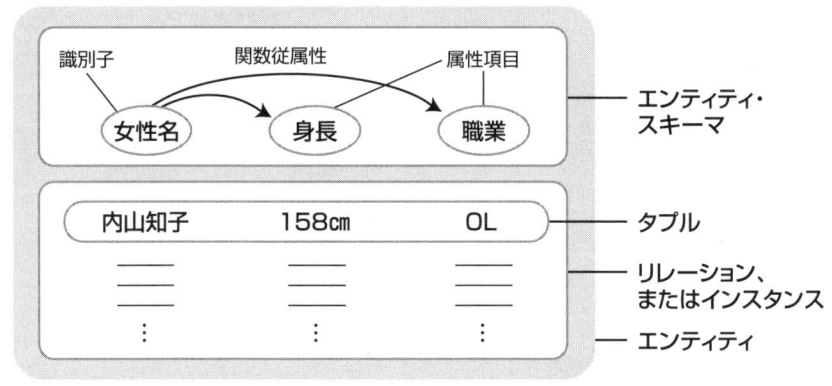

```
識別子      関数従属性      属性項目
  ↓            ↓             ↓
 女性名  →  身長    →    職業        ┐
                                    ├─ エンティティ・スキーマ
                                    ┘
 内山知子    158cm      OL           ─ タプル
  ―          ―          ―
  ―          ―          ―          ─ リレーション、
  ―          ―          ―            またはインスタンス
  ⋮          ⋮          ⋮           ─ エンティティ
```

　エンティティにおける識別子として指定された項目はリレーション中でユニーク（固有）な値しかとりません。例えば〈女性名〉が［結婚候補］の識別子だとして、〈女性名〉が"内山知子"であるタプルが1件登録されたら、"内山知子"を識別子の値とするタプルをこれ以上は登録できないことになります [注2]。

　なぜなら、もしも登録できてしまったなら、"内山知子の身長は158cmである"という事実と"内山知子の身長は156cmである"といった矛盾した事実がデータベースに記録され得ることになるからです。矛盾した内容を含んでいるデータベースを使うわけにはいきません。

　そのために、［結婚候補］にはさまざまな女性の情報を記録できますが、内山知子さんについての情報を書き込める場所は1か所しか用意されていないようにしておかなければなりません。それが「識別子」の大事な役割です。識別子の値はリレーション中で重複することはない——これは後述する**エンティティ関連**において特に重要なルールなので、よく理解しておいてください。

[注1] リレーショナル・データベースの「リレーショナル」はこの言い方に由来します。
[注2] 本書の本文中では便宜上、エンティティ名を［結婚候補］、データ項目名を〈女性名〉のように示してあります。［社員］とあるなら「エンティティ『社員』」であるし、〈社員コード〉とあれば「データ項目『社員コード』」を示します。また、"123"とあればそれはデータ項目の実際値の例であることを示します。

図3● 識別子が同じ値のタプルは拒否される

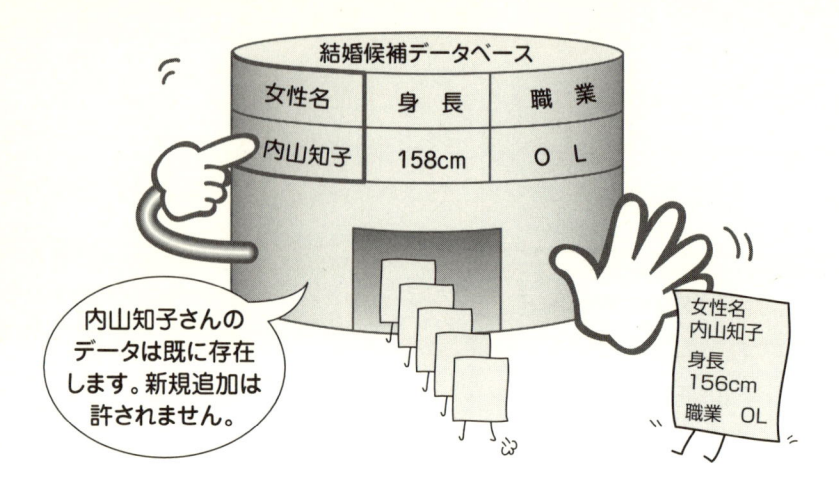

さて、紙や電子ボードなどにデータモデル（ER図）を描く場合、エンティティを長方形の箱で示し、その中にエンティティ名を記します。また、箱のすぐ右側に、識別子となるデータ項目を並べて下線を引き、そのさらに右側に属性項目を並べます（図4）。

図4● [結婚候補]を本書流のER図で示す

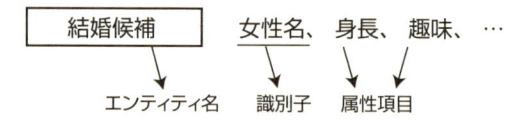

結婚候補　　女性名、身長、趣味、…
エンティティ名　識別子　属性項目

図5● [結婚候補]を別タイプのER図で示す

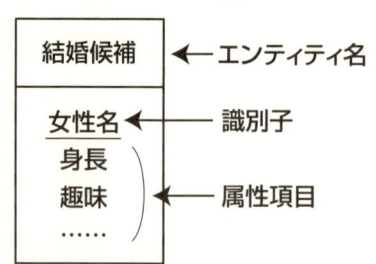

結婚候補 ← エンティティ名
女性名 ← 識別子
身長
趣味
……
── 属性項目

ほかに、エンティティ名の下に属性項目を縦に並べて全体を枠で囲む流儀もあります（図5）。本書では図4のスタイルでデータモデルを示します。あとでわかりますが、モデリングの過程でインスタンスを例示しやすい利点があるからです。

第2章 データモデリング入門

■属性項目を欠くエンティティ

　なお、属性項目はエンティティとみなされるために必須というわけではありません。例えば、第2部の第2章で登場する［倉庫ロケ（ロケーション）明細］は、識別子である ｛倉庫コード、ロケNo.｝ だけで出来ているエンティティです（図6、倉庫CのCはコードの略です。以下の図表も同様）。識別子に対して関数従属する項目が存在しなくてもこのエンティティには存在意義があります。つまり、この場合なら、システムにとって意味のある ｛倉庫コード、ロケNo.｝ の組み合わせを格納するためにエンティティが必要とされているということです。そして、それぞれの識別子に関数従属する属性項目があるかどうかは、エンティティの存在意義にとって本質的な問題ではありません。

図6●属性項目を欠くエンティティの例

| 倉庫ロケ明細 | 倉庫C、ロケNo. |

　なお、特殊な例ですが、識別子を欠くエンティティもあります。**システムコントロール**などと呼ばれているエンティティがそれで、会社名やシステム日付など、システムそのものを制御する属性項目を持ちます。ただし、このエンティティについても、システム自身やシステムを利用している企業や事業部を表わす項目を識別子として認識することは可能ですから、マクロに見れば識別子はエンティティにとっては必須と考えてかまいません。

3 識別子の諸相

　識別子はエンティティの最も重要な属性です。エンティティの存在意義を示すものであるだけでなく、後述するエンティティ関連の基礎にもなります。エンティティ関連の話に進む前に、識別子のあり方についてもう少し説明しましょう。識別子次第でエンティティ関連が大きく変わってくるからです。

■識別子にも「格」がある

　識別子には**一次識別子**と**二次識別子**とがあります [注]。エンティティは一次識別子をひとつしか持てませんが、二次識別子は複数持てます。両者の違いを見ましょう。

　エンティティの**一次識別子**とみなされるためには、①そのデータ項目の組み合わせの値がリレーション中で重複しない、という識別子としての本来の性質だけでなく、②タプルが登録されたら消去されるまで値が変更されない、③ヌル値をとらない（「ヌル値をとる」とはデータ項目が空っぽであることです）、という3つの条件を満たしていなければなりません。そうでないと、そのエンティティの識別子を他のエンティティにおいて**外部キー**（56ページ参照）として扱えなくなるために、**エンティティ関連**を組み立てられなくなるからです。

　前述の例では〈女性名〉は［結婚候補］の一次識別子として本来は不適当です。なぜなら、N氏の交友が広ければ結婚候補の中に同姓同名の女性が存在し得るからです。そこで、対象にしている女性の多くが、N氏の勤めている会社の同僚であるとして、その会社での「社員No.」を識別子として導入すると考えたらどうでしょう。社員No.は重複することはないので都合がよさそうですが、厳密に言えばこの項目は一次識別子としては不適切です。なぜなら、このデータベースにN氏の会社の同僚でない女性が含まれる場合、その女性向けの社員No.が空っぽになる（ヌル値をとる）からです。

[注]「三次識別子」というものはありません。「一次」と「一次以外」を区別できればよいからです。なお、「識別子」とだけいった場合、それは通常「一次識別子」を指します。

図1●一次識別子と二次識別子の違い

	一次識別子	二次識別子
リレーション中でユニークな値をとる	○	△＊
行が削除されるまで値が変わらない	○	×
ヌル値をとらない	○	×

＊ヌル値が許される場合には、そのような行を除いたリレーション中でユニークとなる

　一方、上記の条件のうち最低限①を満たしていれば、一次識別子よりも「格」の低い**二次識別子**になり得ます。上記の〈社員No.〉は［結婚候補］の二次識別子です。この項目はヌル値であり得るので、識別子の「ユニーク性」については「〈社員No.〉がヌル値でないようなタプルの集合の中で」という制限つきになります。実際に二次識別子として便利なのは、上記条件を3つとも満たしているものです。第2部「業務別データモデル用例集」では「受払ソースNo.」など、いろいろな形でそのような二次識別子の用例が出てくるので参考にしてください。なお本書のモデル上では、カッコ入りにしたうえで下線を引いて二次識別子であることを示します。

■「人工的」な識別子

　考えてみると、変化することを止めない現実世界に含まれる「生」のデータ項目を一次識別子にすることはほとんど不可能です。業務システムにおいても、例えば得意先名も商品名も変わり得るので一次識別子にはなり得ません。しかし、後述するように、エンティティ上の関数従属性が上記の3つの条件を満たす識別子を基礎として成立していないと、「エンティティ関連」を組み立てられなくなります。

　そこで、一次識別子となるような「人工的」なデータ項目を導入することがしばしば行なわれます。問題にしている現実を一意に特定するようなデータ項目を、データベース内で意図的に用意するのです。前述の例では〈女性No.〉のような、女性ひとりひとりにあてがえる項目を導入します。女性の情報を登録する際に、女性No.に001、002、003などのユニークな値（固有の

数値）を割り当てていくわけです。こうすれば、女性No.は女性に直接関係するすべての属性項目にとっての一次識別子となります。この場合、〈氏名〉も〈女性No.〉に関数従属する属性項目となる点に注意してください。

図2●人工的なデータ項目〈女性No.〉を一次識別子とする

結婚候補	女性No.	女性名	身　長	趣味	（社員No.）	……
	001	内山 知子	158cm	読書	123	
	002	後藤 明美	162cm	料理	139	
	003	竹田 良子	158cm	音楽	－	
	004	吉川 直子	160cm	旅行	－	

　ただしこの結果、同一人物について異なる識別子の値を持つ複数のデータが登録可能になってしまう点に注意してください。「結婚候補」くらいのデータベースなら心配する必要はほとんどないでしょうが、例えば膨大な取引先と商売するような業種における取引先マスターを保守するといった場合には何らかの工夫がいります。例えば、代表電話番号やEメールアドレス等の重複しにくい値をとるデータ項目を二次識別子として組み込むなどの工夫が有効です。

　ちなみに、識別子として人工的に導入される項目は、「取引先コード」や「受注No.」のように「○○コード」とか「○○No.」などと呼ばれます。どちらでもかまいませんが、両方使うのであれば、マスター系エンティティの識別子なら「○○コード」、トランザクション系エンティティの識別子なら「○○No.」と呼び分けるなどの工夫をすると、エンティティの基本的な性格がわかるので便利です[注]。

■複合キー

　いくつかのデータ項目の「組み合わせ」が識別子になる場合があります。そのような識別子を特に**複合キー**といい、〈d1〉と〈d2〉の組み合わせならば |d1,d2| のように表わします。複合キーの考え方を導入することで、データモデリングは俄然豊かな様相を示すようになります。

[注]インスタンスに対応する現実が長時間成立しているエンティティを「マスター系エンティティ」といいます。長時間有効なので、何度も繰り返して利用される資源（リソース）になり得ることから「リソース系エンティティ」ともいいます。逆に短いものを「トランザクション系エンティティ」といいます。一度だけ起きた事件（イベント）という意味合いから「イベント系エンティティ」とも呼ばれます。時間が長いか短いかの客観的な基準はないので、これらの区分も結局は曖昧なものですが、実務ではよく使われます。

例えば、女性とのデートの計画を立てるとして、デート先を"映画"、"海"、"レストラン"などとデータ化するとします。その結果、〈デート先No.〉のような人工的なデータ項目が導入されたとします。〈デート先名称〉のような項目は〈デート先No.〉に関数従属することはすぐにわかります。

図3● [デート先]のデータモデル

デート先	デート先No.,	デート先名称
	10	映画館
	20	海（ドライブ）
	30	レストラン

では、「女性のデート先の好み」という情報はどうでしょう。〈女性No.〉に関数従属するわけではありません。デート先の好みはデート先ごとに違うからです。また、〈デート先No.〉に関数従属するわけでもありません。デート先の好みは女性ごとに異なるからです。実は「女性ごとのデート先の好み」は〈女性No.〉と〈デート先No.〉の「組み合わせ」に関数従属します。このような識別子が**複合キー**です。

図4●複合キーを識別子とするエンティティの例

女性とデート先の組み合わせに関する諸問題	女性No.,	デート先No.,	好みの度合い
	001	10	2
	001	20	1
	001	30	1
	002	10	3
	002	20	1
	002	30	2

エンティティの名前が「女性のデート先の好み」ではなく「女性とデート先の組み合わせに関する諸問題」となっている点に注意してください [注]。エンティティの名前を「好み」などと特定してしまうと、それ以外の「諸問題」を載せる発想が妨げられてしまいます。例えば、その女性とそのデート先に出かけた回数など、管理したい項目はほかにもあるかもしれません。

[注]「女性とデート先の組み合わせに関する諸問題」はエンティティの意味合いをもっとも正確に示す名称です。しかしこれでは長すぎるので、実際には「女性別デート先属性」などと命名したらよいでしょう。

4 エンティティ関連

　データ項目間の関数従属性が問題にされていたように、エンティティの間にもある種の関数従属性が存在します。それが**エンティティ同士の関連**（エンティティ・リレーションシップ）で、エンティティ間の**基数制約**とか**多重度**ともいいます。わかりやすく言えば、「あるエンティティ上の特定のタプルにとって、別のエンティティ上のタプルが何件関連するか」を示す概念です。

　そもそも「別のエンティティ上のタプルが関連する」という状況をイメージしにくいかもしれません。例えば、商品1点について得意先ごとに契約販売単価が異なるようであれば、［商品］上のタプル1件について［契約販売単価］上の得意先違いのタプルが複数件対応するはずです。この場合、［商品］に対して［販売単価］の基数制約が「1対複数」である、ということになります。

■基数制約の示し方

　本書の表記法では、エンティティ［A］上の特定のタプルにとって、エンティティ［B］上のタプルが何件対応するかを次ページ図1のように示します（④と⑤は表現は違っていても基数制約としては同じものと今は考えておいてください。それらの厳密な違いは後述します）。

　「エンティティ関連」はこれらの基数制約の組み合わせとして定義できます。

　エンティティ関連というものは2つのエンティティの組み合わせ上に成立するものですから、エンティティ関連ひとつについて「相手のタプルが何件対応するか」が双方向に2つ決まることになります。基数制約のすべての組み合わせを並べたのが次ページ図2です。

　これらのうち、お互いに1対Nである③－③など右の欄に×のついている

図1●基数制約の表記法

① ［A］上のタプル1件にとって［B］上の関連タプルは1件
のみ存在する（十字架）

$\boxed{A}\!\!-\!\!\!+\!\!-\!\!\boxed{B}$

② ［A］上のタプル1件にとって［B］上の関連タプルは1件、
または0件存在する（ドット付き十字架）

$\boxed{A}\!\!-\!\!\!\circ\!\!+\!\!-\!\!\boxed{B}$

③ ［A］上のタプル1件にとって［B］上の関連タプルは1件、
または複数件（N件）存在する（鳥の足）

$\boxed{A}\!\!-\!\!\!\in\!\!\boxed{B}$

④ ［A］上のタプル1件にとって［B］上の関連タプルは0件、
1件、または複数件（N件）存在する（ドット付き鳥の足）

$\boxed{A}\!\!-\!\!\!\circ\!\!\in\!\!\boxed{B}$

⑤ ［A］上のタプル1件にとって［B］上の関連タプルは1件
とは限らない（点線）

$\boxed{A}\!\!-\!\!\cdots\!\!-\!\!\boxed{B}$

図2●基数制約のすべての組み合わせ

組み合わせ	表記	判定
① ― ①	―＋―――＋―	○
① ― ②	―＋―――○＋―	○
① ― ③	―＋―――∈	○
① ― ④	―＋―――○∈	○
① ― ⑤	―＋―――…	○
② ― ②	―＋○―――○＋―	○
② ― ③	―＋○―――∈	○
② ― ④	―＋○―――○∈	○
② ― ⑤	―＋○―――…	○
③ ― ③	⊇―――∈	×
③ ― ④	⊇―――○∈	×
③ ― ⑤	⊇―――…	×
④ ― ④	⊇○―――○∈	×
④ ― ⑤	⊇○―――…	×
⑤ ― ⑤	…―――…	×

（×＝実質的な意味を与えない関連）

組み合わせは、実質的な意味を与えないエンティティ関連として除外されます。

残った9種類を整理すると**親子関係**、**参照関係**、**派生（同一）関係**の3種類になります。それぞれについて、エンティティの識別子と属性項目の配置がどうなっているかを見ていきましょう。

■エンティティ関連その1：親子関係

あるエンティティ［A］の識別子が〈d1〉だとして、エンティティ［B］の識別子を |d1,d2| とします。これらの識別子を比べると、［B］の識別子が［A］の識別子を含む複合キーになっています。このような場合、［A］と［B］は**親子関係**にある、とみなせます。このとき［A］を**親（見出し）エンティティ**、［B］を**子（明細）エンティティ**と呼びます。この関係を描き表わす場合、親のほうに「十字架」、子のほうに「鳥の足」を置いてそれらを線でつないで親子関係を示します（下図3）。受注見出しと受注明細の関連が典型的なものなので、「見出し／明細関係」と呼ばれることもあります。

図3●親子関係のモデル例

［A］〈d1〉, d2 , d3
　　　　　子エンティティ[B]の識別子の一部に親エンティティ[A]の識別子が組み込まれている
［B］〈d1〉, d4 , d5

親子関係における基数制約を見てみましょう。次ページ図4のモデルで［A］の1行目のタプルに関連する［B］のタプルは1、2、3行目の3件です（ここで「［A］のタプルに関連する」というのは［A］の識別子である〈d1〉が同じ値をとるという意味です）。すなわち、［B］の識別子が〈d1〉以外を含む複合キーであるために、〈d1〉が同じ値のタプルが［B］には複数行存在できるわけです。同様に［A］の3行目に関連するのは［B］の5、6、7行目の3件です。［A］の2行目に関連するのは［B］の4行目の1件だけですが、一般に［A］の1行に対応する［B］のタプルは複数行存在すると言えます。

図4●親子関係におけるインスタンス

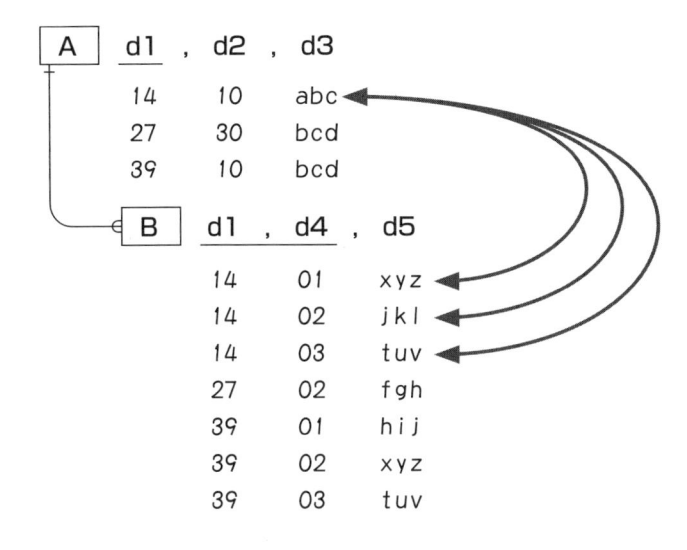

```
A    d1  ,  d2  ,  d3
     14     10     abc
     27     30     bcd
     39     10     bcd

     B    d1  ,  d4  ,  d5
          14     01     xyz
          14     02     jkl
          14     03     tuv
          27     02     fgh
          39     01     hij
          39     02     xyz
          39     03     tuv
```

　反対に、[B]の1件に関連する[A]のタプルを調べると、それはたかだか1件しか存在しないことがすぐにわかります。43ページで述べたように、識別子として指定されている項目の値はリレーション中で重複することが許されないからです。例えば、[B]の3行目に関連する[A]のタプルが下図の2行目と4行目のように複数件存在することはあり得ません。その2つの行において〈d1〉の値が同一なので、2行目が先に格納されていたなら4行目を追加できるはずがないからです。

図5●識別子の値はリレーション内で重複できない

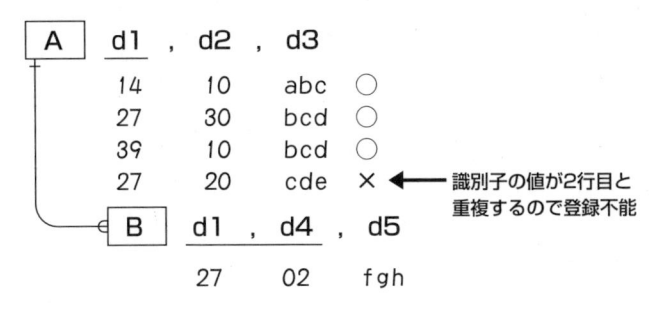

```
A    d1  ,  d2  ,  d3
     14     10     abc   ○
     27     30     bcd   ○
     39     10     bcd   ○
     27     20     cde   ×  ← 識別子の値が2行目と
                              重複するので登録不能
     B    d1  ,  d4  ,  d5
          27     02     fgh
```

あらためて、52ページ図3のエンティティ関連を示す曲線の両端を眺めてみてください。上述した基数制約そのままに図示されていることがわかります。［A］上の特定のタプルから眺めると［B］上の関連タプルは複数件存在するし、［B］上の特定のタプルから眺めた［A］上の関連タプルは1件です。

なお、本書の用例では厳密には扱いませんが、「オプショナル」（関連するタプルが存在するかもしれない）を示すドットも必要に応じて使えます。ドットは白ヌキで描かれることもあるのですが、「0件」の"0"、または「Optional」の"O"の意味として覚えるとよいでしょう。

以下に親子関係における基数制約をまとめておきます。

図6●親子関係における基数制約

① ［A］上の特定のタプル1件について［B］上の関連タプルはN件存在し、［B］上の特定のタプル1件について［A］上の関連タプルは1件のみ存在する

$$\boxed{A} \quad \underline{d1}, d2, d3$$
$$\boxed{B} \quad \underline{d1, d4}, d5$$

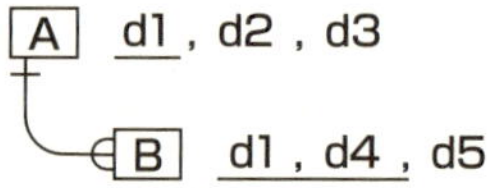

② ［A］上の特定のタプル1件について［B］上の関連タプルはN件または0件存在し、［B］上の特定のタプル1件について［A］上の関連タプルは1件のみ存在する

$$\boxed{A} \quad \underline{d1}, d2, d3$$
$$\boxed{B} \quad \underline{d1, d4}, d5$$

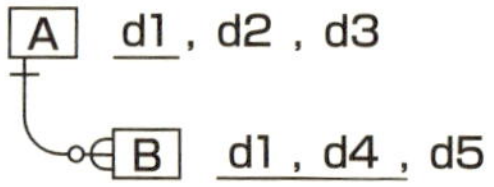

③ ［A］上の特定のタプル1件について［B］上の関連タプルはN件存在し、［B］上の特定のタプル1件について［A］上の関連タプルは1件または0件存在する

$$\boxed{A} \quad \underline{d1}, d2, d3$$
$$\boxed{B} \quad \underline{d1, d4}, d5$$

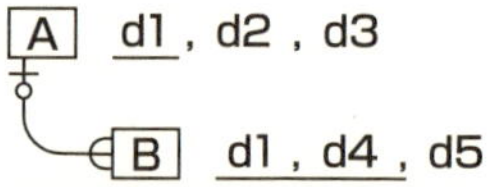

④ ［A］上の特定のタプル1件について［B］上の関連タプルはN件または0件存在し、［B］上の特定のタプル1件について［A］上の関連タプルは1件または0件存在する

$$\boxed{A} \quad \underline{d1}, d2, d3$$
$$\boxed{B} \quad \underline{d1, d4}, d5$$

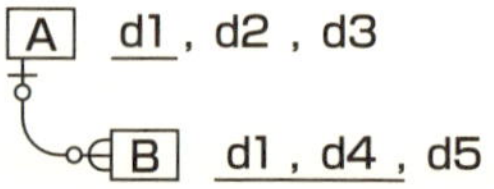

■概念が結婚して子供が生まれる

さて、〈d1〉が識別子である［E1］と〈d2〉が識別子である［E2］があって、{d1,d2}が識別子である［E3］を導入した場合、データモデルは以下のようになります。

図7●親エンティティが2つ存在する親子関係

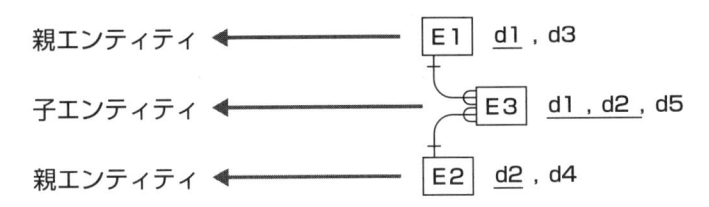

```
親エンティティ ←――――――― │ E1 │  d1 , d3
                             │
子エンティティ ←――――――― │ E3 │  d1 , d2 , d5
                             │
親エンティティ ←――――――― │ E2 │  d2 , d4
```

したがって、48～49ページで説明した［結婚候補］、［デート先］と、［女性とデート先の組み合わせに関する諸問題］との関係は、以下のような親子関係で示されます。

図8●［結婚候補］と［デート先］が結婚して［女性とデート先の組み合わせに関する諸問題］が生まれた

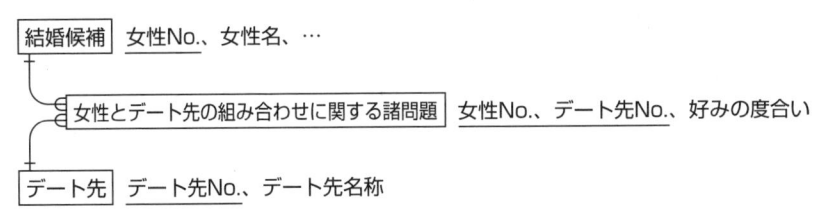

```
│結婚候補│ 女性No.、女性名、…
   │
   │  │女性とデート先の組み合わせに関する諸問題│ 女性No.、デート先No.、好みの度合い
   │
│デート先│ デート先No.、デート先名称
```

余談ですが、筆者はこのようなパターンを「E1とE2が結婚してE3が生まれた」と説明することがあります。このあたりはデータモデリングの中でも特に面白いところです。［E1］と［E2］は「概念」でしかないのに、それらの「仲人」をやれるわけですから。やろうと思えば次ページ図9の例のように［犬］と［電信柱］を結婚させて子供［犬と電信柱の組み合わせに関する諸問題］を生ませることもできます。

第1部　データモデルとは何か

図9●[犬]と[電信柱]が結婚して[犬と電信柱の組み合わせに関する諸問題]が生まれた

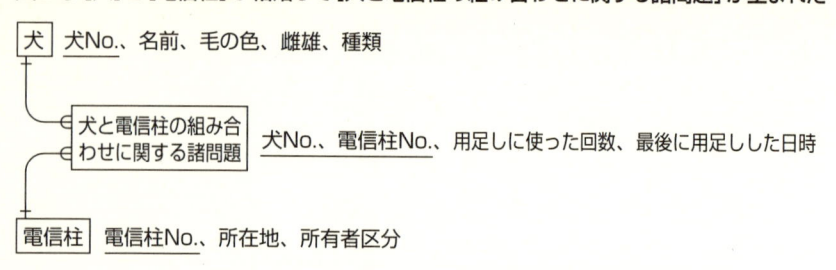

```
┌──┐
│犬│　犬No.、名前、毛の色、雌雄、種類
└──┘
 │　┌──────────┐
 ├─│犬と電信柱の組み合│　犬No.、電信柱No.、用足しに使った回数、最後に用足しした日時
 │　│わせに関する諸問題│
 │　└──────────┘
┌──┐
│電信柱│　電信柱No.、所在地、所有者区分
└──┘
```

■エンティティ関連その2：参照関係

　あるエンティティ［A］の識別子が〈d1〉だとして、エンティティ［B］が属性項目として〈d1〉を持っている場合、［A］と［B］は**参照関係**にある、といいます。このとき［A］を**参照先エンティティ**、［B］を**参照元エンティティ**と呼び、［B］の〈d1〉を**外部キー**と呼びます。参照先のほうに「十字架」、参照元のほうに「点線」を置いてそれらを曲線で結んで参照関係を示します（下図10）。また、［C］のように参照先が自分自身であることもあり、この関係を特に**自己参照**といいます。

図10●参照関係を表わすモデル

〈参照先Aと参照元Bの関係〉

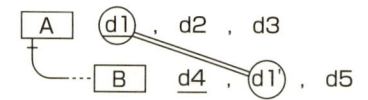

```
┌─┐
│A│　⦿d1　, d2 , d3
└─┘ ╲
 │    ╲
 └┄┄┌─┐       ╲
     │B│ d4 , ⦿d1', d5
     └─┘
              参照先の識別子を属性項目として持つ
```

〈参照先と参照元が同一の場合〉

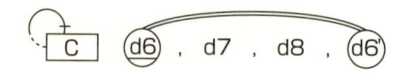

```
    ╭──╮
┌─┐ │
│C│⦿d6 , d7 , d8 , ⦿d6'
└─┘
```

　モデルでは、属性項目のほうに"'"をつけて区別していることに注意してください。これは、関連を生じさせているお互いのデータ項目が同一の名称を持つとは限らないことを意味しています。例えば、次のモデルでは、エ

ンティティ［社員］の属性項目である〈直属上司社員コード〉も、［得意先］の〈営業担当社員コード〉も、［社員］の識別子である〈社員コード〉に対して参照関係を成立させる外部キーです。

図11●外部キーと参照先の識別子のデータ項目が異なる例

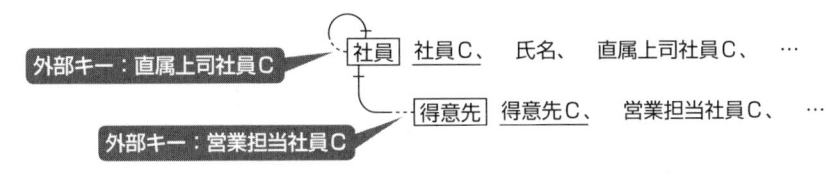

```
外部キー：直属上司社員C ──┐
                      ├→[社員]  社員C、   氏名、   直属上司社員C、  …
                      └─[得意先] 得意先C、  営業担当社員C、  …
外部キー：営業担当社員C ──┘
```

　参照関係における基数制約を見てみましょう。次の図では［A］の1行目のタプルに関連する［B］のタプルは1、4行目の2件です。［B］では〈d1〉が識別子ではなく属性項目なので、〈d1〉が同じ値のタプルが複数行存在することが許されています。このことから一般に［A］の1行に対応する［B］のタプルは複数行存在すると言えます。反対に、［B］の1件に関連する［A］のタプルを調べると、それはたかだか1件しか存在しません。なぜなら、［A］において〈d1〉は識別子になっているからです。結局、参照関係のエンティティ関連が示す基数制約そのままの関係になっていることがおわかりでしょう。

図12●参照関係におけるインスタンス

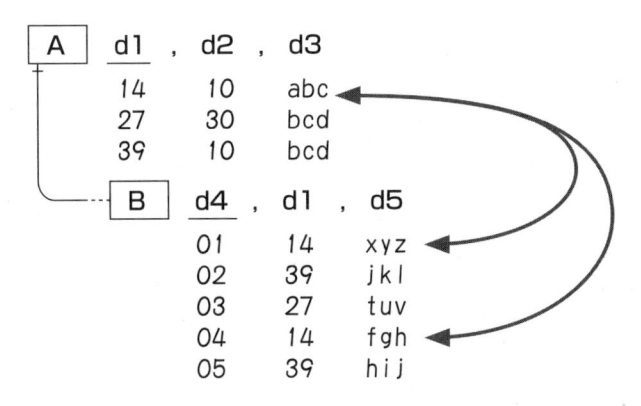

```
[A]  d1 , d2 , d3
     14   10   abc ←
     27   30   bcd
     39   10   bcd
  ┌─[B]  d4 , d1 , d5
  │      01   14   xyz ←
  │      02   39   jkl
  │      03   27   tuv
  │      04   14   fgh ←
  │      05   39   hij
```

なお、参照関係の基数制約でも親子関係と同じように「オプショナル」のドットを使えます。ただし、点線のほうをオプションとの組み合わせで示すことはありません。なぜなら参照関係には、「N件存在する」というより「1件とは限らない。つまり0件かもしれないし、複数件かもしれない」という意味合いが強いためです。

図13●参照関係における基数制約

① ［A］上の特定のタプル1件に対応する［B］上に存在する関連タプルは1件とは限らないが、［B］上の特定のタプル1件について［A］上の関連タプルは1件存在する

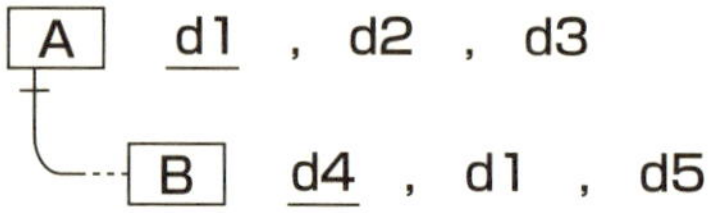

```
A    d1 , d2 , d3
│
└┈ B   d4 , d1 , d5
```

② ［A］上の特定のタプル1件に対応する［B］上に存在する関連タプルは1件とは限らないが、［B］上の特定のタプル1件について［A］上の関連タプルは1件または0件存在する

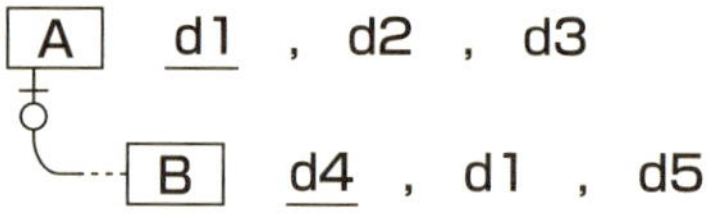

```
A    d1 , d2 , d3
│
└┈ B   d4 , d1 , d5
```

■3種類の属性項目

　ここまでの例は「通常の属性項目」を外部キーとしている参照関係でした。次に「通常でない属性項目」を外部キーとして利用している、より高度なパターンを見ましょう。

　エンティティ上に並ぶ属性項目は**固有属性**、**作出属性**、**継承属性**の3種類に分類されます[注]。**固有属性**とは、ここまで述べてきたような「通常」の属性項目です。〈社員コード〉に対する〈社員名〉、〈受注No.〉に対する〈得意先コード〉などがその例です。これらは識別子に**完全関数従属**している、

[注]これらをテーブルとして実装する際の考慮事項についてはコラム「エンティティとテーブル」(240ページ)を参照してください。

といいます。

　作出属性は属性項目のひとつか複数を使って計算して得られる属性項目です。代表的な例としては［受注明細］上の〈受注数〉と〈受注単価〉を掛け合わせて得られる〈受注金額〉が挙げられます。〈受注数〉、〈受注単価〉、〈受注金額〉のいずれもが受注明細の識別子に関数従属しているように思えますが、受注金額だけは実は〈受注数〉と〈受注単価〉の組み合わせに関数従属しているのです。

図14●作出属性の例（受注合計金額、受注金額、特売期間（FROM））

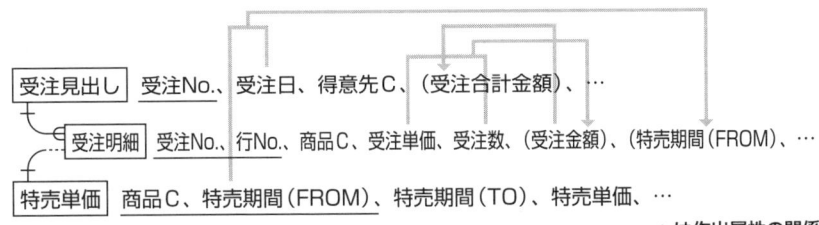

```
［受注見出し］ 受注No.、受注日、得意先C、（受注合計金額）、…
  ［受注明細］ 受注No.、行No.、商品C、受注単価、受注数、（受注金額）、（特売期間（FROM））、…
［特売単価］ 商品C、特売期間（FROM）、特売期間（TO）、特売単価、…
                                          ──▶ は作出属性の関係
```

　場合によっては、作出属性は他のエンティティ上のインスタンスを使って算出されます。例えば、上図で［受注見出し］の〈受注合計金額〉は［受注明細］の〈受注金額〉を合計したものです。また、ここでは、作出属性が外部キーを構成する例も示されています。［特売単価］というのは、商品ごとに期間指定で決めておかれる特売単価を登録しておくためのエンティティです。ちょっと考えると［受注明細］には〈特売期間（FROM）〉のような属性項目が載りようがないゆえに、両者が参照関係をとるようには思えません。しかし、［受注明細］に関連する［受注見出し］の〈受注日〉の値にもとづいて［特売単価］の内容を調べることによって、［受注明細］にとって有効な〈特売期間（FROM）〉が決まります（もちろん、特売予定がなければ決まりません）。これが〈商品コード〉と複合されて［特売単価］への外部キーを構成します。この例のように計算手順が複雑であっても、他の項目の値を組み合わせて計算可能であるならそれは作出属性です。

　継承属性は多重度1 [注] の関連エンティティ上の属性項目のことです。

[多重1] エンティティ［E1］上の1件のタプルにとって、［E2］上の関連するタプルが常に1件の場合、［E1］にとって［E2］は多重度1のエンティティである」といいます。子にとっての親、参照元にとっての参照先、サブタイプにとってのスーパータイプはいずれも多重度1のエンティティです。

典型的な例として、［受注明細］における〈得意先コード〉を挙げておきます（下図15）。本来、〈得意先コード〉は［受注明細］ではなくその「親」である［受注見出し］の固有属性なので、［受注明細］においては継承属性とみなされます。前述の作出属性も含めて、これらの項目はエンティティの識別子に関数従属してはいますが、完全関数従属はしません。

図15●継承属性の例（得意先コード）

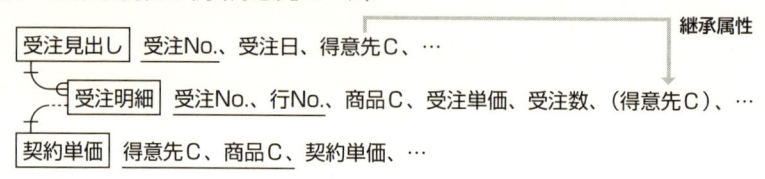

```
受注見出し  受注No.、受注日、得意先C、…
                                          継承属性
  └ 受注明細  受注No.、行No.、商品C、受注単価、受注数、（得意先C）、…
  └ 契約単価  得意先C、商品C、契約単価、…
```

つまり、「作出属性」も「継承属性」もエンティティの属性項目としてそのまま置かれるべきものではないということです。先ほど「通常でない属性項目」と呼んだのはそういう意味です。本来はその位置に置かれるものではないのですが、参照先への外部キーを構成するとか、どのような合計項目を管理したいかを示すといった目的のために、便宜上置かれていると解釈されるものです。

「継承属性」を使って構成された参照関係の例（図15）をもう一度見てみましょう。ここでは、［受注見出し］の〈得意先コード〉が［受注明細］に継承属性として置かれているとみなせるために、{得意先コード,商品コード}を識別子とする［契約単価］との参照関係が成立しています[注]。

■エンティティ関連その3：派生関係

あるエンティティ［A］の識別子が〈d1〉だとして、エンティティ［B］の識別子も〈d1〉だとすると、［A］と［B］は**派生関係**にあると判断できます。ただし、同じ識別子の値を持つ任意の［A］のタプルと［B］のタプルとが相互に1：1対応する場合、この関係は不健全とされ、特に**同一関係**と呼ばれます。一方、［A］のタプルに対して、関連する［B］のタプルが

[注]本書の図法では、作出属性や継承属性はデータモデル上でカッコ書きで示されています。なお、図15では［受注明細］の〈商品C〉と〈得意先C〉とが［契約単価］への外部キーを成しているわけですが、参照関係の基礎となっている外部キーがわかりにくいケースがあります。これは作出属性や継承属性を含まない場合でも同様で、そのようなときは、こまめに注釈を載せておくべきでしょう。

「1または0」件存在する場合、この関係は健全で、このとき［A］を**スーパータイプ**、［B］を**サブタイプ**と呼びます。サブタイプのほうに「ドット付きの十字架」を置けば、両者が派生関係にあることが示されます。

図16●同一関係、派生関係における基数制約

① ［A］上の特定のタプル1件に対応する［B］上の関連タプルは1件であり、［B］上の特定のタプル1件に対応する［A］上の関連タプルも1件である（不健全：同一関係）

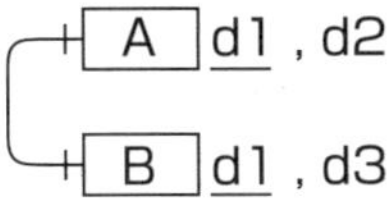

```
 ┌─┤ A │ d1 , d2
 │
 └─┤ B │ d1 , d3
```

② ［A］上の特定のタプル1件に対応する［B］上の関連タプルは1件、または0件であり、［B］上の特定のタプル1件に対応する［A］上の関連タプルは1件である（健全：派生関係）

```
 ┌─┤ A │ d1 , d2
 │
 └o┤ B │ d1 , d3
```

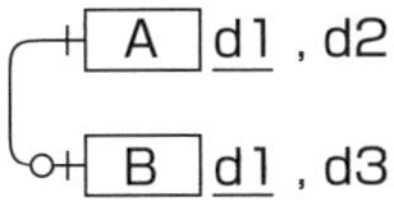

③ ［A］上の特定のタプル1件に対応する［B］上の関連タプルは1件、または0件であり、［B］上の特定のタプル1件に対応する［A］上の関連タプルも1件、または0件である（健全：派生関係）

```
 ┌o┤ A │ d1 , d2
 │
 └o┤ B │ d1 , d3
```

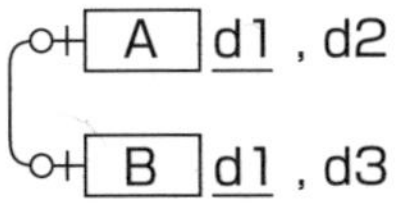

「同一関係」が「不健全」とされるのはなぜなのでしょう。ありがちな例を挙げてみます。営業部門と製造部門がそれぞれの管理システムを持っていたとして、それらが全社システムとして統合された場合などに、次のようなモデルに相当するテーブル構成が生じることがあります。

図17●同一関係の例

```
┌─[営業用製品マスター]　製品No.、製品名、標準販売単価、…
└─[製造用製品マスター]　製品No.、製品名、標準製造原価、…
```

　これらはテーブル構成として使いにくいものです。営業部門が［営業用製品マスター］のデータを追加したり削除したりした場合、［製造用製品マスター］の内容もそれに合わせて製造部門に修正してもらわないと、2つのマスター情報に矛盾したデータが載った状態になってしまいます。利用目的ごとにテーブルを分けることは基本的に許されません。これらは統合されて次のようにモデリングされ直されるべきです。

図18●同一関係修正後のモデル

[製品]　製品No.、製品名、標準製造原価、標準販売単価、…

　今度は分かれているほうが望ましい例を示しましょう。製造業向けの業務支援システムでは、しばしば製品や中間品や素材を一括して「品目」などとして認識します。このほうが「部品構成」と呼ばれる基本情報を組み立てやすくなるからです。

　ところがこのやり方をとると、次ページ図19のように、販売品目特有の項目も製造品目特有の項目も購入品目特有の項目も、すべてひとつのエンティティ［品目］に載せなければならなくなります。ひとつの品目が、販売もされるし製造もされるし購入もされる、などということはあまりないことなので、品目データを登録してみれば、それらの項目がヌル値（図では"－"で示されている。そのタプルにとってその項目は無意味なために空欄のままにされていること）をとることが多くなって無駄です。図19の例では単価しか示されていないのでそれほど無駄でないように見えますが、製造品、販売品、購入品に特有な管理情報というのはそれぞれ相当な数になるので、実際はヌル値をとる項目はもっと多いものです。

図19●項目値に無駄の多いモデル

品目	品目No.、品目名、標準製造原価、標準販売単価、標準購入単価、…

1234	製品A	12,000	17,000	−
2345	中間品B	9,000	−	−
3456	購入品C	−	−	800
4567	仕入製品D	−	15,000	11,000

　そこで、その品目が製造品であるか販売品であるか購入品であるかを示す区分を設けると同時に、それぞれの特有属性項目を別のエンティティとして独立させます。例えば以下のようにするわけです。

図20●項目値の無駄を修正したモデル

品目	品目No.、品目名、製造対象区分、販売対象区分、購入対象区分、…
製造品目属性	品目No.、標準製造原価、…
販売品目属性	品目No.、標準販売単価、…
購入品目属性	品目No.、標準購入単価、…

　［品目］のタプル1件に対して3つの品目属性それぞれに「1または0」件のタプルが存在する関係になっています。つまり、［品目］がスーパータイプで、独立した3つのエンティティがサブタイプです。このようにすれば、どんな場合にそれぞれの属性情報が付加するのかが明確だし、ヌル値をとる項目もなくなります。同じような例が第2部第5章の「取引先管理」のモデルです。そちらも確認してみてください。

5 完全正規形への3つのルール

エンティティやリレーションを構成する際に遵守されるべき厳格なルールを学びましょう。これらのルールは言語における「語順」のようなもので、これに従わずに組み立てられたモデルは第三者が利用しにくいものになります。多少込み入った内容ですが、知っておかないと話にならない事項なので是非とも覚え込んでしまってください。

■「正規化」とは何か

まず、エンティティ上の属性項目のまとまりの中での**繰り返し構造**やデータ項目内の**内部構造**が存在していたならそれを解消しなければならない、というルールがあります。この操作によって**非正規形**のモデルが**第一正規形**になります。例えば次のようなモデルがあったとします。

図1●属性項目の繰り返し構造
E1 d1 , d2 , d3 , 1つ目のd4 , 2つ目のd4 , 3つ目のd4 , 4つ目のd4

［E1］では、〈d4〉が4回繰り返されています。このような「繰り返し構造」は別エンティティとして下のように独立させます。新しく導入される〈d5〉は、「行No.」や「年月」などの、繰り返し構造の基礎になっている序数系のデータ項目です。

図2●繰り返し構造を解消した第一正規形モデル
E1 d1 , d2 , d3
 └ E2 d1 , d5 , d4

また、データ項目の内部に別のデータ項目が入りこんでいたならそれを独

立させます。例えば、前ページ図2の〈d1〉の上2桁が別のデータ項目〈d6〉であるなら、それを切り出して〈d1〉を〈d1'〉と〈d6〉とに分けます。これでモデルは第一正規形になりました。

図3●内部構造を切り分けて正規化する

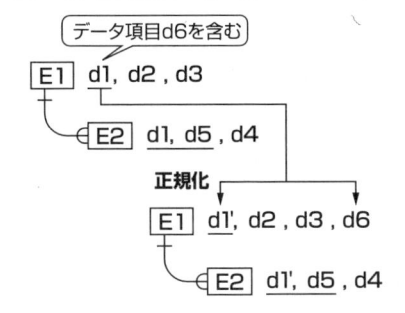

```
    ┌──データ項目d6を含む──┐
 [E1]  d1, d2 , d3
   └─[E2]  d1, d5 , d4

         正規化
       [E1]  d1', d2 , d3, d6
         └─[E2]  d1', d5 , d4
```

　このようにモデルをより完全な形（高次の正規形）に洗練させていく作業を正規化するといいます。

■「第三正規形」でも十分ではない

　もう少し「正規化」を進めてみましょう。識別子がいくつかのデータ項目の組み合わせとして定義されている場合でも、属性項目はそれらの一部ではなく全体に関数従属するものでなければなりません。この操作によって第一正規形のモデルが**第二正規形**になります。

図4●第一正規形から第二正規形へ

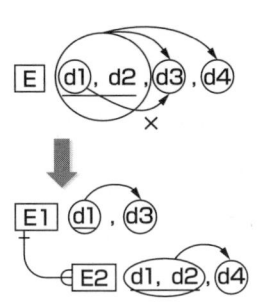

```
 [E] (d1, d2 , d3, d4)
            ×

 [E1] (d1) , d3
   └─[E2] (d1, d2), d4
```

さらに、識別子以外のデータ項目に関数従属してもいけません。

ここまでのルールを守れば、データモデルはいわゆる**第三正規形**をとります。

図5●第二正規形から第三正規形へ

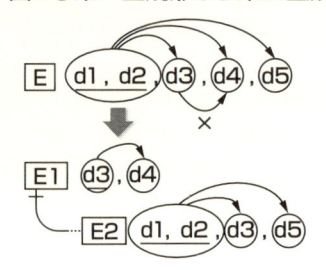

```
 E  (d1, d2) (d3) (d4) (d5)
              ×
 E1 (d3, d4)
 E2 (d1, d2) (d3) (d5)
```

実はこれだけでも十分ではありません。データモデルは**完全正規形**、すなわち**第五正規形**をとっていなければなりません。雑誌記事や参考書に「実務上は第三正規形で十分」と書かれていることがありますが、そうは言えないと筆者は経験から断言できます。基本的にデータモデルは「第五正規形」になっていないと使い物になりません。そうでないと、データベース処理において**更新時異状** [注] と呼ばれるさまざまな不都合が生じるからです。

ただし、非正規形から第五正規形まで段階的に正規化を進めるための手順については覚える必要はありません。難解なうえに、実際のモデリングの場面でそれらの知識はほとんど役に立たないからです。

■実務家のための3つの正規化ルール

本書は実用書なので、実務家のための便法を示します。次の3つの規則だけを覚えて、その都度データモデルを検証するようにしてください。

これらに従えば、モデルは一挙に完全な正規形（第五正規形）へジャンプします。

[注] 図5の正規化前のモデルを例にして説明しましょう。このモデルを前提にしてデータベースを組み立てた場合、「〈d4〉が〈d3〉に関数従属する」というルールはDBMSによる管理の対象外となって、プログラム上にプログラミング言語で記述されることになります。〈d3〉や〈d4〉の値を更新するようなプログラミングがいくつもある場合、そのようなルールが徹底されずにルール違反の更新がなされる可能性が高くなります。

ルール１．入れ子構造の解消
　エンティティ内のデータ項目の繰り返し構造やデータ項目内の内部構造は解消されなければならない。

ルール２．不要な関数従属性の排除
　エンティティの識別子全体からそれぞれの属性項目に対するもの以外の関数従属性は排除されなければならない。

ルール３．有効な識別子の網羅
　すべての有効な識別子のみが網羅され、それぞれの識別子ごとにエンティティが最低１個は用意されなければならない。

　ルール１は「非正規形」を「第一正規形」に洗練させるためのルールです。これに従うことは比較的容易です。64ページ図１で示したような繰り返し構造は見ればすぐにわかるし、データ項目の内部構造についても丁寧に調査すればわかるからです。
　ルール２は「第一正規形」から「第二正規形」、「第三正規形」を飛び越えて、ＢＣ（ボイス・コッド）正規形 [注] と呼ばれる正規度へ至るためのルールです。このルールは規則としては単純ですが、従うのは簡単ではありません。例えば次のようなエンティティがあるとします。

　［Ｅ１］ <u>d1，d2</u>，d3，d4

　［Ｅ１］において本来成立すべき関数従属性は次の２つだけです。

　{d1,d2} → d3
　{d1,d2} → d4

　一方、以下（次ページ）のような関数従属性がすべて「成立してはならない」のです。

[ＢＣ正規形] Boyce-Codd 正規形。ボイス氏とコッド氏によって提案された正規形。コッドはRDBを考案したE.F.コッド氏のこと。

d1 → d2
d1 → d3
d1 → d4
d2 → d1
d2 → d3
d2 → d4
d3 → d1
d3 → d2
d3 → d4
d4 → d1
d4 → d2
d4 → d3
{d1,d3} → d2
{d1,d3} → d4
{d1,d4} → d2
{d1,d4} → d3
{d2,d3} → d1
{d2,d3} → d4
{d2,d4} → d1
{d2,d4} → d3
{d3,d4} → d1
{d3,d4} → d2
{d2,d3,d4} → d1
{d1,d3,d4} → d2

　つまり、エンティティ中に含まれるデータ項目の間には「成立しなければならない関数従属性」より、「成立してはいけない関数従属性」である組み合わせのほうがずっと多いのです。うっかりすると、このような許されない関数従属性がエンティティの中に残ってしまいます。ルール2に従うことが意外に難しいのはそのためです。

ちなみに、上で挙げた「許されざる関係」をどの程度含むかによって、正規化の度合い（**正規度**）が違うということになります。その詳細は次のコラム「第一正規形からＢＣ正規形へ」に載っていますが、それらを区別することに実務上の意味はありません。なぜなら、不要な関数従属性は第一〜ＢＣ正規形の順序で段階的に排除されなければならないわけではなく、どのような順序だろうが「とにかく、『許されざる関係』がまったく残っていないようにすればよい」だけの話だからです。

　ルール３は「ＢＣ正規形」を「第四正規形」や「第五正規形」に洗練させるためのルールです。特に、独立すべきエンティティが、属性項目を含まな

図6●BC正規形から第四正規形へ

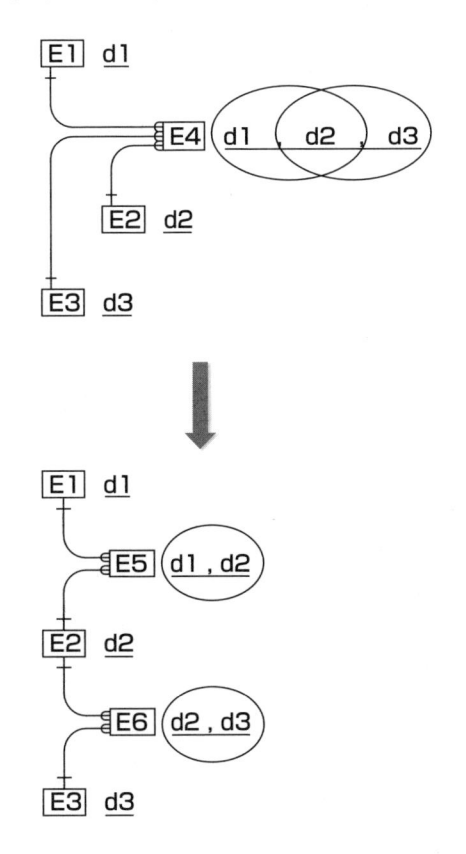

```
E1  d1
 |
 └─E4  ( d1 , d2 , d3 )
 |
 └─E2  d2
 |
E3  d3


        ↓


E1  d1
 |
 └─E5  ( d1 , d2 )
 |
E2  d2
 |
 └─E6  ( d2 , d3 )
 |
E3  d3
```

いゆえに別のエンティティに「埋没」してしまうことがあり得る、ということに注意を促すものです。

例えば前ページ図6のモデルにおいて、本来は［E5］と［E6］の組み合わせであるはずのエンティティが［E4］として分析されてしまう可能性があります。

また、以下の例においても［E1］と［E3］だけを分析して、属性項目を

図7●第四正規形から第五正規形へ

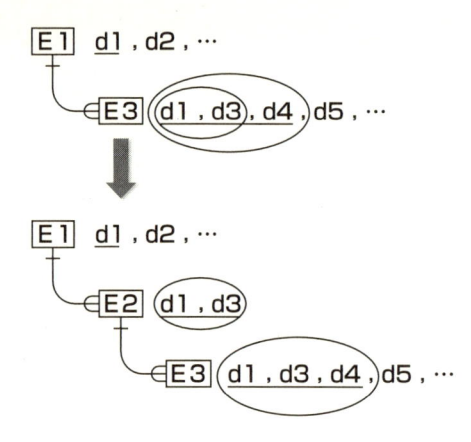

```
[E1] d1,d2,…
  └[E3] (d1,d3),d4),d5,…

       ↓

[E1] d1,d2,…
  └[E2] (d1,d3)
       └[E3] (d1,d3,d4),d5,…
```

持たない［E2］が見逃される可能性があります。

上記の2例のいずれもが、識別子が属性項目をともなわない場合に起こり得る見落としです。「識別子は属性項目をともなっているはずだ」という思い込みでモデリングすると、有効な識別子がすべて一覧されない恐れがあるということです。すべての有効な識別子が網羅され、識別子ごとにエンティティが最低1個は用意されなければならない——という3つ目のルールはこのようなミスを避けるためのものです。

これらの3つのルールに従うことによって、モデルはようやく「使えるモデル」になります。ぜひ、これらのルールをただの理屈ではなく「体で」覚え込むようにしてください。そうすれば、いちいち意識しなくても体が自然に正規化されたモデルを指向するようになります。

コラム1 第一正規形から BC正規形へ

　67ページの「正規化のための3つのルール」のうちのルール2「不要な関数従属性の排除」の詳細を参考までに説明します。重要そうに見えますが、不要に込み入った話なので、理解できないとしても実務上問題はありません。お急ぎの方は読み飛ばしていただいて結構です。

　本文で説明したように、ルール2は「第一正規形」を「BC（ボイス・コッド）正規形」に洗練させるためのものです。「非正規形」を「第一正規形」にするための過程に関しては本文の「ルール1」を、「BC正規形」を「第五正規形（完全正規形）」にするための過程に関しては「ルール3」を参照してください。

　まず、第一正規形がどのようなものであるかを説明します。次の［E1］が第一正規形であるとすると、エンティティ上には以下のような関数従属性が成立し得ます。ところが、本文でも説明したように、これらのうちのほとんどは「許されざる関係」です。

［E1］<u>d1, d2,</u> d3, d4

　　d1 → d2
　　d1 → d3
　　d1 → d4
　　d2 → d1
　　d2 → d3
　　d2 → d4
　　d3 → d1
　　d3 → d2
　　d3 → d4
　　d4 → d1

d4 → d2
d4 → d3
{d1, d2} → d3
{d1, d2} → d4
{d1, d3} → d2
{d1, d3} → d4
{d1, d4} → d2
{d1, d4} → d3
{d2, d3} → d1
{d2, d3} → d4
{d2, d4} → d1
{d2, d4} → d3
{d3, d4} → d1
{d3, d4} → d2
{d2, d3, d4} → d1
{d1, d3, d4} → d2

アカデミックなアプローチにおいては、それらの「許されざる関係」を分類して段階的に排除していきます。排除の程度に応じたそれぞれの段階は「第二正規形」、「第三正規形」、「ＢＣ（ボイス・コッド）正規形」と呼ばれます。順に説明していきましょう。

　「第二正規形」は、「識別子の一部」から「他の属性項目」または「識別子を構成する項目」への関数従属性が排除された状態です。[Ｅ１]においては以下の×印のついた関数従属性が除去されます。不要な関数従属性を除去するためには、モデルに新規のエンティティを追加したり、既存のエンティティから属性項目をはずすといった調整をします。

× d1 → d2
× d1 → d3
× d1 → d4

× d2 → d1
× d2 → d3
× d2 → d4
　d3 → d1
　d3 → d2
　d3 → d4
　d4 → d1
　d4 → d2
　d4 → d3
　{d1 , d2} → d3
　{d1 , d2} → d4
　{d1 , d3} → d2
　{d1 , d3} → d4
　{d1 , d4} → d2
　{d1 , d4} → d3
　{d2 , d3} → d1
　{d2 , d3} → d4
　{d2 , d4} → d1
　{d2 , d4} → d3
　{d3 , d4} → d1
　{d3 , d4} → d2
　{d2 , d3 , d4} → d1
　{d1 , d3 , d4} → d2

「第三正規形」では、さらに「属性項目」または「属性項目を1個でも含む複合キー」から「他の属性項目」への関数従属性が排除されます。［E1］では以下の×印のついた関係が排除されます。

　d3 → d1
　d3 → d2

× d3 → d4
　d4 → d1
　d4 → d2
× d4 → d3
　{d1, d2} → d3
　{d1, d2} → d4
　{d1, d3} → d2
× {d1, d3} → d4
　{d1, d4} → d2
× {d1, d4} → d3
　{d2, d3} → d1
× {d2, d3} → d4
　{d2, d4} → d1
× {d2, d4} → d3
　{d3, d4} → d1
　{d3, d4} → d2
　{d2, d3, d4} → d1
　{d1, d3, d4} → d2

　ＢＣ正規形では、さらに「属性項目」及び「属性項目を１個でも含む複合キー」から「識別子を構成する項目」への関数従属性が排除されます。これでようやく、本来許される関数従属性だけが残ります。［Ｅ１］で残るのはたった２つだけになりました。これらが本来の「許される関数従属性」です。

× d3 → d1
× d3 → d2
× d4 → d1
× d4 → d2
　{d1, d2} → d3
　{d1, d2} → d4

× {d1 , d3} → d2
× {d1 , d4} → d2
× {d2 , d3} → d1
× {d2 , d4} → d1
× {d3 , d4} → d1
× {d3 , d4} → d2
× {d2 , d3 , d4} → d1
× {d1 , d3 , d4} → d2

　正規度などというといかにも「努力目標」みたいに聞こえますが、本文でも述べたようにデータモデルは「完全正規形（第五正規形）」でなければ使い物になりません。そうでないとデータを追加・更新・削除したときに、必要なデータが消失したり、矛盾が生じたりするからです。
　これを避けるためには上記のような複雑な手順を覚えて、段階的に正規化を進めなければならないのでしょうか。いいえ、そんなことはありません。結局のところ、「識別子全体からそれぞれの属性項目に対する関数従属性のみが許されるようにする」という指針（ルール２）さえ理解すれば、少なくともモデルがＢＣ正規形かどうかはすぐに判定できます。ＢＣ正規形でないのであれば、それを妨げる「不純物（許されざる関数従属性）」を手当たり次第に除去していけばよい——それだけのことです。

第1部
データモデル
とは何か

第3章 データモデリングの実際

文法を理解したなら、さっそく言葉を使ってみたくなります。けれども、その前にもう少し学んでおきたいことがあります。実際のモデリングに取り組むためのいくつかの心構えやテクニックを見ましょう。

1 エンティティ関連を使い分ける

　前章で説明したように、本書では「1対N」の基数制約が認められる関連を、ER図の上で2種類に区別しています。「十字架」と「点線」なら「参照関係」、「十字架」と「鳥の足」なら「親子関係」です。これらをどのように使い分けたらよいのでしょう。

　データモデリング手法の中には、「参照関係」と「親子関係」が表記上区別されないものもあります。しかし、ある関連を「参照」とみなすか「親子」とみなすかというのは概念的なレベルでも重要な問題です。それが曖昧だと、場合によっては現実と矛盾したり、不必要に複雑なデータ処理が要求されるデータベースが組み立てられてしまいます。それだけに、表記上も明確に書き分けて、それらの違いを意識的に分析しなければなりません。

■処理を意識するということ

　基本的には、データモデリングにおいて業務ルールや処理の流れを考慮すれば、参照とすべきか親子とすべきかの判断はつきます。実は筆者自身「データモデリングにおいて処理を意識してはいけない」といつも言ってはいたのですが、あるとき、親子か参照かを判断する際に、ごく自然に処理や仕事の流れを意識していたことに気づきました。あまりに自然な思考だったので、データモデリングでは処理を意識するな、という教条との矛盾に気づいていなかったのです。

　実際、よいデータモデルには構成的な美しさがあるだけでなく、業務の流れやデータがどのように処理されるのかが彷彿とさせられるものです。それは、設計者が処理を意識して個々の関連をレイアウトしているゆえにほかなりません。

　ただし、データモデリングにおいて処理を意識することにはリスクがともないます。これをやりすぎると、データモデルが本来の「データ項目間の関

数従属性の体系」から「処理様式に合わせたデータの格納様式」に簡単に退化してしまうからです。的確な基数制約を設計するためにこそ処理は意識されなければなりません。このことを勘違いしないように気をつけてください。

　本書の大きなテーマのひとつは「データモデリングにおいて、いかに安全かつ有意義に処理を意識してより的確なモデルを組み立てるか」を例示することです。特に、ある関連を「参照」とみなすべきか「親子」とみなすべきかの判断基準をモデリング例からじっくり読み取ってもらえたらと思います。また、そのような思考上の「枠組み」を身につけることが、個別の業務別データモデルを「暗記」することなどよりずっと重要だということも知っておいてください。

■参照と親子の使い分け例

　では実際に、前述した「女性のデート先の好み」の例を使って親子関係と参照関係の違いを吟味してみましょう。この例においては、処理の違いというよりはインスタンスを比較すれば2つの関係の機能的な違いは明らかです。どちらが適切かは判断しやすい例と言えるでしょう。

図1●親子関係（①）と参照関係（②）の形式上の違い

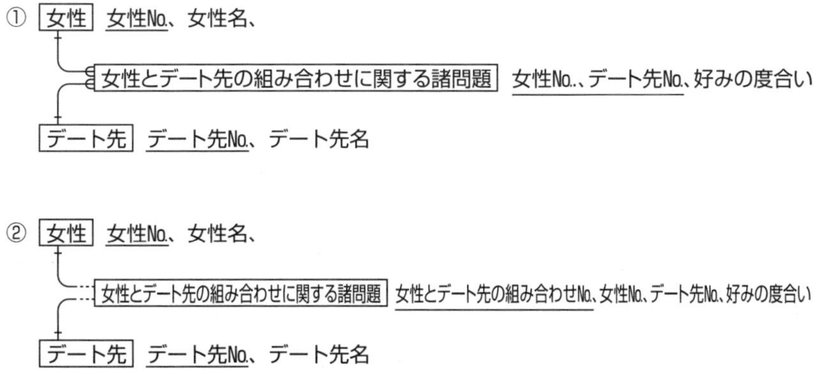

① 女性　女性№、女性名、
　　　　女性とデート先の組み合わせに関する諸問題　女性№、デート先№、好みの度合い
　　デート先　デート先№、デート先名

② 女性　女性№、女性名、
　　　　女性とデート先の組み合わせに関する諸問題　女性とデート先の組み合わせ№、女性№、デート先№、好みの度合い
　　デート先　デート先№、デート先名

　一見するとこれらのモデルは同じ現実に対応するように見えますが、そうではありません。インスタンスを例示してみましょう。

図2● インスタンスを例示して親子関係（①）と参照関係（②）を見ると…

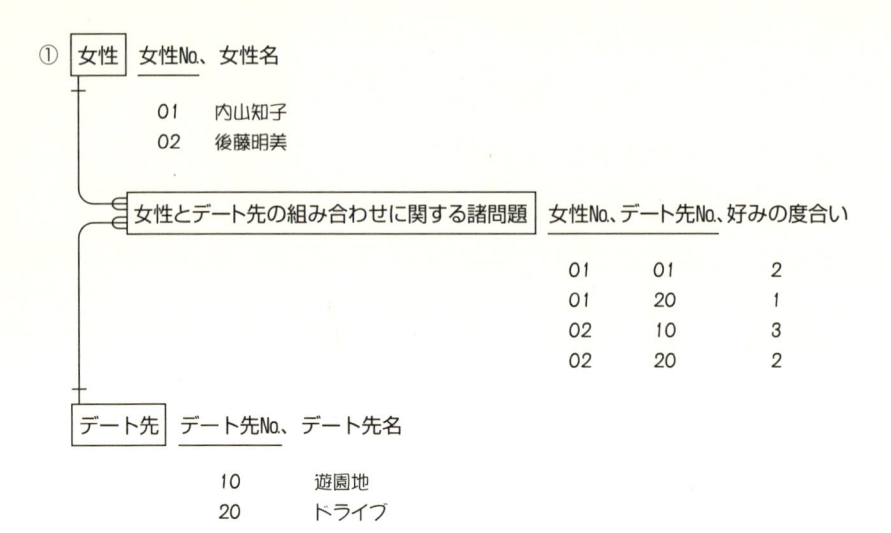

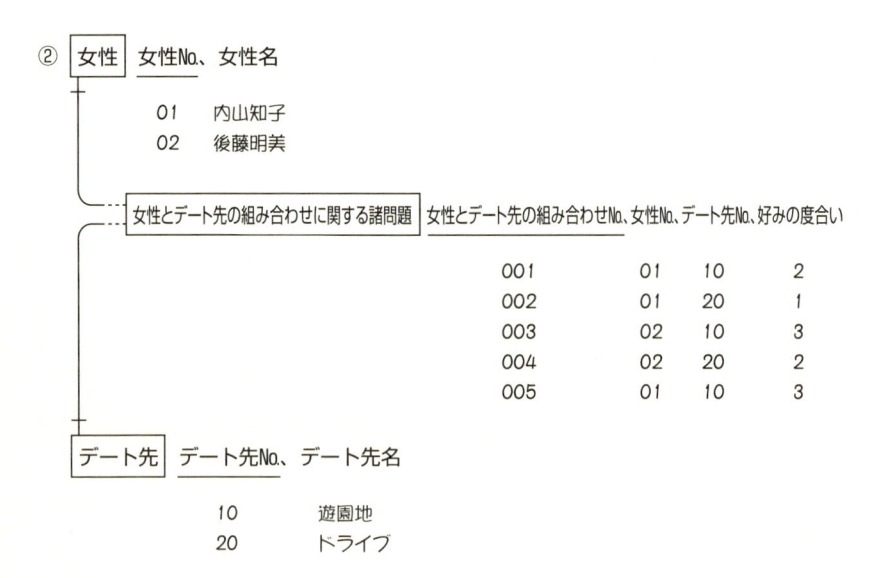

① 女性　女性No.、女性名

　　01　　内山知子
　　02　　後藤明美

女性とデート先の組み合わせに関する諸問題　　女性No.、デート先No.、好みの度合い

　　　　　　　　　　　　　　　　　　　　　　01　　01　　2
　　　　　　　　　　　　　　　　　　　　　　01　　20　　1
　　　　　　　　　　　　　　　　　　　　　　02　　10　　3
　　　　　　　　　　　　　　　　　　　　　　02　　20　　2

デート先　デート先No.、デート先名

　　10　　遊園地
　　20　　ドライブ

② 女性　女性No.、女性名

　　01　　内山知子
　　02　　後藤明美

女性とデート先の組み合わせに関する諸問題　　女性とデート先の組み合わせNo.、女性No.、デート先No.、好みの度合い

　　　　　　　　　　　　　　　　　　　　　　001　　01　　10　　2
　　　　　　　　　　　　　　　　　　　　　　002　　01　　20　　1
　　　　　　　　　　　　　　　　　　　　　　003　　02　　10　　3
　　　　　　　　　　　　　　　　　　　　　　004　　02　　20　　2
　　　　　　　　　　　　　　　　　　　　　　005　　01　　10　　3

デート先　デート先No.、デート先名

　　10　　遊園地
　　20　　ドライブ

②のモデルで［女性とデート先の組み合わせに関する諸問題］の1件目と5件目が矛盾していることに注意してください。結局、このような形で「女性ごとのデート先の好み」を管理するのは適切ではないということです。かといって、そのような識別子そのものがまちがいというわけではありません。実は、②は「デート実績」のようなものとしてはよいモデルです。

図3● ［デート実績］を管理するためのモデル例

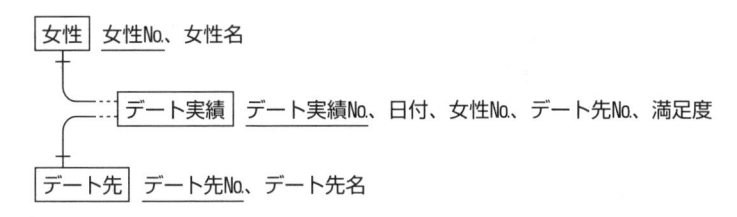

```
女性   女性No、女性名
 ├┄┄┄
 │    デート実績   デート実績No、日付、女性No、デート先No、満足度
 │┄┄┄
デート先   デート先No、デート先名
```

同じ女性と同じ場所に何度か訪れた場合、そのときどきで満足度も違うはずなので、このモデルは「デート実績」としては無理がありません。反対に①のような複合キーで「デート実績」を管理するのは不適切です。同じ女性と同じ場所に何度も出かけた事実を記録できなくなるからです。

親子関係と参照関係は基数制約の観点では同じように見えますが、どのようなインスタンスが登録され得るかを調べると、結構異なるということがわかってもらえると思います。同じような例は第2部でもしばしば登場するので、その違いをじっくりと観察してください。

2　2種類の「正しさ」

　第2章で、文法的に正確、つまり論理的に破綻のないデータモデルがどのようなものかを学びました。しかし、「論理的に正しい」モデルであるからといって、必ずしも「意味的に正しい」とは言えません。これらの2種類の「正しさ」の意味と検証方法を説明します。

　まずは、それら2種類の「正しさ」の違いを学びましょう。例えば、次のような議論があったとします。読者はこれを「正しい」と思うでしょうか。

　　由美子は石炭である。石炭はスパイである。ゆえに由美子はスパイである。
　　　　　　　　　　　　　　　　　　　　　　　　　　　　　　　　…①

　「メチャクチャだ。完全にまちがっている」と思われたかもしれません。しかし、この議論は「意味的にはまちがい」ではありますが「論理的（形式的）には正しい」のです。なぜなら、この議論は次のような「三段論法」の形式をとっているからです。

　　AはBである。BはCである。ゆえにAはCである。

　三段論法は「論理的に正しい形式」なので、A、B、Cにどんな値を入れても自動的に「論理的に正しい議論」になります。そういうわけで、①は「論理的に正しい」と評価される議論です。

　「論理的な正しさ」の検証に合格したら、その次に「意味的な正しさ」の検証がなされます。その時点で、①のような議論の「現実的なまちがい」が「由美子は石炭なんかじゃない。石炭がスパイだってのも変だ」などと指摘されます。上で述べた「論理的に正しいからといって、必ずしも意味的に正しいとは言えない」という指摘の意味はそういうことです。

第3章 データモデリングの実際

■正しさを検証するための2つの関門

　つまり、いかなる議論やモデルも、まずは形式的（論理的）に正しいかどうかの**第1の関門**と、意味的に正しいかどうかの**第2の関門**を通じて、現実的な有効性が検証されるということです。

　また、第1の関門と第2の関門が、この順序で適用されることも重要です。順序を逆にすると非効率だからです。次の議論を例にして説明しましょう。

　　由美子はスパイである。由美子は美人である。ゆえにスパイは美人である。

…②

　この議論の構造は「AはBである。AはCである。ゆえにBはCである」というものですが、この形式は論理的に正しくありません（A、B、Cにいろいろな値を代入すればすぐにわかります）。

　にもかかわらず、論理的な正しさの吟味を後回しにしたままで、例えば「由美子は本当に美人と言えるだろうか。それは主観的な判断にすぎない」とか、「由美子がスパイでない証拠がある」などと意味的な正しさを云々しても無駄です。なぜなら、最初に議論全体が論理的に正しくないことを指摘しさえすれば、お手軽に反論が済んでしまうからです。

　データモデルに対しても同じ評価手順が適用されます。第1の関門ではデータモデルが形式として正しいかどうかが検証され、第2の関門では意味的に正しいかどうかが検証されます。

　なお、正しさを検証するための関門がこのように2つに分かれているのはわずらわしい、と感じる読者がいるかもしれませ

図1●「正しさ」の2つの関門

ん。しかし、関門がいくつかあることは正しい議論やモデルを組み立てるためにはむしろ好都合なのです。なぜなら、もし関門がひとつだけだったとしたら、正しさを検証する側の「負担」が大きすぎるからです。論理的な正しさの検討と意味的な正しさの検討を分離できるおかげで、それぞれの過程に特有の不純物をじっくりと除去できます。その結果、議論やモデルを効率的に「蒸留」できるようになります。

言い換えると、これらの関門を用意できない図法は使いにくいということでもあります。その意味で、P．チェンの考案したオリジナルのＥＲ図は使いにくい分析図法です。なぜなら、各要素の具体的な意味から離れて、論理的な正しさだけを形式的に検討できる余地が非常に小さいからです。これらの図法で示されている定義要素の名称を無意味な記号に置き換えてみると、「正しさ」を云々することがほとんどできなくなってしまいます。本書のＥＲ図と比べてみると違いがよくわかるでしょう。

図2●記号化したデータモデル

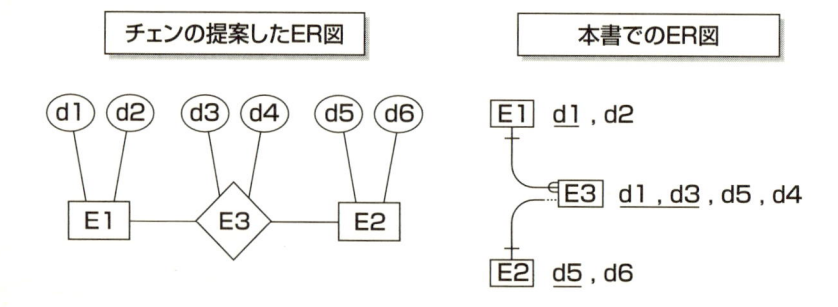

```
   チェンの提案したER図              本書でのER図

  d1  d2  d3  d4  d5  d6         E1   d1 , d2
   \  /    \  /    \  /
    \/      \/      \/                E3   d1 , d3 , d5 , d4
    E1 ─── E3 ─── E2
                                   E2   d5 , d6
```

■「用例」の正しい使い方

さて、第1の関門向けの知識を学ぶためには本書の第1部のような文法書が役に立ちます。では、第2の関門での検討過程に習熟するためにはどうしたらよいのでしょうか。

そのためには、本書の第2部でふんだんに紹介される「用例」が役に立ち

ます。それらがもたらす知識は、基本的な「業務のしくみ」を理解するためのものでもあるので、データモデルの「現実的な正しさ」を検証する手がかりになります。また、それらは実際的なサンプルでもあるので、極端に偏向したモデルにならないためのバランス感覚ももたらしてくれるでしょう。

ただし、本書の用例はそれなりに現実的なユーザー要件にもとづくものであるとはいえ、それらを「暗記すべき正しい答え」であるかのように受け取ることは避けてください。データモデリングされるべき現実は常にユニークで、本書で挙げられている要件と大枠では一致しても完全に一致することはほとんどありません。「受注・出荷管理のモデルはコレ、在庫管理はコレ」のような覚え方をしてしまっては、そのような現実の微妙な違いに対する感受性が鈍ってしまいます。

別の言い方をすると、第2部で挙げる用例は「覚えておきたい基本的なデータモデル」を集めたものではないのです。筆者の経験からまとめた「いかにもありそうな業務要件」をネタにして、筆者が改めてデータモデリングした結果でしかありません。筆者が業務別データモデルの一覧の形で記憶したものを吐き出したものではないのです。イディオムやクリシエ（決り文句）を援用することがあるにせよ、部分的、補助的なものでしかありません。

実際、業務支援システムというものは企業ごとに実に「個性的」な姿をとります。売掛・買掛管理や会計まわりといったバックオフィス系の業務に関しては、企業ごとの要件がほとんど違わないので、支援システムとしても標準化できます。ところが、事業活動そのものについては、それぞれの企業のおかれた位置や姿勢が反映された独特な形をとるので、これを支援するシステムも独特な形にならざるを得ないものです。そのような部分を「オーソドックスな形」に無理やり押し込んでしまっては、企業がもともと持っていた強みが失われて「角を矯める」結果になりかねません。

おそらく多くの「熟練が必要な活動」について同じことが言えるのではないかと思うのですが、熟練者は「記憶のストックの組み合わせ」ではなく、「対象の微妙な差異を形式に合わせて認識したり解釈するための知的な枠組み」にもとづいて成果物を生み出しています。ですから、熟練者にとって重要なのは「記憶のストックが多いか少ないか」ではなく、「認識の枠組みが

洗練されているかどうか」です。実務を通して認識の枠組みが洗練されていく過程で記憶のストックが蓄積されていくケースがほとんどだとしても、それは結果的にそうなっただけのことで、初めからそれを目指していたわけではありません。

　ところが、熟練者が多くのモデリング事例を知っていることから、初心者は「それらをたくさん覚えたなら仕事に熟練できる」と勘違いしがちです。その結果、用例を読む場合にも「用例にふんだんに触れることで認識の枠組みを洗練させる」ことをしないで「用例をふんだんに覚え込む」ことを目指してしまいます。その結果、熟練者並みに記憶のストックが多い割には認識の枠組みが未熟な「応用力のない専門知識屋」に堕してしまいます。

図3● 「記憶」に頼った学習はまちがい

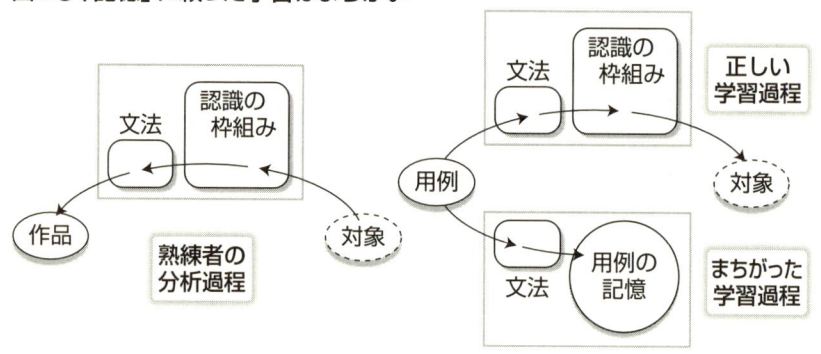

　そういうわけで、設計の現場においては、本書で挙げられている用例を「意図的に忘れる」ようにしてください。問題にされている業務を生まれて初めて聞いたかのような気持ちでモデリングして欲しいからです。そして、ある程度モデルが出来あがったあとで一息ついてから、本書の用例を「思い出して」ください。そのときに見つかる差異に注目して、それが事業形態の個性によるものか、自分がモデリングに不慣れであることによるものかを判断したうえで、必要に応じて補正するようにしてください。そうすれば、もっとも短時間で的確なモデルに到達できるでしょう。

3 モデルの正しさを検証する

　具体例を使って「正しさ」を検証する過程を見ましょう。株取引データを管理するためのモデルをユーザーの発言にもとづいて次のようにまとめたとします。

図1●株取引管理のためのモデリング例

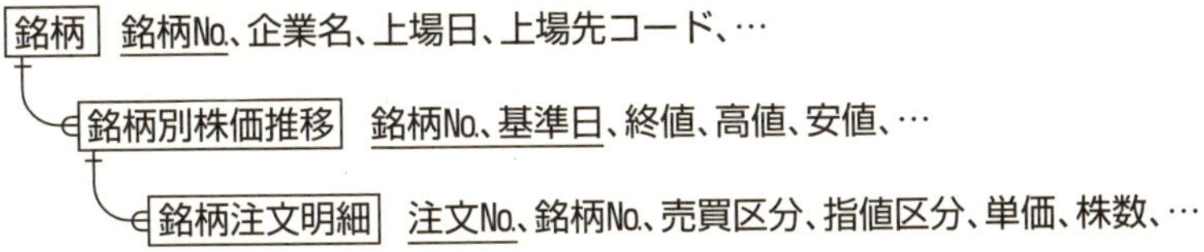

| 銘柄 | 銘柄№、企業名、上場日、上場先コード、… |

　└[銘柄別株価推移]　銘柄№、基準日、終値、高値、安値、…

　　　└[銘柄注文明細]　注文№、銘柄№、売買区分、指値区分、単価、株数、…

　第1の関門では「論理的（形式的、文法的、構文的）な正しさ」を検証します。そのために、それぞれのデータ項目を記号に置き換えてみます[注]。

図2●図1を記号化したモデル

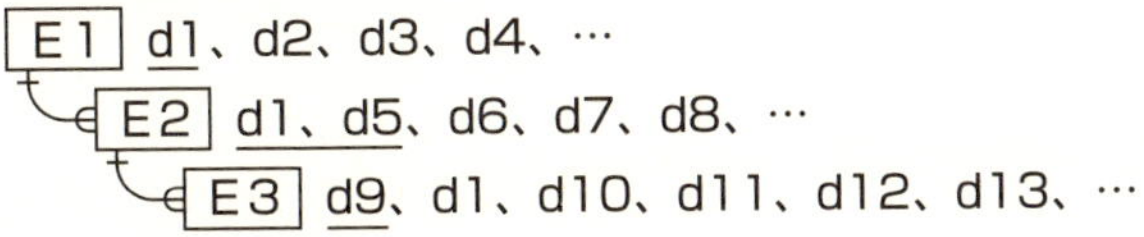

[E1] d1, d2, d3, d4, …
　└[E2] d1, d5, d6, d7, d8, …
　　　└[E3] d9, d1, d10, d11, d12, d13, …

　［E2］と［E3］が親子関係になっています。親子関係が成立するための条件を再確認してみましょう。

> エンティティ［B］の識別子がエンティティ［A］の識別子を含む複合キーになっている場合、［A］が親、［B］が子である親子関係が成立している

[注] 項目名を記号に置き換えるというのは、データ項目の具体的な意味を意図的に無視することの意味をわかってもらうための工夫です。実際のモデリングでわざわざ記号に置き換える必要はありません。

［E2］と［E3］の間にこうした関連はありませんから、親子関係とはみなせないことがわかります。したがって、このモデルは論理的（形式的）に正しくないと評価されます。基数制約だけを意識してこのように論理的にまちがった表記をしてしまうことは、初心者にはありがちです。

仮に、同じ基数制約を与える参照関係が成立していると考えて、外部キー|d1,d5|を構成するために［E3］に属性項目〈d5〉を追加してみましょう。

図3● [E2]と[E3]を参照関係に修正したモデル

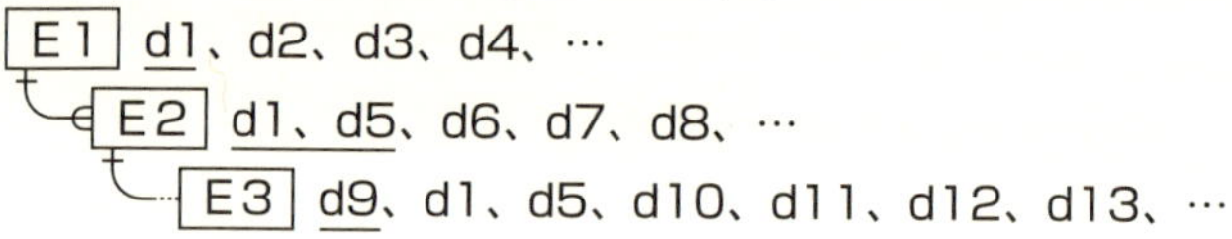

```
 E1  d1、d2、d3、d4、…
  └─ E2  d1、d5、d6、d7、d8、…
      └─ E3  d9、d1、d5、d10、d11、d12、d13、…
```

これで論理的に正しいモデルになりました。さあ、第2の関門へ進みましょう。その前にモデル上の記号を具体的な名称に戻しておきます。

図4● 修正後、具体名に戻したモデル

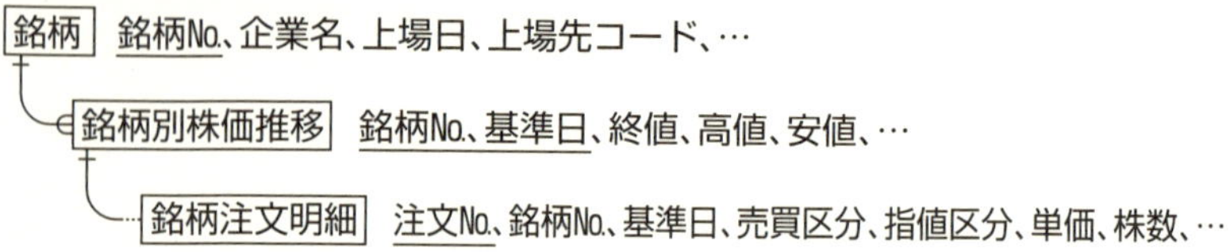

```
 銘柄  銘柄№、企業名、上場日、上場先コード、…
  └─ 銘柄別株価推移  銘柄№、基準日、終値、高値、安値、…
      └─ 銘柄注文明細  注文№、銘柄№、基準日、売買区分、指値区分、単価、株数、…
```

論理的に正しくする過程で、［銘柄注文明細］の属性として〈基準日〉が追加されたわけですが、これは現実的に正しい関数従属性を反映しているのでしょうか。「株取引データ管理システム」のユーザーに確認してみればすぐにわかることです。

仮にユーザーが「ひとつの注文№.に対して基準日がひとつだけ定まるというのはちょっと違うような気がする。1件の注文は売り買いが成立しない限りは何日間か有効なものだから……」と言ったとすると、先ほどの修正そのものが的外れだったということになります。

そこで、第1の関門に戻って、モデルを修正し直しましょう。ユーザーが

言うように［E3］に〈d5〉を追加するのがまちがいなら、［E3］と他のエンティティとの関係を考え直す必要がありそうです。それでは、もっと素直に考えて次のようなモデルにしてみます。

図5●図2に戻って関係を見直すと…

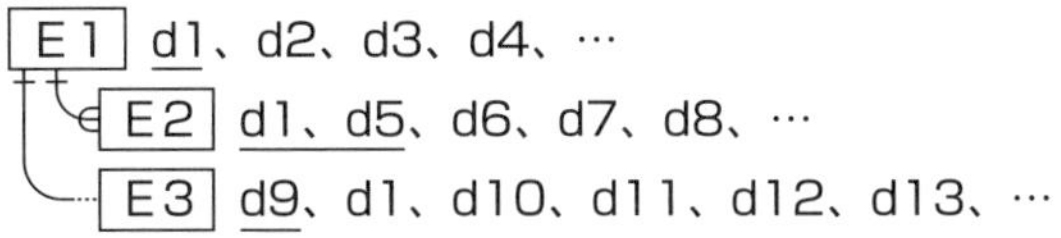

```
┌─E1─┐ d1、d2、d3、d4、…
│ ┌─E2─┐ d1、d5、d6、d7、d8、…
└─┤
  └─E3─┐ d9、d1、d10、d11、d12、d13、…
```

結局、［E2］と［E3］の関係が消えてしまいました。本当にこれでいいのでしょうか。項目名を元に戻して、再び第2の関門へ進みます。

このモデルを見せて、ユーザーが「ああ、こんな感じでいいと思います」と言えばオーケーです。

図6●再び具体名に戻したモデル

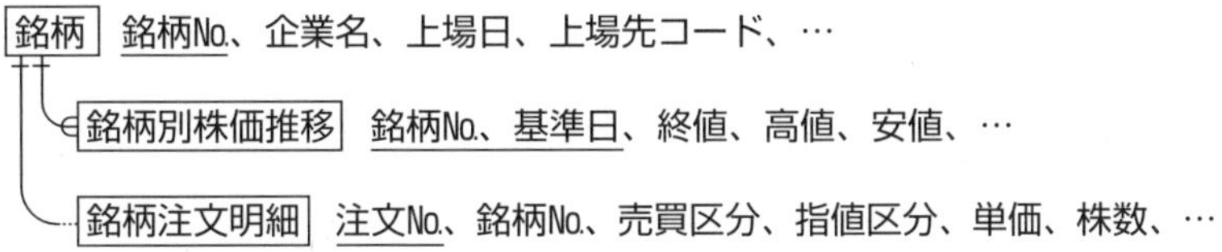

```
┌─銘柄─┐ 銘柄No、企業名、上場日、上場先コード、…
│ ┌─銘柄別株価推移─┐ 銘柄No、基準日、終値、高値、安値、…
└─┤
  └─銘柄注文明細─┐ 注文No、銘柄No、売買区分、指値区分、単価、株数、…
```

■ユーザーの発言をあてにし過ぎないこと

この場合、「銘柄別株価推移」から「銘柄注文明細」への関係が1対Nの基数制約であると判断させたユーザーの元々の発言がまちがいだったことになります。そんなとき、設計者としては「なんだ、最初に言っていたことと違うじゃないか」とダマされたような気持ちになるかもしれません。

読者がシステム設計のプロになりたいのであれば是非知っておいて欲しいのですが、ユーザーがこのような「いい加減な発言」をすることは決して珍しいことではありません。むしろ、「ユーザーは正確なことをたまにしか言わない」という大らかな前提でヒアリングすべきです。そうでないと、ユー

ザーは批判されることを恐れて多くを語ってくれなくなるからです（これは筆者自身が過去に失敗して得た教訓です）。

　本来、データモデルのような技法は、ユーザーがいい加減なことを含めてどんどん発言することを促すためのものです。このような技法を使えば、ユーザーの発言をリアルタイムに、かつ直観的にフィードバックできるからです。もし描かれたモデルがまちがいならば「アカラサマにまちがい」であることがわかるので、元々の発言がまちがっていてもすぐにリカバリーできます。ユーザーの言うとおりに、または、ユーザーがあまり発言しない場合なら、設計者自身が「勘違い」や「でっち上げ」になることを恐れずに、とにかくどんどんモデリングしたほうがよいのです。

　このやり方の有効性を「口頭による指示にもとづいて似顔絵を描いてもらう作業」にたとえて説明しましょう。

　読者が恋人の肖像画を描いて欲しくて、画家に「言葉で説明するので私の恋人を描いてください」と頼んだとします。そして、「髪は短めで丸顔で、笑顔が可愛い女性です」などと説明するのでしょうが、そのような個々の発言はその場の思いつきによる、結構いい加減なものでもかまいません。なぜ

図7●リアルタイムに視覚化されフィードバックされるので発言はイイカゲンでもよい

なら、言葉での説明がおかしければ絵がアカラサマにおかしくなるので、必要に応じてその場で訂正できるからです。描かれる絵を見ながら、「ああ、すみません。丸顔というよりは、えーっと、卵型でした」などと、その場でいくらでも言い直しできるし、そうしたほうが本人に似た絵が完成します。

　データモデリングも同じで、とにかくどんどんモデルを描いてしまって、それが「イチャモンの呼び水」になってどんどん修正されていけばいいのです。モデルと思考とはインタラクティブ（双方向）に作用しあうダイナミックな関係にあるということです。そういうわけで、モデリングの最中に「前に言っていたことと違うじゃないか」などとメクジラをたててはいけません。

　ただし、そのような鷹揚さが許されるのはモデルが承認されるまでです。特に、識別子の構成が変わるような修正がモデルの承認後に起こると影響が大きすぎるからです。そのようなことが起こらないように、業務屋はデータモデルの妥当性をじっくりと検証しなければなりません。また、システム屋のほうも、データモデルがどのようなシステムをもたらすものかを、あの手この手で説明する努力を惜しんではなりません。

　例えば、そのデータモデルを前提にして設計されたプログラムの一部を組み立ててユーザーに「実際に触ってもらう」ことは、データモデルの「正しさ」を事前に検証するためにきわめて有効です。事前に作るといってもデータベースとのやり取りのない「モックアップ（ハリボテ）」で十分で、その程度のものなら手軽に作れます。実際、筆者の経験からいっても、モックアップをユーザーに触ってもらう過程で設計上の不具合が見つかるケースは少なくありません。最後には破棄されるべきものなので、わざわざそんなものを作るのは無駄のように思えるかもしれませんが、システムを組み立てた後に仕様の不備に気づいて作り直す場合に比べ、トータルのコストはずっと安く済みます。

4 トップダウンとボトムアップ

　何もないところからデータモデルを組み立てるのは、熟練者にとっても難しいことです。特に、初めて聞くような業務内容の場合、ユーザーの話を聞きながらその場でデータモデリングしていく作業には雲をつかむような難しさがともないます。そんなときには、「本来どうあるべきか」をまずヒアリングしてこれにもとづいてモデリングしてから、その結果を「現在どうなっているか」と突き合わせるやり方が有効です。

■現在の姿を参考にする（ボトムアップ・アプローチ）

　参考書によっては、現在使われている伝票や帳票のレイアウトを調べたうえで、データモデリングに取りかかればよいと指導しています。このスタイルをボトムアップ・アプローチの分析手順といいます。確かに、現行のデータ項目が確実に移行されるうえに、手早くモデルを組み立てることができるという意味では合理的です。

　しかしボトムアップ・アプローチには、データモデルの抜本的な見直しが行なわれにくいという欠点があります。既存の伝票や帳票は「本来あるべきデータモデル」を示唆するものではないからです。

　このことを、受注票（受注伝票）を発行する小さなモジュールを例にして説明しましょう。受注票というのは得意先からの注文内容を確認するための伝票です。受注票と、それにもとづいてモデリングされた例を次ページに示します。

　重要なのは、同一の受注票を印刷するためのデータモデルはひとつではないという点です。原理的には膨大な選択肢があるのですが、ここでは3セットのモデリング例を挙げています。どんなデータモデルを選んだとしてもプログラムがそれなりに組まれさえすれば、同一の出力結果を得ることができます。第1章で説明したように、プログラムがデータベースデザインの不合

図1●受注票の例

```
                    受  注  票

   客先注文No. ：45678
   得意先      ：1234 山田酒販株式会社
   出荷先      ：3456 リカー山田トカリベツ店
   出荷先住所：トカリベツ1-2-3
   納期        ：03/24

   SEQ  分類    商品C    商品名         数量  単位   単価     金額
   -------------------------------------------------------------
   01   ビール   25433   アサッポロ純生   20   カートン  5,000  100,000
   02   発泡酒   34544   エビリン淡麗     20   カートン  3,500   70,000
   03   焼酎     98871   麦焼酎鯨呑       10   箱       1,400   14,000
   04   日本酒   76744   清酒完徹         10   箱       1,600   16,000
   05   ワイン   33454   ラベンダーワイン  10   箱       1,600   16,000
```

図2●受注票から導かれる3つのモデル例

(1) 受注 客先注文No.、得意先C、得意先名、出荷先C、出荷先名、出荷先住所、納期、
       {分類、商品C、商品名、数量、単位名、単価、金額}×5

(2) 受注見出し 受注No.、得意先C、得意先名、出荷先C、出荷先名、出荷先住所、納期
       └─ 受注明細 受注No.、受注行No.、分類、商品C、商品名、数量、単位名、単価、金額

(3) 受注見出し 受注No.、得意先C、出荷先C、納期
       └─ 受注明細 受注No.、受注行No.、商品C、数量、単位区分、単価

理さをカバーしてくれるからです[注]。

　もし、現行の受注票のような出力結果を受注管理システム向けのデータモデリングの手がかりにすれば、受注票そのものの形に近い(1)のようなモデルになる公算が高いでしょう。しかし、それが的確なデータモデルである公算は非常に低いと言わざるを得ません。

　また、現行のデータベース設計を手がかりにするのも危険です。現行システムでは単にプログラムが「ひーひーうめきながら」なんとか受注票を出力

[注]カバーしてくれるから不合理でもいいというわけではありません。カバーすればするほどプログラムは複雑になって開発・保守しにくくなるからです。

しているのかもしれないからです [注]。これを是認したまま現行のデータベースに準じたモデルを組み立てても、新システムでは相変わらずプログラムの負担は減りません。それでは何のためにシステムを再構築したのかわかりません。

■思いや願いを参考にする（トップダウン・アプローチ）

革新的な業務システムを組み立てるためのヒントは現行システムの中ではなく、事業の競争力を強化したいと日々悩んでいる経営者や業務改善に意欲的なユーザーの頭の中に観念的な形で存在します。彼らにヒアリングしながら「本来あるべき姿」を組み立てるスタイルを**トップダウン・アプローチ**といいます。

とはいえ、仮に革新的な「こうあるべき」を構想できたとしても、実際にシステム化して使ってみたら使えなかったということが起こり得ます。それまで行なっていて今後も行なわなければならないことが、新しいシステムでは行なえなくなる可能性があるからです。旧い業務やシステムのあり方を無視すれば、そのような「漏れ」が残るのは当然です。では、どうすればよいのでしょう。

■「イイとこ取り」の混合型アプローチ

結局、トップダウン・アプローチで分析されたデザインをボトムアップ・アプローチで検証する——という混合スタイルが有効です（次ページ図参照）。ボトムアップ主体だと変わり映えのしない無難なシステムになりがちだし、トップダウン主体では理想主義的な稼働させにくいシステムになりがちです。混合型はそれぞれのよい部分をシステムに取り込むための合理的な方法です。

つまり、参考になるような現行システムがあるなら、それを「トップダウンで構想された基本設計の品質をチェックするための試金石」として利用するということです。例えば、現行システムに存在しているデータ項目や処理手順のうち、確実に継承されなければならない「制約」が存在するなら、それらが新システムに確実に反映されているかどうかをチェックしなければな

[注] プログラミングの経験のある読者ならこの比喩がよくわかると思います。プログラムはコードに従って淡々と処理するだけなので「ひーひーうめく」はずもないのですが、ロジックが複雑だと何となくそんな感じがしてくるものです。少なくとも、そのプログラムを保守する作業は、プログラマにとってはひーひーうめきたくなるような辛いことです。

図3●トップダウンとボトムアップの混合型アプローチ

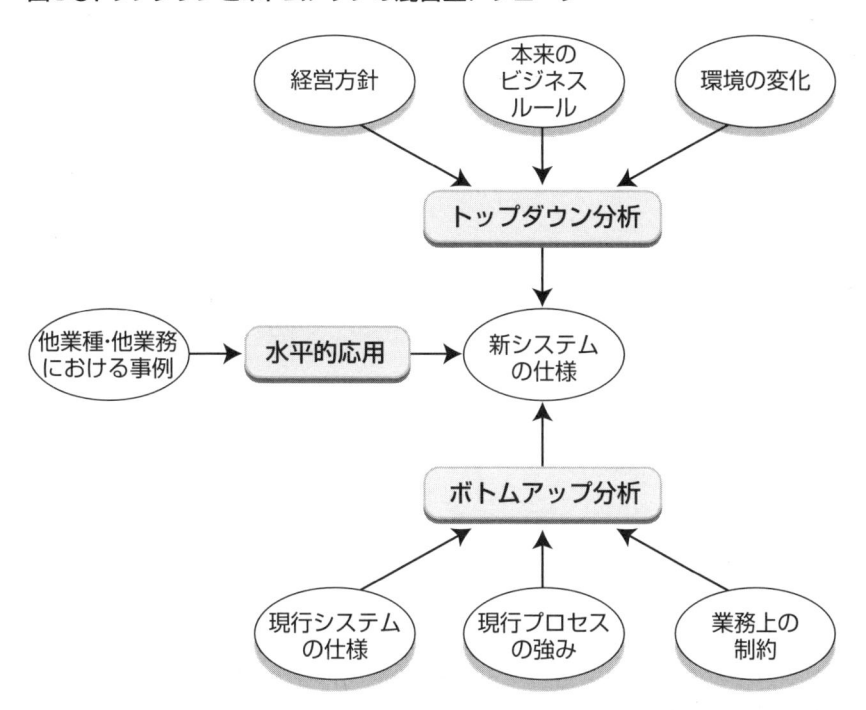

```
    経営方針      本来の        環境の変化
                ビジネス
                ルール
       ↓          ↓          ↓
            トップダウン分析
                   ↓
他業種・他業務 → 水平的応用 → 新システム
における事例                    の仕様
                   ↑
            ボトムアップ分析
       ↑          ↑          ↑
   現行システム   現行プロセス   業務上の
    の仕様       の強み       制約
```

りません。また、現行システムで問題だった部分がどのように改善されているかを比較するための材料にもなります。さらに、現行のビジネスプロセスにはいろいろな形でその企業を存続させてきた「強み」が含まれているはずなので、それらが移行されたことを確認することも忘れてはなりません。

また、他業種や他業務向けの事例におけるモデリングパターンを応用する動きも、優れた設計を生み出すためには無視できません。「トップダウン分析」でも「ボトムアップ分析」でもない、「水平的応用」とでも言えるアプローチです。これはシステム設計の専業者だけが提供できる創造的価値のひとつで[注]、ちょうど宿主の遺伝子の一部をコピーして他の生物に組み込んでしまう「レトロウイルス」のような役目を果たします。実際、レトロウイルスは生物進化に一定の貢献をしているといわれていて、同様にシステム屋が企業システムの進化に与える影響も決して小さくありません。

[注] もちろん、同業種内で安易に転用することは、場合によっては守秘義務に違反するので注意すべきです。

5 その他の分析図法

　本書はデータモデリングの入門書なのでER図以外の図法については詳しくは立ち入りません。しかし、第2部では業務を説明するために**データフロー図法**（**DFD**, Data Flow Diagram）が使われているので、この図法を中心に説明を補足しておきます。DFDを知っている読者はこの節を飛ばして第2部へ進んでいただいてもかまいません。

■DFDの文法

　航海に海図が必要なように、データモデリングに取りかかる際にも、対象となる現実の広がりを図示する資料が必要です。いくら「最初にトップダウン方式で『あるべき姿』を描け」と言われても、相手の「大きさ」さえわからなくては困ってしまいます。

　モデリングされるべき対象の大きさや骨格を知るために、データフロー図法（DFD）を用いた**業務関連図**を事前に作成しておくと便利です。業務関連図は、対象領域に関して職場の中のどんな「業務」や「情報」が関連しあっているかを端的に示したもので、データモデリングに取りかかるための初期材料として大変役に立ちます。対象領域の広がりを示すだけでなく、どんな情報がデータベース化されるべきかを示すものだからです。

　DFDを用いた業務関連図の表記法を説明しましょう。

　まず、**処理**が楕円で示されます。「処理」は特定の担当者やコンピュータによって遂行される「行為」を示すもので、受け取ったモノや情報を加工する働きを持ちます。筆者は、「注文を受けた！」とか「月末になった！」とかいった「どんなときに実施されるか」を示す**事象**と呼ばれる情報も、楕円に添えるようにしています。

　角の丸い四角は処理能力を持つ外部主体を表わします。それが個人顧客の場合には、人型のアイコンが使われることがあります。

第3章 データモデリングの実際

図1● 「業務関連図」の例（受注〜出荷業務の連係）

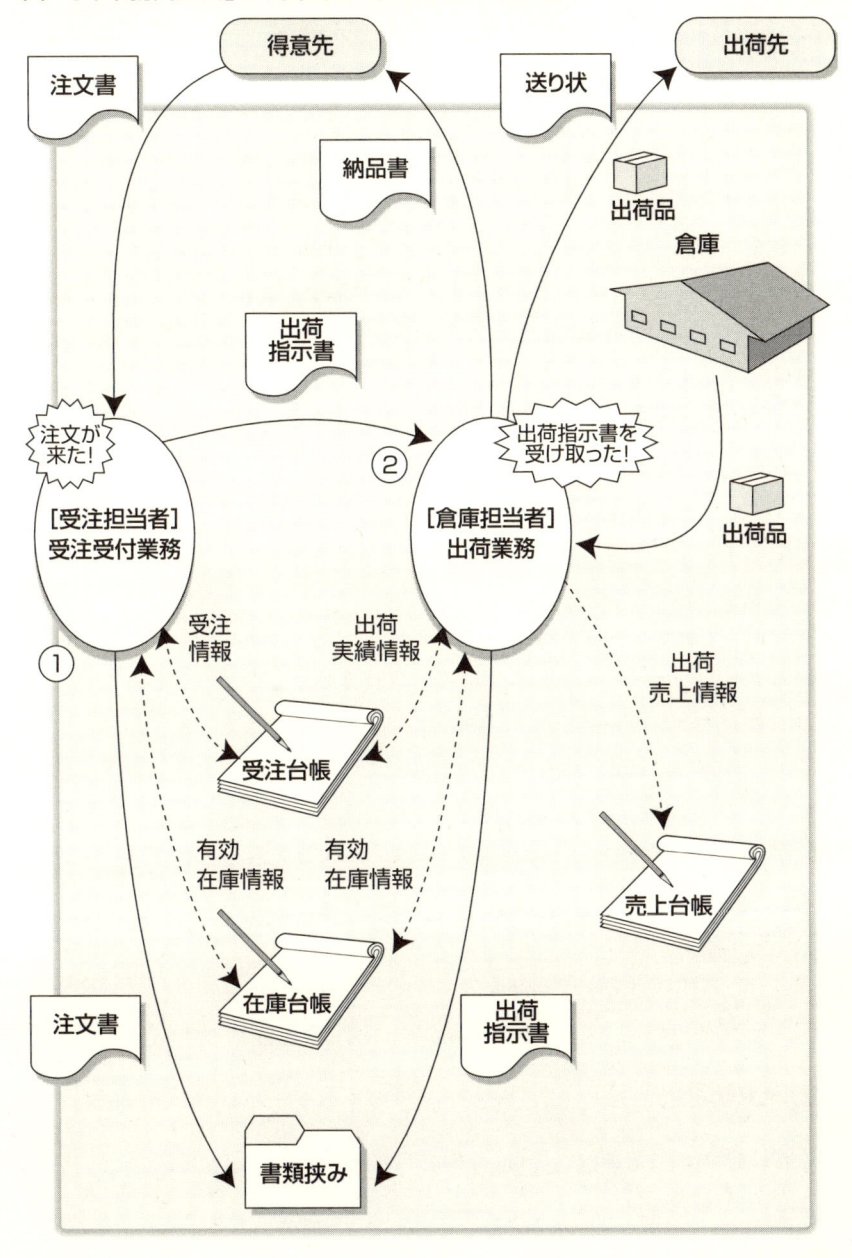

コンテナは建物やフォルダ、またはドラムなどの形をしたアイコンで示されます。建物のアイコンは商品などを保管する「倉庫」等を表わすコンテナで、フォルダは伝票などを保管するコンテナです。デジタル化されたデータを保管するためのコンテナである「データベース」を表わすためにはドラム型のアイコンが使われることが多いのですが、筆者はあえて「台帳」のアイコンを使うことがあります。ドラム型のアイコンを使うといかにも「コンピュータ臭い」感じがするので、コンピュータに拒否感を覚えるユーザーに配慮するためです。「処理」のアイコンはモノやデータの加工能力を備えているのに対し、「コンテナ」はモノやデータを保管することしかできません。

　処理とコンテナを結ぶ矢印は**フロー**つまり「流れ」や「移動」を表わします。実線の矢印が伝票やモノの移動を、点線がデジタル化されたデータの移動を表わします。なお、コンテナ同士でフローが発生するのはまちがいです。モノやデータは自律的に移動することができないからです。必ず、「処理」を経由して受け渡しされなければなりません。

　これら以外に、「受け渡しされるモノや伝票」を表わすためのアイコンが必要に応じて使われます。病院のシステムなどでは患者が「処理される対象」になるので人型のアイコンが「受け渡しされるモノ」として使われます。また、当該システムの範囲を示す境界を表わす線も使われます。

　なお、矢印は「何かの移動」を表わす記号であって、「順序」とか「働きかけ」とか「変化」等を表わすものではない点に注意してください。矢印の意味が前後関係でコロコロ変わるようだと、「内容をもともと理解している人にしかわからない観念的なイタズラ書き」になってしまいます（そのような矢印を筆者は「無神経な矢印」と呼んでいます）。

　次ページに悪い例を挙げておくので、このようにならないように気をつけてください。

■DFDの活用方法

　最初に描かれる業務関連図は、「輪郭だけをざっと示したスケッチ」のようなものです（とはいっても、文法的にいい加減であってはなりません）。現行のあり方をそのまま表わしたものでもいいし、あるべき姿を示すもので

第3章 データモデリングの実際

図2● 「無神経な矢印」が頻出する悪い業務フローの例

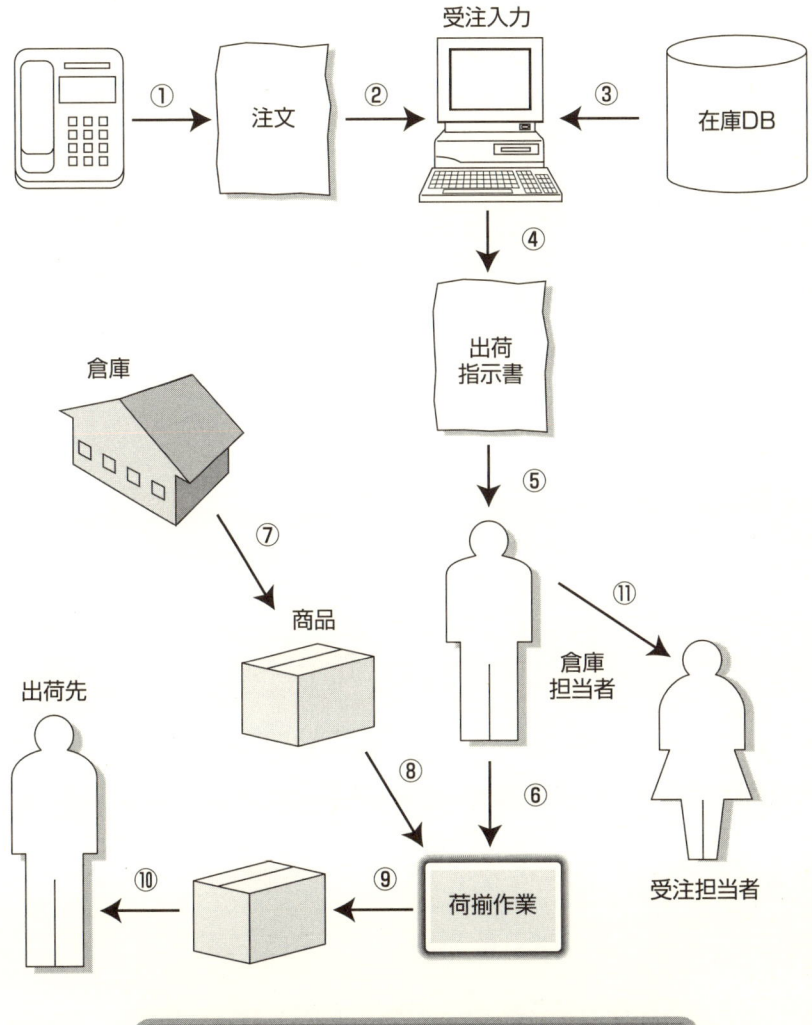

[前者]から[後者]が出力される…①、④、⑦、⑨
[前者] が [後者]で処理される…②、③、⑧
[前者] が [後者]に渡される…⑤、⑩
[前者] が [後者]を実施する…⑥
[前者] が [後者]に片思いしている…⑪

もかまいません。また、データベースのアイコンで示されるものがデータモデルのエンティティと一致する必要もありません。とにかく、データモデリングされるべき業務の広がりを特定するものであれば十分です。なぜならデータモデリングする過程で、元になった業務関連図はどんどん修正されていくからです。そして最終的には、データモデルと業務関連図とがきれいに連動するようになっていなければなりません。

なお、DFDは**構造化分析／設計**（**SA/SD,** Structured Analysis/ Structured Design）で利用される図法として有名です。SA/SDにおいて、DFDは**レベリング**と呼ばれる操作を通じて詳細化されます。これによってDFDの論理的な正しさが形式的に検証されるだけでなく、処理内容がプログラムのレベルまで詳細化されます。最初に処理（プロセス）に注目しているという意味で、SA/SDはプロセス指向アプローチの一種です。

図3●SA/SDにおけるDFDのレベリング技法

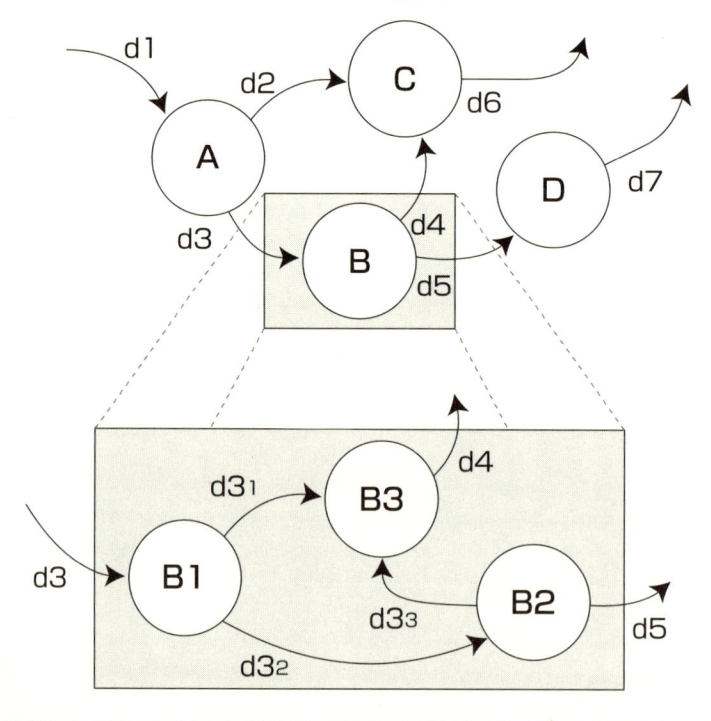

DFDで描かれた業務関連図上でデータベースとして示されている部分を詳細化したものがデータモデルに相当します。では、「業務」を詳細化するにはどうしたらよいのでしょうか。SA/SDのようにレベリングを行なうのでしょうか。

　本書の技法において、DFDはデータモデリングされるべき作業上の対象範囲を特定するためだけに使われます。「レベリング」も形式的な厳密さのあるよい方法ではあるのですが、これを真面目にやっているとそれだけで膨大な工数がかかってしまいます。また、DFDは「こうやった次にこうする。その際、この場合にはこうやって、こうでない場合にはこうする」といった「ロジック」を表わせないので、これだけを使って業務手順を詳細化するには限界があります。

■分析・設計手順の全体

　本書では詳しく扱いませんが、筆者は**依存図法**と呼ばれる手法を使って「業務」を詳細化するやり方をとっています。依存図法を用いると、業務に含まれるいくつかの「手順（何をどうするかが明らかな、行為の1単位）」がどういうロジックで実行されるべきかを図示できます。「ロジック」といっても、エンドユーザーにも馴染みやすいもので、文章で書くよりはよほどわかりやすく示せます。依存図法でまとめられた業務手順のまとまりは「業務定義」と呼ばれ、業務マニュアルの記述単位になります。

　業務定義が出来あがったら、それぞれの手順を支援するための画面や帳票の入出力イメージを描きます。この絵を筆者は「機能展開図」とか「メニュー構成図」と呼んでいるのですが、これを示すことで、ユーザーが完成したイメージを明確に持てるようになります。

　この時点ではデータモデルも既に出来あがっているので、入出力イメージも処理ロジックも比較的容易にまとめることができます。また、データモデルや業務定義の妥当性も検証できます。筆者が手書きした業務定義と入出力イメージの例を次ページに示します。ユーザーにヒアリングしながらこのような図を電子ボードに描くことによって、効率的に「業務」と「機能」を分析していけます。

図4● 「業務定義」と「メニュー構成図」の手書き例

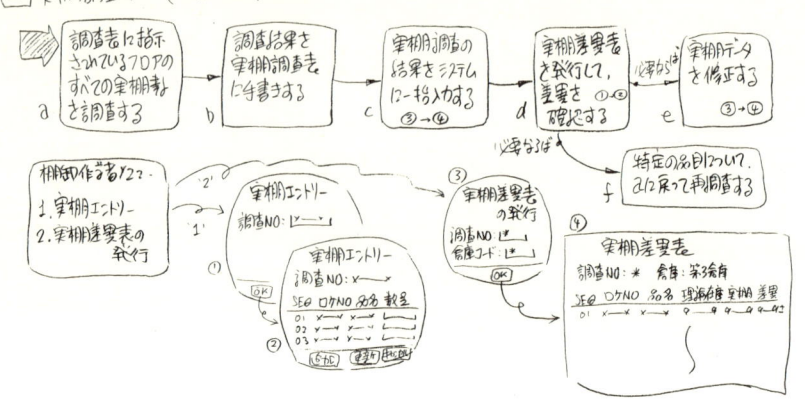

筆者のとっている分析・設計手順の全体を示すので参考にしてください（次ページ図5）。「概略設計」では、ユーザーにインタビューしながら97ページのような「業務関連図」を描いて、分析されるべき業務の広がりを明確にします。次に、業務関連図を参照しながら「データモデリング」を実施します。続いて、業務関連図とデータモデルを参照しながら「業務設計」と「機能設計」を実施して上図4に示したような図面をスケッチします。なお、「データモデル」、「業務定義」、「メニュー構成図」は、19～20ページで説明した「業務支援システムの3要素」に相当するもので、それぞれ「データベース系」、「運用系」、「処理系」の基本設定になります。

これらの作業で作成された大量の手書き資料（電子ボードのコピー）にもとづいて、今度は「とりまとめ」を実施します。ここで設計者はようやく自分の机に戻って、上流CASEツール[注]と呼ばれる設計情報の登録用ソフトに向かいます。この手順は、映画製作で言えば撮影後の編集作業に相当するもので、孤独で難度の高い手順ですがやりがいのある楽しい仕事です。その結果、設計情報がデータベースに格納されるとともに、登録・編集の過程で明確にされたサブシステム構成にもとづいて「サブシステム構成図」が作成されます。これらを用いてあらためてユーザーとレビューして、最終的にユーザーの承認を得たなら基本設計が完了したとみなされます。この後に、基

[CASE] Computer Aided Software Engineeringの略。ケースと読む。コンピュータ支援ソフトウェア工学。要求分析や基本設計などの初期段階を支援する上流CASEツールと、プログラムや設計書の作成を支援する下流CASEツールがある。

本設計を実装可能な形に詳細化していく「詳細設計」がサブシステムごとに実施されることになります。

　業務支援システムを的確にデザインするためにはこれらすべての工程に習熟していなければならないのですが、この中でも特にデータモデリングがその重要さの割にあまりにもないがしろにされています。本書がこの工程を取り上げているのはそのためです。その部分をシステム屋と業務屋とがお互いの知識を出しあいながら取り組むことによって、システムの品質は確実に向上します。その根拠はこれまで述べてきたとおりです。

図5●業務支援システムの分析・設計手順

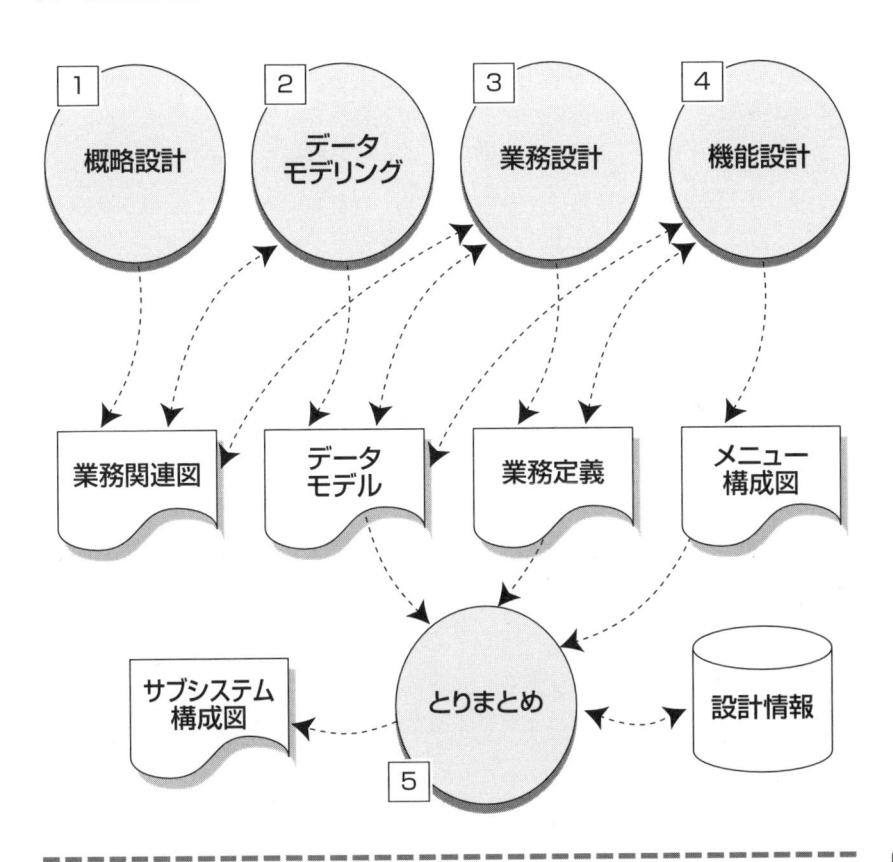

1. 概略設計
2. データモデリング
3. 業務設計
4. 機能設計
5. とりまとめ

業務関連図／データモデル／業務定義／メニュー構成図／サブシステム構成図／設計情報

コラム2 「鑑賞される絵」としてのデータモデル

　データモデルは情報の数学的な対応関係を視覚化したものなので、どうせなら視覚的に美しくまとめたいものです。特に分析の現場では、初めに「コピー機能付き電子ボード」などにモデルを手書きするのが普通ですが、その時点からモデルの視覚的印象にこだわることは大変意義深いことです。なぜなら、分析セッションの参加者は、外部で視覚化されたモデルを頭の中にフィードバックしながらアイデアをまとめていくからです。参加者に無用なストレスなしで考えを進めてもらうためにも、まずはモデルが視覚的に心地よくまとめられていなければなりません。

　そのためには、新品の電子ボードマーカーを使うようにしてください。つまらないことのようですが、現場ではこのような些細な配慮が大きく効いてきます。筆者の経験から断言するのですが、わずかでもかすれたりつぶれたりしているマーカーを使うよりは新品のマーカーを使うほうが確実に「よいモデル」になります。

　これはおそらく、線がきれいだと、描くほうも見るほうも不快さに対応するための無用なストレスが少ないので、検討に集中できるからではないかと思います。ちなみに筆者の場合は、かすれたマーカーを使うと頭の中までかすれたようなひどく不快な気持ちになってしまうので、新品のマーカーを使えるかどうかは切実な問題です。たかがマーカーと思われるかもしれませんが、100円やそこらで情報システムの骨組みがよくなるのなら、これくらいの経費を惜しむ手はありません。

　もちろん、新品のマーカーを使えばそれだけで視覚的に美しくなるわけではありません。電子ボードをキャンバスとみなして、エンティティの配置や関連を示す線の効果に注意しながら「絵を描く」ようなつもりでまとめてください。コツとしては、「美しくなるようにがんばる」よりは「視覚的に不快な部分をどんどん修正する」ように配慮するほうが効率的です。

また、いくつかのエンティティを1ページ上に配置する際には「レイアウト標準」に従うようにしてください。そうすれば、誰が描いたモデルであっても直観的に把握できるようになるからです。このことは特に、大きな開発組織においていろいろなプロジェクトのデータモデルをレビューする際に、想像以上に効果的です。

　本書では次のようなレイアウト標準に従ってデータモデルをまとめています。この利点としては、エンティティの多重度が直観的に示される点と、モデル全体がコンパクトに収まるという2点が挙げられます。試してみてください。

本書でのレイアウト標準

1．エンティティの位置
- 多重度の多いほうのエンティティを右側にずらすこと（親に対して子は右側、参照先に対して参照元は右側）。
- 相互に1対1のエンティティは左肩を合わせて並べること。
- エンティティ関連を示す曲線の交差が最も少なくなるようにエンティティの上下関係を工夫すること。

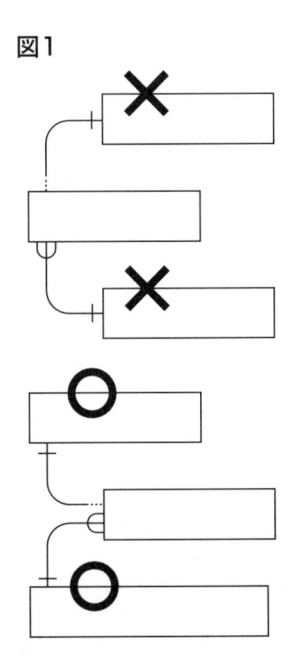

図1

2．多重度を示すアイコンの位置

- 十字架のアイコンは、親や参照先のエンティティの上辺に載せるか下辺にぶら下げ、派生関係の場合なら左辺にくっつけること。
- 鳥の足や点線のアイコンも左辺にくっつけること。

図2

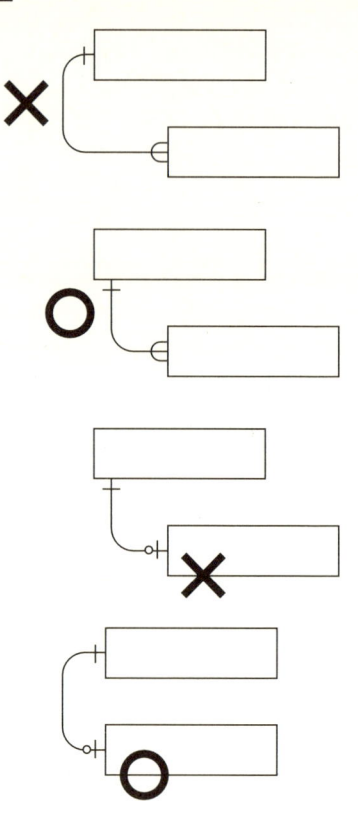

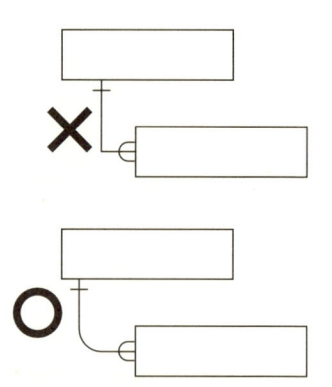

3．アイコン同士を結ぶ線

- できる限りおおらかで優雅な曲線とすること（直線や直角を使うと、手書きの場合にエンティティを示す箱型の線の印象に幻惑されてしまうため）。

図3

第2部
業務別
データモデル
用例集

第1章 商品管理

「商品」はビジネスにおける基本的な資源で、商品情報を確実に管理することは業務支援システムの要諦です。そうした意味から、まず最初に商品管理向けのモデリング例から見ていきましょう。

第2部 業務別データモデル用例集

1 商品とは何か

　商品1件が「商品エンティティ」における1タプルに相当する——当たり前のようですが、そもそも「1件の商品」とは何か、というのは意外と難しい問題です。

　例えば、単価は同じだけれど色違いやサイズ違いがいろいろある場合、「1件の商品」とはいったい何を指しているのでしょう。色違いのモノは「商品として異なる」と言えるのでしょうか。それとも、「商品としては同一だが色の異なる派生物が存在する」と考えるべきなのでしょうか。どうでもいいような問題に思われるかもしれませんが、前者と後者ではデータベースのあり方が大きく異なります。

　そういうわけで、商品管理向けのデータモデリングは「我が社における『1件の商品』とは何か」をまず明確にすることから始まります。

■色違い、サイズ違いの商品

　例えば、「色違いやサイズ違いのモノは商品として異なる」というビジネスルール（業務上の約束事）があるとして、データモデルがどうなるか見てみましょう。

図1●色違いやサイズ違いは別商品としたモデル

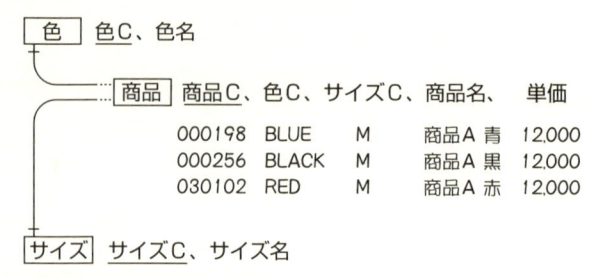

```
┌──┐
│色 │  色C、色名
└──┘
  │
  │  ┌──┐
  └┄┄│商品│  商品C、色C、サイズC、商品名、　単価
     └──┘        000198   BLUE    M    商品A 青  12,000
       │         000256   BLACK   M    商品A 黒  12,000
       │         030102   RED     M    商品A 赤  12,000
       │
┌───┐
│サイズ│ サイズC、サイズ名
└───┘
```

108

色やサイズを表わす項目が［商品］の属性項目として載っています。インスタンスを見てわかるように、色が異なる商品は〈色コード〉が異なるだけでなく〈商品コード〉も異なることを前提にしたモデルです。

JANコード[注]を［商品］の識別子にしてしまう方法もあります。特に小売業などではさまざまな商品を扱ううえ、商品にはJANコードがバーコード印字されているので便利です。桁数が13桁と長めなのが難点ですが、外国の商品も含めた識別子になります。ただし、商品によってはJANコードが振られていないものがあるので、二次識別子にしておくほうが無難です（図2）。

図2●JANコードを二次識別子にする

商品	商品C	色C	サイズC	商品名、	単価、	（JAN）、	…
	000198	BLUE	M	商品A青	12,000	4512345123453	
	000256	BLACK	M	商品A黒	12,000	4512346123466	
	030102	RED	M	商品A赤	12,000	4954321543219	

これらは確かに「色違いのモノは異なる商品として認識せよ」というルールに沿うモデルです。しかし、このままだと「青がなければ赤をください」とか「同じタイプで大きめのサイズをください」と要求されたときに、代替可能な商品を検索しにくいという欠点があります。

これを解決するために、商品コードの各桁が色やサイズなどの特性を表わすように設計する方法がしばしばとられます。例えば、次ページのようになります。この例では商品コードの5桁目がサイズを、6桁目が色を表わしています。

このようなモデルでは［商品］の識別子がたった1個ですむので単純で都合がよさそうですが、長い目で見るといろいろな問題があります。

まず、多様な商品タイプを扱うようになる過程で、何桁目が何を表わすという体系が年々複雑化していきます。その結果、特定の要員に頼まないと、新商品にコードを振れなくなります。その体系を理解していない限り、商品一覧から望みの商品を検索することもできなくなります。

[JANコード] JAN(Japan Article Number)はEAN(European Article Number)という世界的な規格にのっとった商品コードの体系です。13桁の数字からなり、上2桁が国を表わす部分で（その部分が45か49のものがJANコードです。つまりこれらの値が「日本」を表わしています）、次の3桁目から7桁目がメーカー、8桁目から12桁目がメーカーそれぞれが決定した商品の識別子で、13桁目がチェックデジットです。

図3●商品コードの一部が色やサイズを表わす

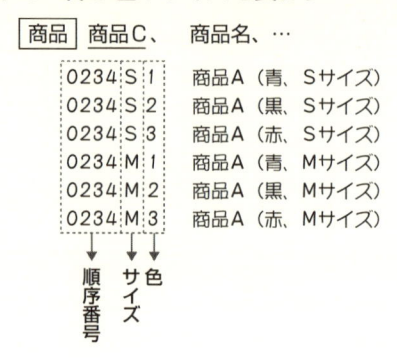

商品	商品C、	商品名、…
	0234 S 1	商品A（青、Sサイズ）
	0234 S 2	商品A（黒、Sサイズ）
	0234 S 3	商品A（赤、Sサイズ）
	0234 M 1	商品A（青、Mサイズ）
	0234 M 2	商品A（黒、Mサイズ）
	0234 M 3	商品A（赤、Mサイズ）

0234＝順序番号、S/M＝サイズ、1/2/3＝色

　また、遅かれ早かれ桁を拡張しなければコード体系が破綻するため、商品コードは次第に長くなっていきます。さらに、複雑なコード体系に対応した処理をしなければならないので、プログラムも必要以上に複雑化します。体系が変わったり、商品コードの桁数が伸びたりするたびに、システムを作り変えなければなりません。

　「エンティティやデータ項目の内部に繰り返し構造や入れ子構造を持たせてはいけない」というルールは第1部でも述べたようにデータモデリングの基本ですが、それは以上のような不合理を避けるためのものなのです。また、どの桁にも特定の意味を持たせないような体系にすると、コードはごく短い桁数で間に合うという利点もあります。アルファベットと数字を組み合わせることによって、わずか3桁で一般の企業が扱うくらいの商品点数をカバーできてしまいます。

　とはいえ、どの桁にも意味のない、商品の登録順に振った順序番号のようなものを商品コードにしてしまうやり方にも問題がないわけではありません。商品コードを直接用いて人が仕事をする限り、商品コードを見ただけである程度はその商品がどのようなものか予想できるほうが都合がいいからです。

　また、順序番号のようなものが商品コードになっていると、商品コードを打ちまちがった場合に、打ちまちがった商品コードが偶然に存在していて、入力ミスに気づかない可能性が高いという問題もあります。例えば、以下の

体系において、受注入力等の画面で商品コード"01235"を入力するつもりで"01253"と打鍵してしまうと、それが有効な商品コードとして存在しているので、システムは打鍵ミスをミスとして認識してくれません。そのため、ユーザーは商品コードを正しく入力したと勘違いしたまま仕事が進んでしまう可能性があります。

図4●順序番号を商品コードにしていると…

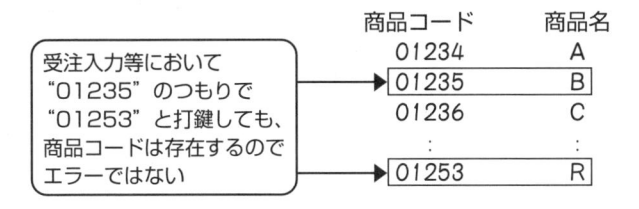

```
                    商品コード    商品名
                      01234         A
  受注入力等において  ┌─01235         B─┐
  "01235"のつもりで │  01236         C │
  "01253"と打鍵しても、│    ：          ：│
  商品コードは存在するので
  エラーではない   └─01253         R─┘
```

これを避けるために、**チェックデジット**と呼ばれる特別の桁を商品コードの中に設ける方法が知られています。次の例では商品コードの6桁目がチェックデジットで、1桁目から5桁目までを切り出してそれらを「モジュラス11」[注]と呼ばれる手順で計算した結果がセットされています。この桁があるおかげで、6桁の商品コードを打鍵ミスした場合、そのような値が商品コードとして存在する確率がずっと小さくなります。その結果、システムは打鍵ミスをミスとして認識しやすくなります。

チェックデジットを置くとデータ項目の長さが1桁伸びてしまいますが、読み取り精度の低い入力装置を利用したり、人間による手入力がなされるようなシステムで入力ミスを防ぐために効果を発揮します。

図5●商品コードの6桁目にチェックデジットを置く

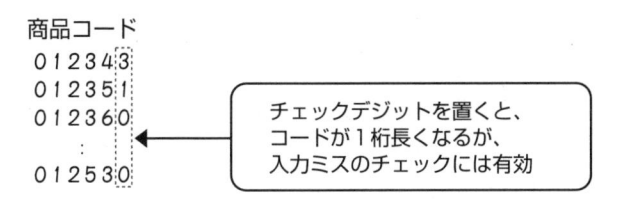

```
  商品コード
  01234|3|
  01235|1|
  01236|0|      チェックデジットを置くと、
    ：          コードが1桁長くなるが、
  01253|0|      入力ミスのチェックには有効
```

[モジュラス11]データの各桁に規定の係数をかけ合わせてそれらの総和を求め、11で割る。11より余りを引いた値がチェックデジットとなる。

結局のところ、
① コンピュータはコードのどの桁も特別扱いしない
② ユーザーはコードを見ればある程度どんな意味かわかる
③ コードの入力や読み取りに失敗したときにその値が存在しにくい
——といった要求のバランスをはかりながら、ユーザーと相談して商品コードの体系を決めるのが妥当です。

商品コードの体系がどのようなものであってもかまわない。ただし、システムが商品コードの内部桁を切り出して処理することはない——これを前提にすれば、モデルは例えば次のようになります。

図6● 色とサイズを識別子の中に組み込む

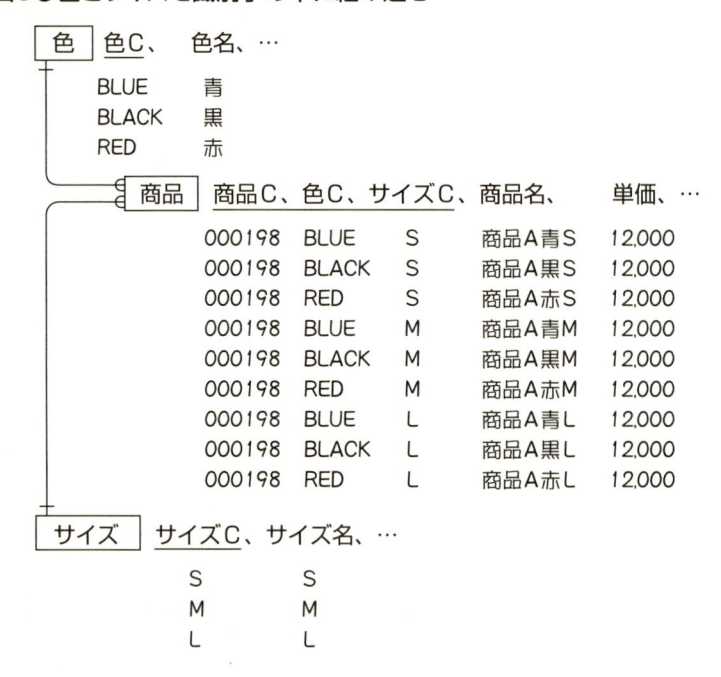

```
┌──┐ 色C、  色名、…
│色│ BLUE   青
└──┘ BLACK  黒
 │   RED    赤
 │
 │ ┌──┐ 商品C、  色C、   サイズC、 商品名、    単価、…
 ├─│商品│ 000198  BLUE    S        商品A青S   12,000
 │ └──┘ 000198  BLACK   S        商品A黒S   12,000
 │       000198  RED     S        商品A赤S   12,000
 │       000198  BLUE    M        商品A青M   12,000
 │       000198  BLACK   M        商品A黒M   12,000
 │       000198  RED     M        商品A赤M   12,000
 │       000198  BLUE    L        商品A青L   12,000
 │       000198  BLACK   L        商品A黒L   12,000
 │       000198  RED     L        商品A赤L   12,000
 │
 │ ┌────┐ サイズC、 サイズ名、…
 └─│サイズ│ S         S
   └────┘ M         M
           L         L
```

識別子が｛商品コード，色コード，サイズコード｝の複合キーとなりました。短めの独自の体系を持つ商品コード（000198）を使って色違い（BLUE, BLACK, RED）やサイズ違い（S, M, L）を表わすことができます。これ

なら、商品コードが同じ値なので色違いやサイズ違いの代替品を簡単に見つけ出せます。

ところが、「商品名」の"商品A"の部分が重複しているうえ、「単価」がすべて同じです。それに、色コードやサイズコードを指定しているのにもかかわらず、わざわざ色名やサイズ名を含めた商品名を登録しなければならないのも無駄な感じです。

そこで、次のように商品エンティティを階層化します。モデル中で［商品カラーサイズ明細］の〈結合商品名〉は［商品］上の〈商品名〉、［色］上の〈色名〉、［サイズ］上の〈サイズ名〉を継承して合成した作出項目の一種です。

図7●商品コードに関数従属する項目群をエンティティとして独立させる

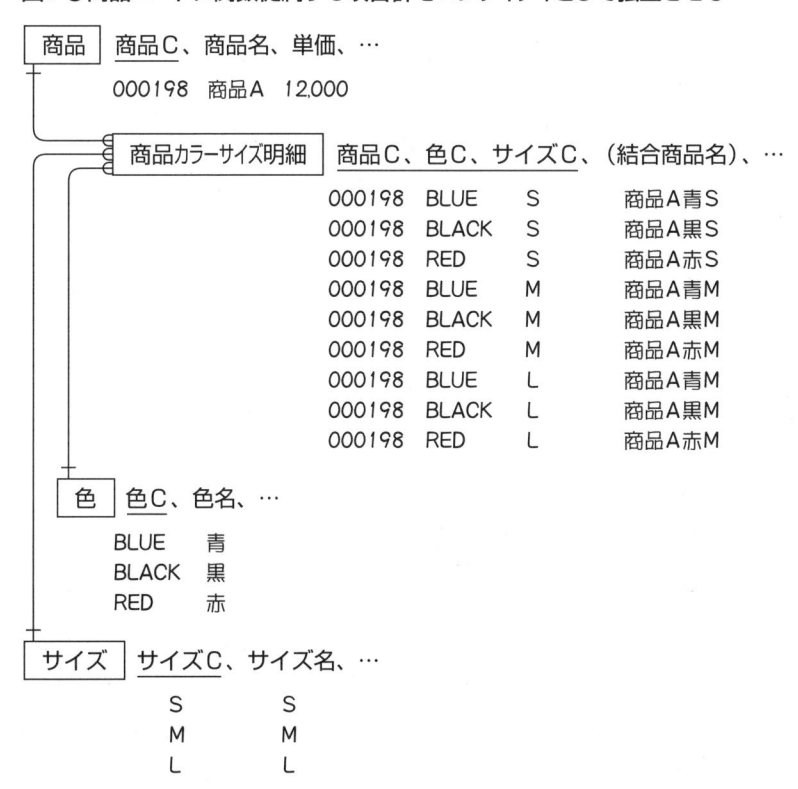

```
商品  │ 商品C、商品名、単価、…
      │   000198  商品A  12,000
      │
      ├─ 商品カラーサイズ明細  │ 商品C、色C、サイズC、（結合商品名）、…
      │                         000198  BLUE   S    商品A青S
      │                         000198  BLACK  S    商品A黒S
      │                         000198  RED    S    商品A赤S
      │                         000198  BLUE   M    商品A青M
      │                         000198  BLACK  M    商品A黒M
      │                         000198  RED    M    商品A赤M
      │                         000198  BLUE   L    商品A青M
      │                         000198  BLACK  L    商品A黒M
      │                         000198  RED    L    商品A赤M
      │
      ├─ 色  │ 色C、色名、…
      │      BLUE   青
      │      BLACK  黒
      │      RED    赤
      │
      └─ サイズ │ サイズC、サイズ名、…
                   S        S
                   M        M
                   L        L
```

■拡張属性をサブタイプ化する

　さて、前ページ図7のモデルをもう一度見てください。特性の組み合わせが多様な商品を扱う業態には、このモデルは向きません。なぜなら、商品の識別子が長くなるだけでなく、商品によっては意味のない特性も識別子に常に含まれていなければならないからです。例えば、商品が男性向けか女性向けかを表わす特性「性別」を追加した場合には、次のようになります。商品によっては「性別」を云々することに意味がないとしても、識別子に性別を載せざるを得ません。これではいかにも無駄だし、一次識別子なのにヌル値が含まれるのも問題です。もっとよいモデルはないものでしょうか。

図8●識別子のインスタンスに無駄が多い

商品カラーサイズ性別明細	商品C、色C、サイズC、性別、（結合商品名）、…
	000001　BLUE　　-　　-
	000001　BLACK　-　　-
	000001　RED　　 -　　-
	000002　BLUE　　-　　-
	000002　BLACK　-　　-
	000003　　-　　　S　　F
	000003　　-　　　M　　F
	000003　　-　　　L　　F
	000003　　-　　　S　　M
	000003　　-　　　M　　M
	000003　　-　　　L　　M
	000004　　-　　　S　　F
	000004　　-　　　M　　F
	000004　　-　　　L　　F
	000005　BLUE　　-　　F
	000005　BLACK　-　　F
	000005　RED　　 -　　F
	000005　BLUE　　-　　M
	000005　BLACK　-　　M
	000005　RED　　 -　　M
	000006　BLUE　　-　　F
	000006　RED　　 -　　F
	000006　BLUE　　-　　M
	000006　RED　　 -　　M

上記のモデルとインスタンスをよく見ると、問題にされ得る属性の組み合わせごとに商品を分類できることがわかります。

それらを「商品群」とみなして、それぞれに特有の属性項目群を含むサブタイプを導入してみます。このモデルを前提にして、商品群ごとに商品検索用の画面を用意すれば、受注入力などの際にもスムーズに商品を特定できるようになります。

図9●商品群ごとに固有な明細エンティティを組み込む

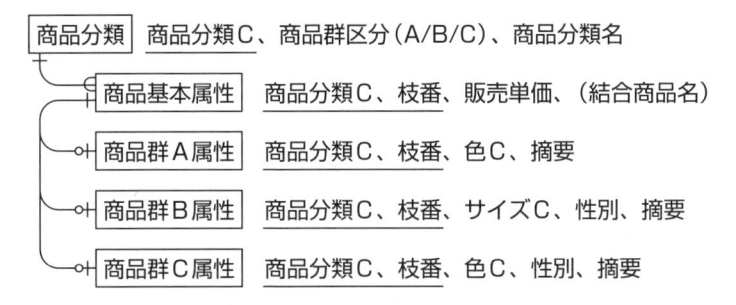

```
商品分類   商品分類C、商品群区分（A/B/C）、商品分類名
  ├─ 商品基本属性   商品分類C、枝番、販売単価、（結合商品名）
  ├─ 商品群A属性   商品分類C、枝番、色C、摘要
  ├─ 商品群B属性   商品分類C、枝番、サイズC、性別、摘要
  └─ 商品群C属性   商品分類C、枝番、色C、性別、摘要
```

■フィーチャ・オプション

上記の方法は商品群が少ない限りは有効ですが、次第に増えていくとその都度テーブルや検索プログラムを追加しなければならないので面倒です。これを解決するのが**フィーチャ・オプション**（Feature Options）です。

featureというのはもともと「顔の造作」という意味で、顔の構成要素である目や鼻や口などのことです。商品におけるフィーチャとは、色やサイズや性別などの特性を表わします。オプションは「選択肢」という意味です。例えば「目がパッチリしている」は、「目」というフィーチャ項目が「パッチリしている」というオプション値をとっているということです。

したがって「フィーチャ・オプション」を定義するなら、「問題にすべき特性の組み合わせと、それぞれの特性ごとの有効な値の組み合わせを定義しておくためのしくみ」となります。そのためのモデルを見てください（次ページ）。

図10●フィーチャ体系と商品の関係

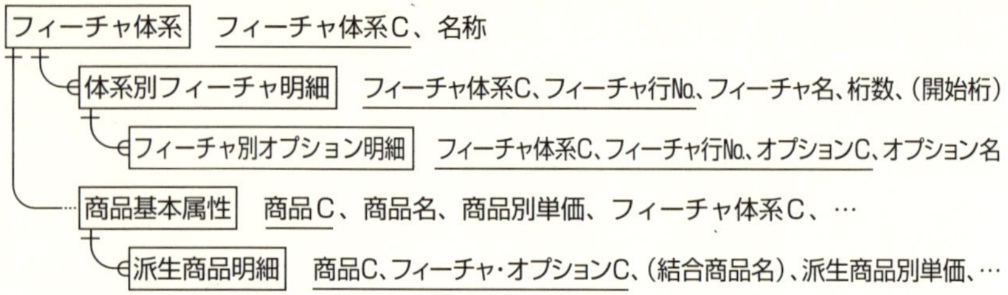

```
フィーチャ体系    フィーチャ体系C、名称
├ 体系別フィーチャ明細   フィーチャ体系C、フィーチャ行№、フィーチャ名、桁数、(開始桁)
│  └ フィーチャ別オプション明細   フィーチャ体系C、フィーチャ行№、オプションC、オプション名
├ 商品基本属性   商品C、商品名、商品別単価、フィーチャ体系C、…
   └ 派生商品明細   商品C、フィーチャ・オプションC、(結合商品名)、派生商品別単価、…
```

［体系別フィーチャ明細］というのは、それぞれの体系におけるフィーチャの組み合わせ、つまり、受注などにおいて問題になり得る特性の組み合わせのことです。［フィーチャ別オプション明細］は、それぞれのフィーチャごとの有効な値の一覧のことです。インスタンスの例を見ましょう。

図11●フィーチャ体系の例

フィーチャ体系	フィーチャ明細			フィーチャ別オプション明細	
フィーチャ体系コード	フィーチャ行№	桁数	フィーチャ名	オプションC	オプション名
100	1	2	色	BL	青
				BK	黒
				RD	赤
	2	1	サイズ	S	S
				M	M
				L	L
	3	1	性別	F	女児用
				M	男児用
200	1	2	色	BL	ブルー
				RD	レッド
	2	3	長さ	005	0.5M
				010	1.0M
				100	10.0M
	3	2	幅	05	5CM
				10	10CM

このしくみが便利なのは、商品タイプごとに必要に応じてフィーチャ体系を用意できる点です。色を云々することに意味のない商品向けには色を含まない体系を用意すればいいし、色、サイズ、性別を問題にするけれどもBLACKはないという商品があるならBLACKが抜けている体系を用意すればいいわけです。また、性別を示す記述についても子供用の商品向けなら「女児用」、大人用なら「女性用」と切り換えることもできます。特に、さまざまな品種を扱うような総合商社やサプライチェーン向けにフィーチャ・オプションは効果を発揮します。

 フィーチャ・オプションの枠組みで与えられる組み合わせのうち、有効な値を商品ごとに定義した情報が［派生商品明細］ということになります。上記のフィーチャ体系のインスタンスに従った商品情報の例を示します。

図12●フィーチャ体系に従った派生商品のインスタンス

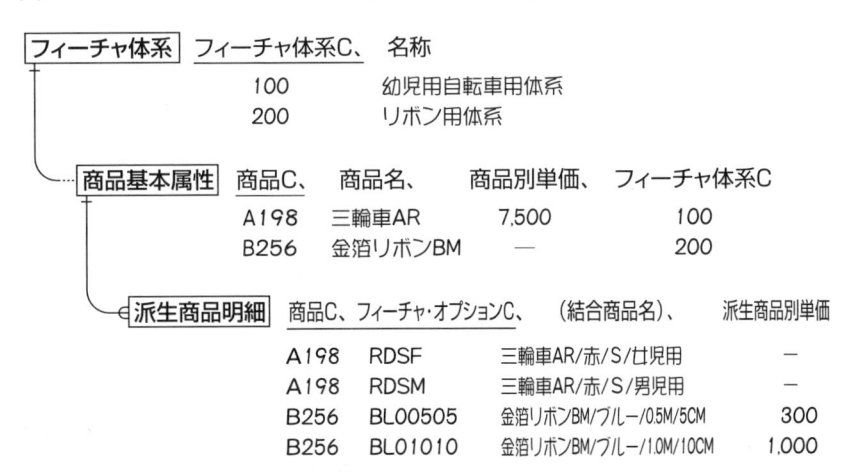

```
┌─────────┐
│フィーチャ体系│ フィーチャ体系C、    名称
└──┬──────┘      100        幼児用自転車用体系
   │              200        リボン用体系
   │ ┌─────────┐
   └─│商品基本属性 │ 商品C、  商品名、       商品別単価、  フィーチャ体系C
     └──┬──────┘    A198    三輪車AR        7,500         100
        │              B256    金箔リボンBM    ―             200
        │ ┌─────────┐
        └─│派生商品明細 │ 商品C、 フィーチャ・オプションC、 （結合商品名）、      派生商品別単価
          └─────────┘    A198   RDSF        三輪車AR/赤/S/女児用        ―
                            A198   RDSM        三輪車AR/赤/S/男児用        ―
                            B256   BL00505     金箔リボンBM/ブルー/0.5M/5CM   300
                            B256   BL01010     金箔リボンBM/ブルー/1.0M/10CM  1,000
```

 これらの実際値を見ればわかるように、ある意味でフィーチャ・オプションコードの扱いは「データ項目に内部構造を持たせてはいけない」という正規化ルールに違反したものです。とはいえこのケースは、内部構造を持たせていると同時に「内部構造がデータベースレベルで積極的に『管理』されている」という意味で許容されてよいものです。

■セット商品

　セット商品というのは、購入時にはバラバラだった商品を組み合わせた商品のことです。販売商品を外部から購入する卸売業においては利ざやが小さいのが一般的ですが、セット商品は付加価値を大きく設定できる、経営上魅力的な商品です [注]。それだけに、セット商品を用意するための一連の作業が効率的に行なわれなければなりません。そのためのデータモデルとデータ例を示します。

図13●セット商品のモデルとインスタンス

商品	商品C、	商品名、	単位
	A100	イタリアチョコA30個入り	箱
	A110	イタリアチョコAバラ	ピース
	B100	フランスチョコB50個入り	箱
	B110	フランスチョコBバラ	ピース
	C100	ドイツチョコC30個入り	箱
	C110	ドイツチョコCバラ	ピース
	X100	ヨーロピアンチョコセット	箱

セット構成品明細	商品C、	構成商品C、	構成比
	X100	A110	5
	X100	B110	5
	X100	C110	5

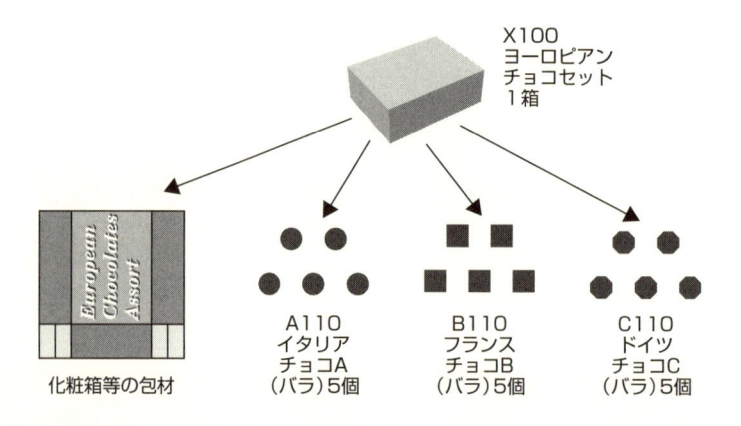

```
            X100
          ヨーロピアン
          チョコセット
             1箱

化粧箱等の包材   A110         B110         C110
              イタリア      フランス      ドイツ
              チョコA       チョコB       チョコC
              (バラ)5個    (バラ)5個    (バラ)5個
```

[注] セット商品に特化した業態が「製造業」です。製造業においては販売品の付加価値が大きいという長所がある一方で、製造設備などの固定費が大きいという短所があります。

セット商品を用意する過程を説明しましょう。

まず、箱入りの商品を何種類か出庫してそれらの在庫数データを減らします。次に、商品を箱から取り出して別箱に詰め替えるなどして「荷姿」を変えます。これをセット商品として入庫すれば、セット商品としての在庫数が増えます。もし、セット商品を作る過程で「バラ」の商品が残ったならバラの商品在庫として入庫します。このあたりの過程は163ページ以下で説明する「商品振替」の一般入出庫取引として処理できます。

ただし、この場合、セット商品の化粧箱などの包材は商品ではないので、システムの外で管理しなければなりません。セット商品が増えてくれば包材もシステムで管理したほうが効率がよいので、データモデルは次のような生産管理の「部品表」に近いものになります。単品商品もセット商品も包材もすべて「品目」とみなされている点に注意してください。

図14●「部品表」風のモデリング例

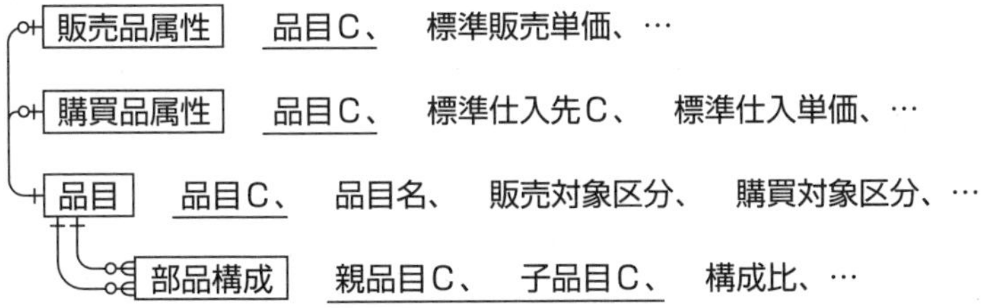

```
┌─[販売品属性]     品目C、   標準販売単価、…
├─[購買品属性]     品目C、   標準仕入先C、   標準仕入単価、…
├─[品目]    品目C、   品目名、   販売対象区分、   購買対象区分、…
└─[部品構成]   親品目C、   子品目C、   構成比、…
```

2 商品の分類体系

　物品販売においてひとつの企業が扱う商品点数は数百から数千に及ぶものなので、商品ごとの動きを細かく見ていては販売傾向がわかりません。そこで、商品は何らかの基準でグルーピングされ、その単位で販売情報が集計されたり予算管理されるのが普通です。

　商品を分類するためにどのような体系を用意したらよいかというのは結構難しい問題ですが、データモデリングをしっかり行なうことで分類方針が明確になります。商品に限らず、取引先や組織などの一般的な分類体系を考える際にも参考にしてください。

■「階層型」の分類

　まず、次のモデリング例を見てください。これは**階層型**と呼ぶべき分類方法に対応するモデルです。商品全体がまず小分類でグルーピングされ、それが中分類に、さらに大分類にというように上位階層へ括られていきます。各階層に相当するエンティティが上位階層への外部キーを持っているのが特徴です。

　分類体系モデルに続いてインスタンスも見てみましょう（次ページ図2）。

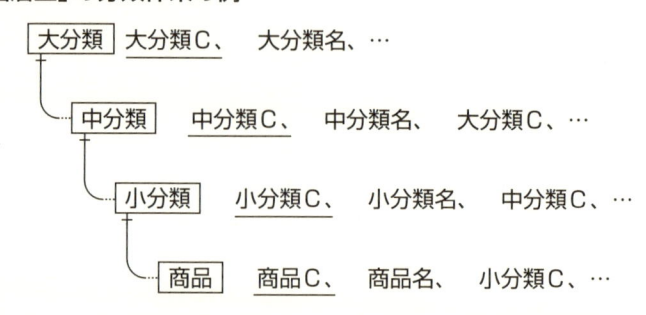

図1●「階層型」の分類体系の例

```
┌─────┐
│大分類│  大分類C、  大分類名、…
└──┬──┘
   │  ┌─────┐
   └──│中分類│  中分類C、  中分類名、  大分類C、…
      └──┬──┘
         │  ┌─────┐
         └──│小分類│  小分類C、  小分類名、  中分類C、…
            └──┬──┘
               │  ┌─────┐
               └──│ 商品 │  商品C、  商品名、  小分類C、…
                  └─────┘
```

図2● 「階層型」の分類体系におけるインスタンス

```
┌─大分類   大分類C、  大分類名、…
│           A        大分類A
│           B        大分類B
└─中分類   中分類C、  中分類名、   大分類C、…
   │         1       中分類1      A
   │         2       中分類2      A
   │         3       中分類3      A
   │         4       中分類4      B
   │         5       中分類5      B
   │         6       中分類6      B
   │         7       中分類7      C
   │         8       中分類8      C
   │         9       中分類9      C
   └─小分類  小分類C、  小分類名、   中分類C、…
      │       イ      小分類イ     1
      │       ロ      小分類ロ     1
      │       ハ      小分類ハ     1
      │       ニ      小分類ニ     2
      │       ホ      小分類ホ     2
      │       ヘ      小分類ヘ     2
      │       ト      小分類ト     3
      │       チ      小分類チ     3
      │       リ      小分類リ     3
      │       ヌ      小分類ヌ     4
      │       ル      小分類ル     4
      │       ヲ      小分類ヲ     4
      │       ⋮        ⋮          ⋮
      └─商品   商品C、   商品名、    小分類C、…
               001     商品0001     イ
               002     商品0002     イ
               003     商品0003     イ
               004     商品0004     ロ
               005     商品0005     ロ
               006     商品0006     ロ
               007     商品0007     ハ
               008     商品0008     ハ
               009     商品0009     ハ
```

前ページ図2のように、商品が何らかの小分類に分類されると、どの中分類や大分類に分類されるかが自動的に決まります。

このような階層構造のよく知られた例としては、分類学における「門」、「綱」、「目」、「科」、「属」、「種」等の階層による生物の分類体系があります。種が決まればその上位階層である属や科、目などは自動的に決まります。

120ページのモデルは階層の数を3つに固定している例ですが、階層が深い体系の場合はエンティティの数をそれだけ増やさなければなりません。そのような体系向けには、階層の深さに制限のない次のようなモデルを利用すると便利です。エンティティをひとつ用意するだけで好きなだけの階層を登録できる利点があります。

図3●階層の深さに制限のない分類の例

分類	分類C、	分類名、	上位分類C、	…
	01	……	―	
	02	……	―	
	03	……	01	
	04	……	01	
	05	……	02	
	06	……	02	
	07	……	03	
	08	……	03	
	09	……	04	
	10	……	04	
	11	……	05	
	12	……	05	
	13	……	06	
	14	……	06	

ただし、このエンティティにデータを登録する場合、「階層のループ」が生じてしまわないように気をつけなければなりません。例えば上図で、分類"05"の上位分類として"02"ではなく"12"が指定されると階層が無限ループしてしまいます。これを避けるために、データの登録用プログラムによってループ構造がないかどうかチェックする必要があります。

図4●階層の無限ループが生じないように要注意

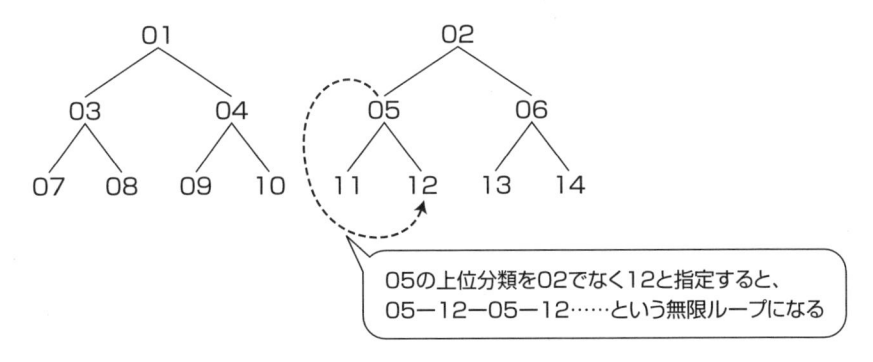

```
            01                    02
          /    \                /    \
        03      04            05      06
       /  \    /  \          /  \    /  \
      07  08  09  10        11  12  13  14
```

> 05の上位分類を02でなく12と指定すると、
> 05−12−05−12……という無限ループになる

　「階層のループ」の問題は、次のように分類の階層を指定する項目をエンティティに置くことによっても回避できます。分類データを追加したり変更したりする場合、自分自身の階層のすぐ上の階層に含まれる分類だけを上位分類に指定できるようにします。これなら登録プログラムで無限ループをチェックする必要はありません。

図5●階層の無限ループを避けるためのモデルとデータ構造

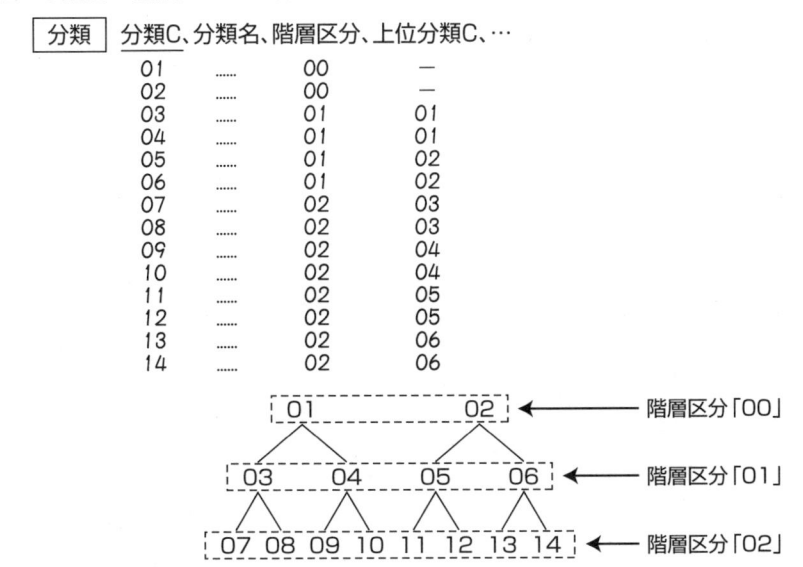

分類	分類C、分類名、階層区分、上位分類C、…

分類C		階層区分	上位分類C
01	……	00	−
02	……	00	−
03	……	01	01
04	……	01	01
05	……	01	02
06	……	01	02
07	……	02	03
08	……	02	03
09	……	02	04
10	……	02	04
11	……	02	05
12	……	02	05
13	……	02	06
14	……	02	06

```
         [ 01        02 ]       ← 階層区分「00」
         [ 03  04  05  06 ]     ← 階層区分「01」
         [ 07 08 09 10 11 12 13 14 ] ← 階層区分「02」
```

■「マトリクス型」の分類

次のモデル（図6）とインスタンス例（図7）は**マトリクス型**と呼ぶべき分類方法です。各エンティティは相互に独立した情報なので、階層を想像させる「大分類」、「中分類」、「小分類」ではなく、「分類1」、「分類2」、「分類3」という表現にしてあります。

図6●「マトリクス型」の分類体系の例

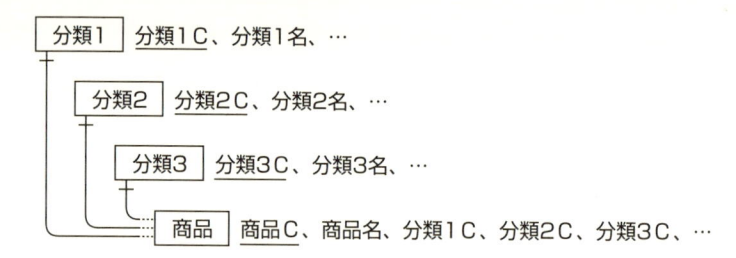

```
[分類1] 分類1C、分類1名、…
  ├[分類2] 分類2C、分類2名、…
  │  ├[分類3] 分類3C、分類3名、…
  │  │  ├[商品] 商品C、商品名、分類1C、分類2C、分類3C、…
```

図7●「マトリクス型」分類体系におけるインスタンス

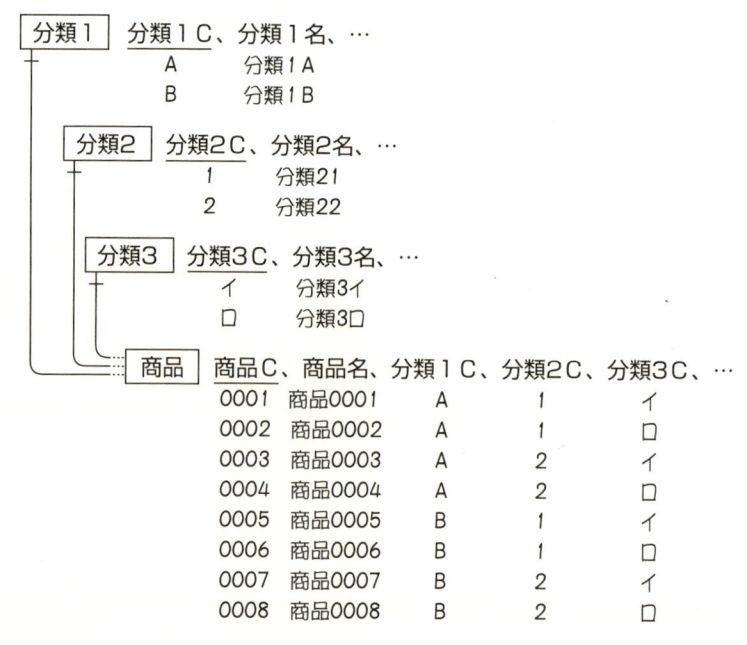

```
[分類1]  分類1C、分類1名、…
  │       A      分類1A
  │       B      分類1B
  ├[分類2] 分類2C、分類2名、…
  │        1      分類21
  │        2      分類22
  ├[分類3] 分類3C、分類3名、…
  │        イ     分類3イ
  │        ロ     分類3ロ
  └[商品]  商品C、商品名、分類1C、分類2C、分類3C、…
           0001   商品0001   A    1    イ
           0002   商品0002   A    1    ロ
           0003   商品0003   A    2    イ
           0004   商品0004   A    2    ロ
           0005   商品0005   B    1    イ
           0006   商品0006   B    1    ロ
           0007   商品0007   B    2    イ
           0008   商品0008   B    2    ロ
```

インスタンスを見ればわかるように、ある商品が「分類1」として何かに分類されることが「分類2」として何に分類されるかには影響しません。3種類の分類のそれぞれは他の分類体系とは独立して決定されます。このことを、これらの分類基準が「**直交している**」といいます。前節で説明した「商品」に対する「色」や「サイズ」はお互いに直交した分類基準の例です。

■より複雑な分類形式

「階層型」と「マトリクス型」の違いを模式化すると次の図のようになります。階層型では対象が「マンダラ状」に分類され、マトリクス型では「ジャングルジム状」に分類されます。

図8●階層型とマトリクス型分類のイメージ

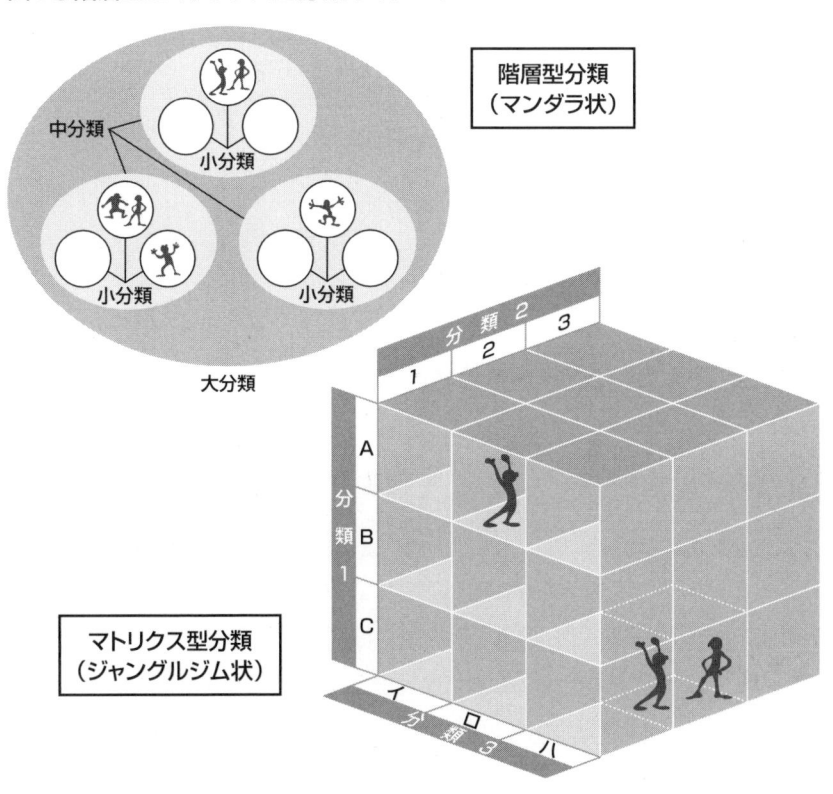

実際の分類体系はこれらのどちらかだけではなく、しばしば両者が組み合わさった複雑なものになります。そのような体系を的確にデータベース化するためには、階層型とマトリクス型の違いをしっかりと意識しながらデータモデリングしなければなりません。

　例えば、次のようなデータモデルで表現できる複雑な分類方針があったとして、これをデータモデリングしないでデータベース化しようとすると大抵は失敗します。分類方針とデータベースのあり方との整合性を検証しにくいため、方針に合わない単純な形式のデータベースが設計されてしまいがちだからです。最初のうちは分類方針に沿ったデータが慎重に登録されるのでうまくいくように見えますが、元々の意図に沿わないデータが次第に増えていって、遅かれ早かれ体系は破綻します。

図9●複雑な商品分類体系の例

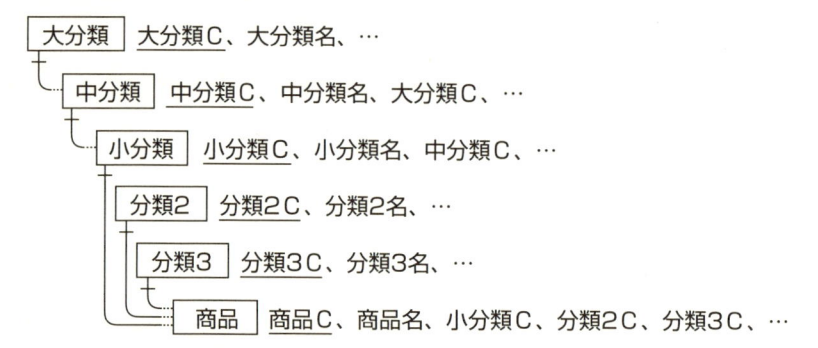

```
大分類    大分類C、大分類名、…
 ├中分類   中分類C、中分類名、大分類C、…
 │ ├小分類  小分類C、小分類名、中分類C、…
 │ │ ├分類2  分類2C、分類2名、…
 │ │ ├分類3  分類3C、分類3名、…
 │ │ └商品   商品C、商品名、小分類C、分類2C、分類3C、…
```

■「分類体系のバージョン」を導入する

　さて、企業活動において「分類の変更」にともなって業績をどう評価したらよいかというやっかいな問題があります。例えば商品分類体系も組織体系も事業計画に合わせて毎年のように変わります。実際、多くの企業がそれゆえに長期間で業績がどのように変化したかを分析することをあきらめています。データベースレベルで何らかの対応をしたいところです。

　分類体系ごとに「バージョン番号」を与えて管理する方法を、上の図9の

モデルを流用して説明しましょう。次のモデルのように、バージョン管理したい分類用エンティティの識別子に［分類体系バージョン］を組み込みます。一見するとやけに複雑に見えますが、［システムコントロール］で〈現行分類体系バージョンNo.〉を管理しておくことによって、日常的に使う画面や帳票の上ではバージョン情報を隠しておけます。

図10●図9のモデルに「分類体系バージョン」を導入する

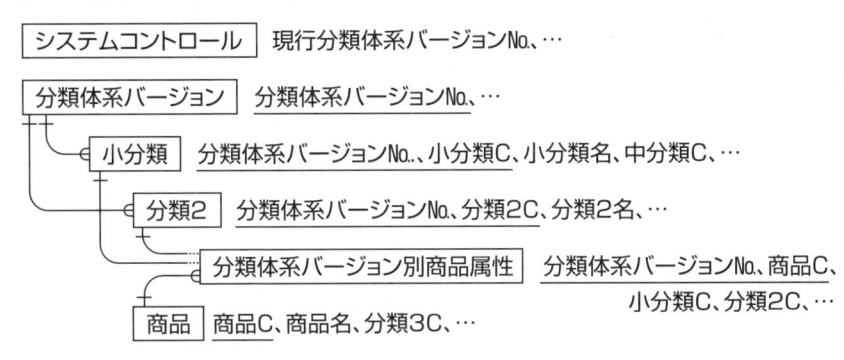

```
｜システムコントロール｜　現行分類体系バージョンNo.、…

｜分類体系バージョン｜　分類体系バージョンNo.、…
   ├─｜小分類｜　分類体系バージョンNo.、小分類C、小分類名、中分類C、…
   ├─｜分類2｜　分類体系バージョンNo.、分類2C、分類2名、…
   ├─｜分類体系バージョン別商品属性｜　分類体系バージョンNo.、商品C、
                                     小分類C、分類2C、…
      ｜商品｜　商品C、商品名、分類3C、…
```

こうしたうえで、月に一度などのタイミングで分類体系バージョンごとに集計していくわけです。ユーザーは、昔の体系でも現在の体系でも、バージョン番号を指定するだけで各月の集計結果を照会できます。次にバージョンごとに月次の取引実績などを管理するためのモデリング例を示します。

図11●月次の取引実績を分類体系バージョンで管理する

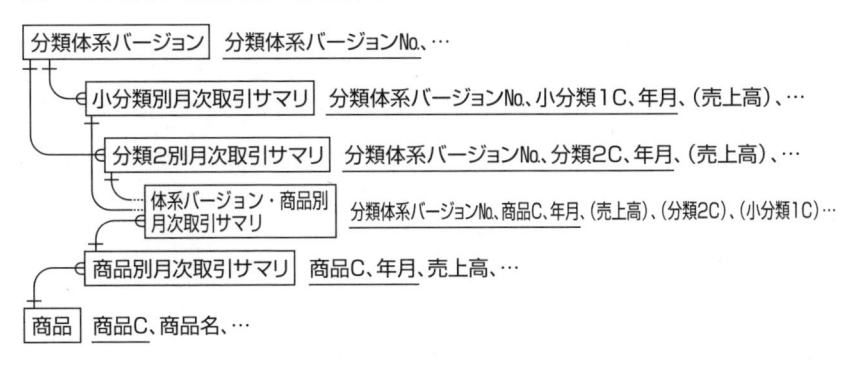

```
｜分類体系バージョン｜　分類体系バージョンNo.、…
   ├─｜小分類別月次取引サマリ｜　分類体系バージョンNo.、小分類1C、年月、(売上高)、…
   ├─｜分類2別月次取引サマリ｜　分類体系バージョンNo.、分類2C、年月、(売上高)、…
   ├─｜体系バージョン・商品別月次取引サマリ｜　分類体系バージョンNo.、商品C、年月、(売上高)、(分類2C)、(小分類1C)、…
   ｜商品別月次取引サマリ｜　商品C、年月、売上高、…
｜商品｜　商品C、商品名、…
```

3 単価のいろいろ

　商品を使って商売するなら、何よりもその「単価」を慎重に決めなければなりません。高すぎても売れないし、安すぎても儲からないからです。商品単価を管理するためのモデルを見ていきましょう。

　商品単価といってもいろいろあります。仕入原価や販売単価のほかに、製造業ならば製造原価や生産者価格などがあります。また、得意先や仕入先ごとに異なる契約単価というものもあります。それらのモデリング例を示します。

図1●取引先別の契約単価を組み込んだモデル例

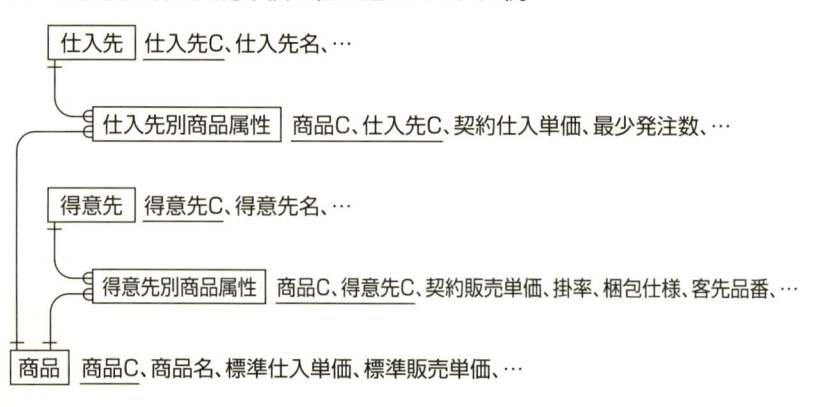

```
仕入先        仕入先C、仕入先名、…
  └ 仕入先別商品属性  商品C、仕入先C、契約仕入単価、最少発注数、…

得意先        得意先C、得意先名、…
  └ 得意先別商品属性  商品C、得意先C、契約販売単価、掛率、梱包仕様、客先品番、…

商品        商品C、商品名、標準仕入単価、標準販売単価、…
```

　［得意先別商品属性］に載っている〈掛率〉というのは、標準販売単価に掛け合わせる比率のことです。このように標準販売単価に対する比率として指定する形式と、契約販売単価を直接指定する形式とのどちらかを選ぶことになります。

　次に、仕入れたり販売するときの「数量」に連動する単価と、期間指定される特売単価のためのモデリング例を示します。

図2●単価が取引数量と日付の軸を持つモデル

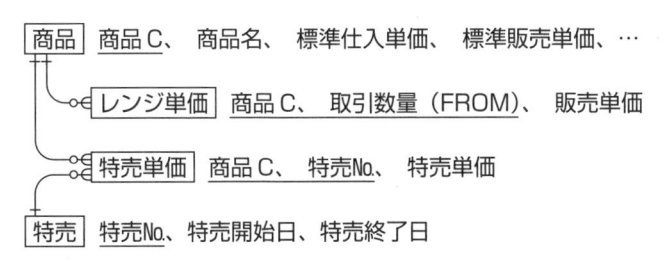

```
|商品| 商品C、 商品名、 標準仕入単価、 標準販売単価、…
   ├──o⊂|レンジ単価| 商品C、 取引数量(FROM)、 販売単価
   ├──o⊂|特売単価| 商品C、 特売№、 特売単価
   |特売| 特売№、特売開始日、特売終了日
```

　以上を組み合わせた、いかにもありそうなモデリング例を以下に示します。単価有効日を指定して売りと買いの契約単価を登録できるようになっているだけでなく、一定以上の数量で販売する際の数量のレンジごとに決まった掛率でも値引きできるようになっています。また、契約販売単価や掛率とは別に、特定の期間向けの特売単価を登録できるようにもなっています。

図3●さまざまな単価を組み込んだモデル

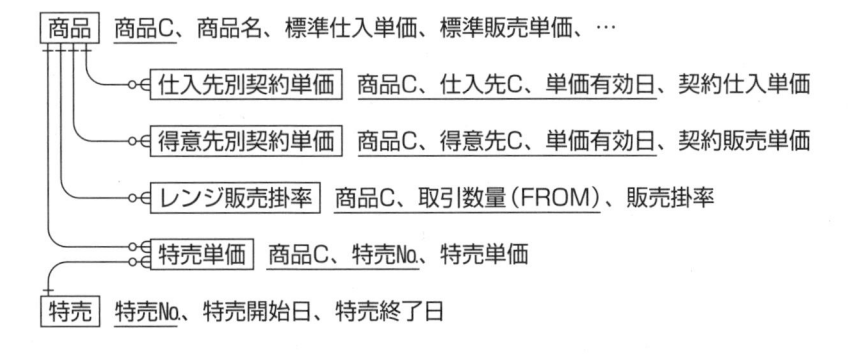

```
|商品| 商品C、商品名、標準仕入単価、標準販売単価、…
   ├──o⊂|仕入先別契約単価| 商品C、仕入先C、単価有効日、契約仕入単価
   ├──o⊂|得意先別契約単価| 商品C、得意先、単価有効日、契約販売単価
   ├──o⊂|レンジ販売掛率| 商品C、取引数量(FROM)、販売掛率
   ├──o⊂|特売単価| 商品C、特売№、特売単価
   |特売| 特売№、特売開始日、特売終了日
```

■識別子と範囲指定項目の関係

　上の図3のエンティティに含まれる日付項目の位置づけに注意してください。数量や期間など「範囲」が指定される情報をモデリングする場合、範囲指定のために導入される項目が識別子にどう組み込まれるかによって、エンティティの性質は大きく違ってきます。範囲項目を使ったモデルには次のよ

図4● 識別子と範囲指定との関係

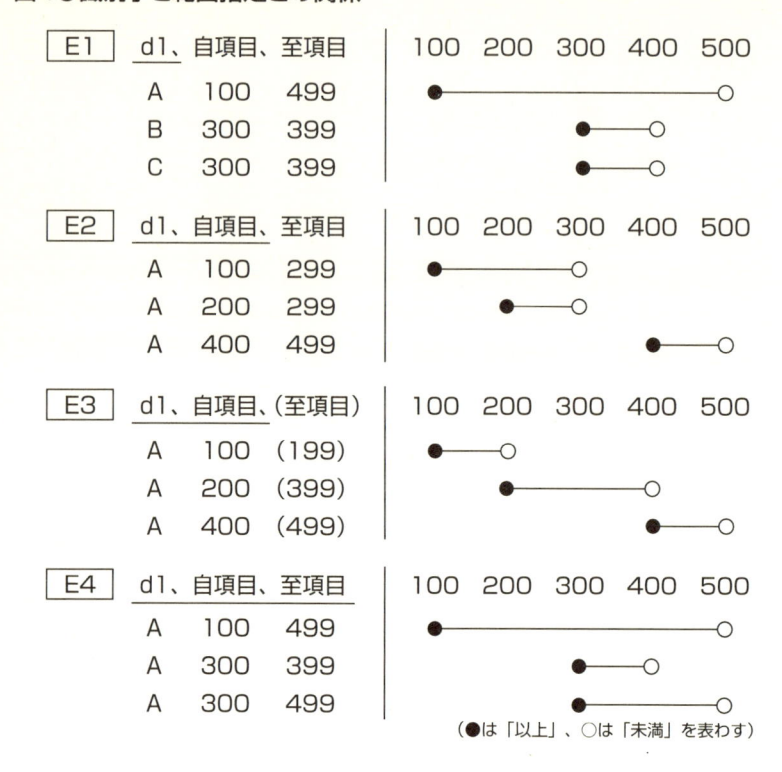

```
 E1    d1、自項目、至項目      100  200  300  400  500
       A    100    499         ●────────────────○
       B    300    399                   ●───○
       C    300    399                   ●───○

 E2    d1、自項目、至項目      100  200  300  400  500
       A    100    299         ●────────○
       A    200    299              ●───○
       A    400    499                        ●───○

 E3    d1、自項目、(至項目)    100  200  300  400  500
       A    100    (199)       ●───○
       A    200    (399)            ●────────○
       A    400    (499)                      ●────────○

 E4    d1、自項目、至項目      100  200  300  400  500
       A    100    499         ●────────────────○
       A    300    399                   ●───○
       A    300    499                   ●────────○
```

（●は「以上」、○は「未満」を表わす）

うなパターンがあります。これらを的確に使い分けなければなりません。

　［Ｅ１］のパターンでは識別子に範囲項目（〈〈自項目〉、〈至項目〉）が含まれていません。したがって、識別子の値が決まれば自動的に範囲期間が決まるし、異なる行の間で範囲が重複してもしなくても問題になりません。

　［Ｅ２］の場合、〈自項目〉だけが識別子に組み込まれており、〈至項目〉は属性項目として置かれています。図のように、〈自項目〉の値が違えば〈d1〉が同じ値をとる行が複数登録できます。

　［Ｅ３］では〈至項目〉が作出属性として置かれています。［Ｅ２］では〈至項目〉の値を個別に指定できるように固有属性として置かれていました。その結果、図のように期間が重複したり不連続になったりすることが許されてしまいます。一方［Ｅ３］では、〈d1〉が同一の値をとる次の行の〈自項

目〉の値から1を差し引いた値が〈至項目〉の値として自動的に決まるようにしてあります。これにより、〈d1〉の値が同一の行の間で期間はきれいに連続します。

［E4］では〈自項目〉、〈至項目〉ともに識別子に組み込まれています。その結果、図のように自項目の値が重複しても至項目が異なれば許されます。

このように、似たようなモデルであっても、識別子が少し違うだけでインスタンスのあり方が大きく違ってきます。対応する現実の性質を十分見定めて、的確に識別子を設計してください。

■販売単価検索用の関数を用意する

129ページ図3のモデルはかなり複雑ですが、珍しいものではありません。単価情報は一般的にこのように複雑な形をとるもので、条件に合わせて該当する単価を検索するだけでも結構複雑な手順を踏まねばなりません。また、営業方針が変わって単価体系がデータベースレベルで変わる可能性もあって、そのときには関係するプログラムを作り替えなければなりません。

そこで、このようなシステムを開発する際には、単価検索のための専用の関数（プログラム）を用意するといったやり方がしばしばとられます。上記のモデルを前提とすれば、〈商品コード〉、〈得意先コード〉、〈基準日〉、〈販売数量〉を渡せば、一定の条件に従った〈販売単価〉を検索して返してくれる関数となります。販売単価を入力しなければならない受注入力等のプログラムにおいて、この関数によって単価情報が検索されて単価の初期値として設定されることになります。

> 販売単価検索関数（商品C、得意先C、基準日、販売数量）＝検索販売単価

このような考え方は単価検索だけでなく、いろいろな局面で有効です。例えば、次章以降で説明される在庫更新や売上計上といった処理向けに専用関数を用意することによって、システムの保守性が向上します。本書はプログラム設計についての本ではないので詳しくは取り上げませんが、興味のある読者は関連書で確認してみてください。

コラム3 データモデルと サブシステムの深い関係

　ER図にはいくつくらいのエンティティが載るものなのでしょう。企業の情報システムには数十から数百以上のテーブルが含まれるので、それらに相当するエンティティをすべて載せようとしても無理です。筆者が見たあるモデルには30個ものエンティティが載っていましたが（図1）、これでは多すぎます。本来直観的にわかるはずのことも、関係ない情報に幻惑されて見えにくくなるからです。データモデルを使って有意義な検討をしたいのなら、ER図に載せるエンティティを絞り込まなければなりません。筆者の経験では10個以内が妥当と思われます。

図1●エンティティが多すぎてわかりにくいモデル

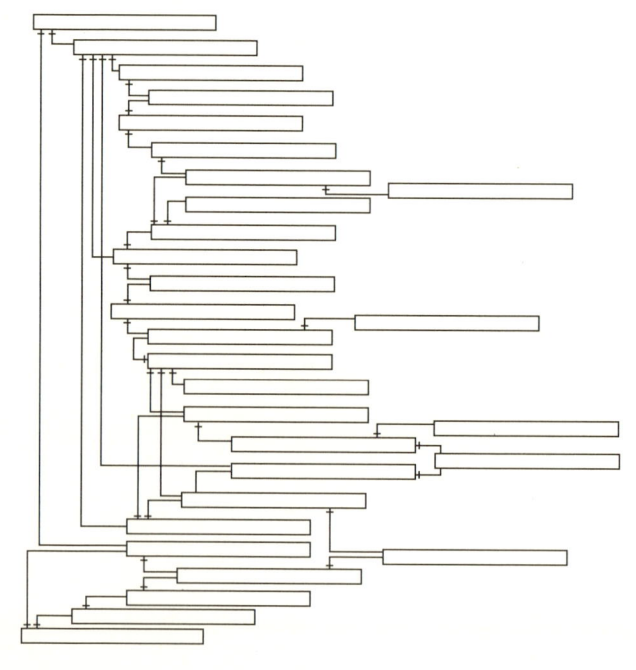

それでは、ER図に載せるべきエンティティをどんな基準で絞り込めばよいのでしょう。それを説明するためにはまず**サブシステム**を理解しなければなりません。後述するように、データモデルはサブシステムごとに与えられるものだからです。

●サブシステムとは何か

　サブシステムとはいくつかのプログラムのまとまりのことです。企業システムには数百本以上のプログラムが含まれます。これをそのまま横並びで扱うのは面倒なので、いくつかのグループに分類して管理する必要があります。そのグループがサブシステムです。

　では、プログラムはどのような基準でそれぞれのサブシステムに分類されるべきなのでしょう。実はこのあたりのことは年季をつんだ技術者でさえも、結構曖昧に考えています。現実に利用されている代表的な基準を挙げてみます。

1．「利用される業務のまとまり」で分ける
2．「処理のタイプ」で分ける
3．「使用されるプログラミング言語」で分ける
4．「開発された順序」で分ける
5．「そのときの気分」で分ける

　サブシステムの分割基準に関して、技術者に意見を聞いた場合に返ってくる可能性の高い答えが1です。しかしこれはわかるようでわからない基準です。まず、何をもってひとつの「業務のまとまり」とみなせばよいのかがわかりません。担当者の所属部門でしょうか。そうではありません。異なる部門の担当者が一連の業務の流れに関係することもあるからです。例えば、出荷に関連したいくつかの業務を「業務のまとまり」として見た場合、これらに営業課、業務課、配送課のそれぞれに所属する担当者がかかわることはあり得ることです。仮に現在は単一部門のメンバーが担当していたとしても、将来の組織改編などにともなって変わる可能性はあります。また、いくつか

の「業務のまとまり」において共用されるプログラムを分類できないという問題もあります。

　2の「処理のタイプ」というのは、バッチ更新系や印刷系やエントリー系といった区分のことで、これにもとづいてサブシステム分割されているシステムも実在します。しかし、この基準も突き詰めると曖昧なものです。例えば、印刷出力やバッチ処理に準ずる大規模な更新処理をともなうエントリープログラムがあったら、どこに分類したらよいのでしょう。「印刷とバッチ更新をともなうエントリー系」とかいった分類を用意するのでしょうか。そうしたところで何らかの効果があるとは筆者には思えません。

　結局のところ、これら5つの基準はいずれも「工学的」ではないと言わざるを得ません。何らかの分類行為が「工学的」であるためには、管理上の効果だけでなく、効率や安全性などの実際的な効果をもたらすものでなければなりません。上記の基準はどちらかというと「プログラムが多いので、それらを管理するために何らかの基準で分類しなければならないから」とか「昔からこのようにやっているから」といった消極的な理由で発想されるものでしかありません。

●データインタフェースを基準に分割する

　工学的効果をもたらすサブシステム構成を得るために「『データのまとまり』で分ける」という基準をお勧めします。別の言い方をすれば次のようになります。

> 相互に「データインタフェース」が最も単純になるような機能の集まり（サブシステム）になるように分割する。

　この基準に従ってサブシステム分割する様子を示しましょう。まず次ページの図2のように、システムに含まれるすべてのプログラムを、テーブルに対するCRUD [注] といっしょに羅列してみます。ひとつのプログラムはいくつかのテーブルに関係しているし、ひとつのテーブルはいくつかのプログラムに関係するので、その結果はネットワーク状の絵になります。

[CRUD] CREATE（追加）、READ（読込）、UPDATE（更新）、DELETE（削除）の4つのテーブル操作の頭文字を並べたもの。クラッドと読みます。

図2●あるシステムのプログラムとテーブルの相互関係

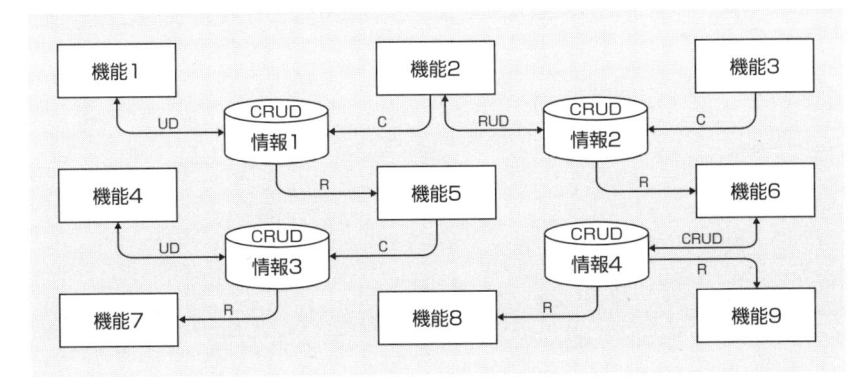

次に、この図を見ながら、プログラムとテーブルとの関係を示す矢印をなるべく分断しないように境界線を引きます。そうすると、例えば図3になります。境界線で区切られた2つの部分が「相互のデータインタフェースが最も単純になるようなブロック」つまり「サブシステム」です。参考までに、データインタフェースの単純さを考えないで（例えば「業務のまとまり」で）分割した例（次ページ図4）も見てみましょう。

図3●データインタフェースが単純になるように分割する

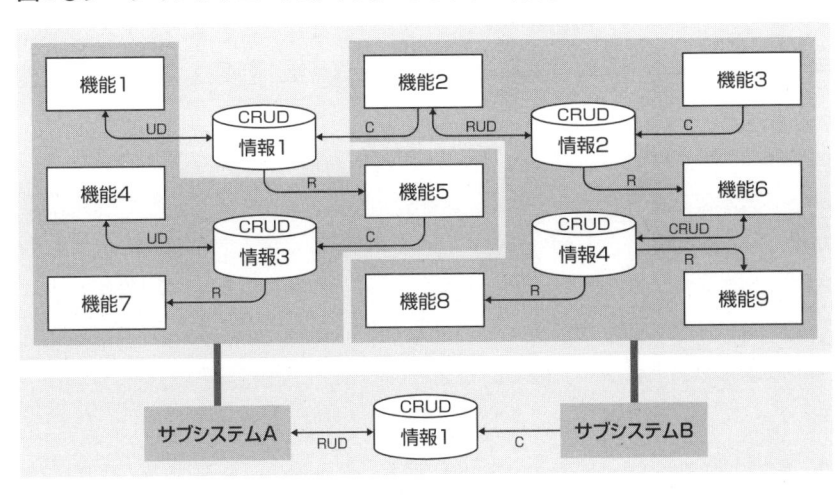

図4●データインタフェースの単純さを考慮しないで分割する

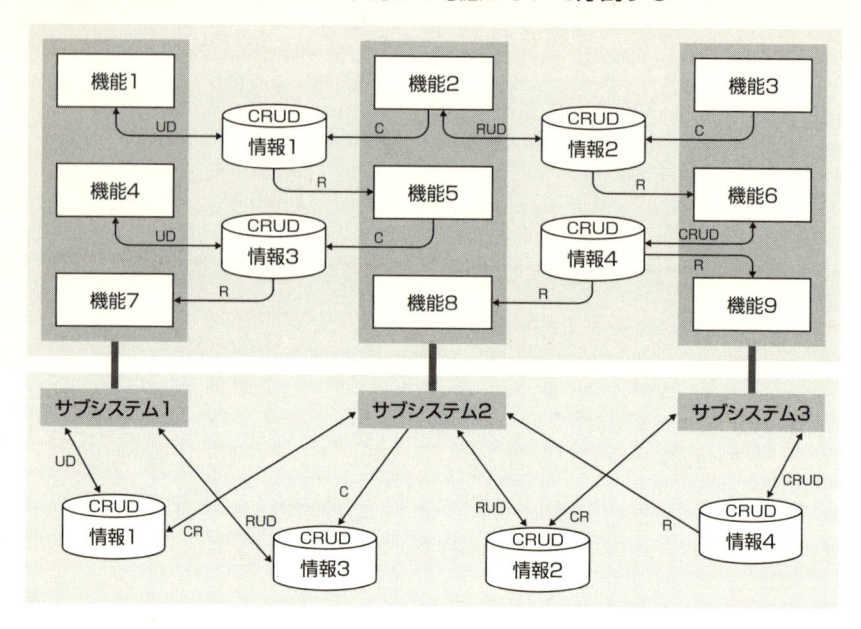

　前ページ図3のように分割した場合の工学的な利点はいろいろあります。まず、それぞれのブロックの変更がほかのブロックに及びにくいという点です。あるブロックの変更がほかのブロックとのデータインタフェースに関係する部分でないなら、その変更はほかのブロックに影響を与えません。もしデータインタフェースに関係する部分であれば、ほかのブロックにおいてそのテーブルを扱う部分を見直せばよいことになります。

　また、同じ理由から、ブロックごとの開発や保守を独立して進められるという利点もあります。先行してデータインタフェースに関する部分の仕様さえ確定しておけば、それぞれのブロックで独立してシステム開発やテストを進められます。大規模なプロジェクトでは開発に投入される人員数も大きいので、このようなブロック化が特に有効です。それぞれのサブシステムを担当する技術者同士はデータインタフェースに関する仕様のみに注意を払えばよいからです。まあ、システムは想像以上に複雑なものなので実際にはこのように単純な話では済みませんが、少なくとも上記の5つの基準によるサブ

システム構成に較べたらはるかに効率的にシステムを組み立てられます。

●サブシステムの妥当な大きさとは

　では、いくつくらいのプログラムがひとつのサブシステムに含まれるべきなのでしょう。「データインタフェースが単純になるように」というのはサブシステム同士の関係を説明するものではあっても、ひとつひとつのサブシステムの絶対的な大きさを規定するものではありません。ブロックを妥当な大きさにまとめるためには、何らかの別の指針が必要です。

　そこで、ブロックごとにデータモデルを描いたときに「読みやすいデータモデルになるかどうか」という判断基準が有効です。サブシステムが大きすぎると、関係するエンティティも多いのでデータモデルは読みにくくなります。反対にサブシステムが小さすぎてもデータモデルに載るエンティティが少なすぎてかえって意図がわかりにくくなります。読みやすいデータモデルを与えるようなサブシステムは、大きさの観点からも妥当なものと判断できます。サブシステムの独立性が高まるだけでなく、サブシステムごとの「役割」がデータモデルを通して理解しやすくなるからです。

　ただし、このことから「ひとつのサブシステムで扱われるテーブル数は多くて（例えば）10個以内」ということになるわけではありません。サブシステムごとに描かれるデータモデルには、そこで利用されるすべてのテーブル（エンティティ）ではなく代表的なものだけ並べると考えたほうがよいからです。「代表的でないテーブル」には、読まれるだけのマスターテーブルとか、システムコントロールなどの制御系テーブルなどが含まれます。

●データモデルとCRUDのゆらぎ

　興味深いのは、ブロック化することでそれぞれのブロックで扱われるテーブルのCRUDに「ゆらぎ」が生じる点です。135ページの図3を、テーブルが図の上で重複するのを許す形で描き直してみましょう。図3では各テーブルに対する4つのテーブル操作（CRUD）がすべて揃っていました。ところが、重複を許して描き直した次ページ図5の「情報1」については、それぞれのサブシステムにおいてCRUDのどれかが欠落しています。

図5●分割することで「CRUDのゆらぎ」が生じる

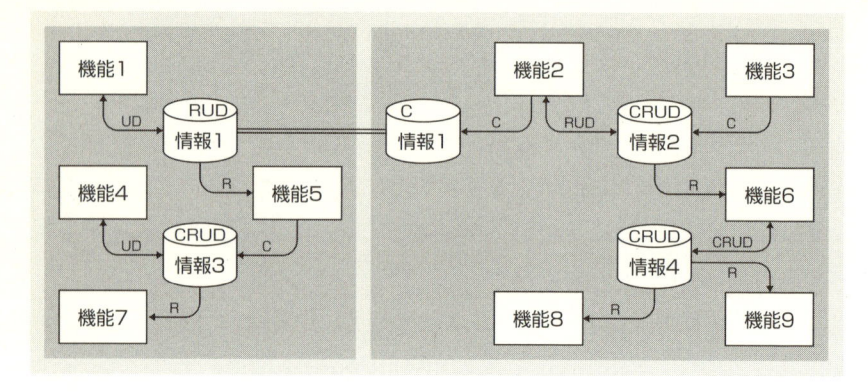

筆者はこれを「CRUDのゆらぎ」と呼んでいるのですが、これはサブシステムの性質を示す重要な情報です。データモデルといっしょにCRUDのゆらぎを示すと、それぞれのサブシステムの役割がぐっと鮮明になります。データモデルはシステム全体に対してではなくサブシステムごとに示されるべきであるだけでなく、「CRUDのゆらぎ」とともに示されたならサブシステムの役割を端的に示すものになります。データモデルがサブシステムごとに示されるべきである理由がおわかりでしょう。

図6●CRUDのゆらぎが示されているデータモデル [注]

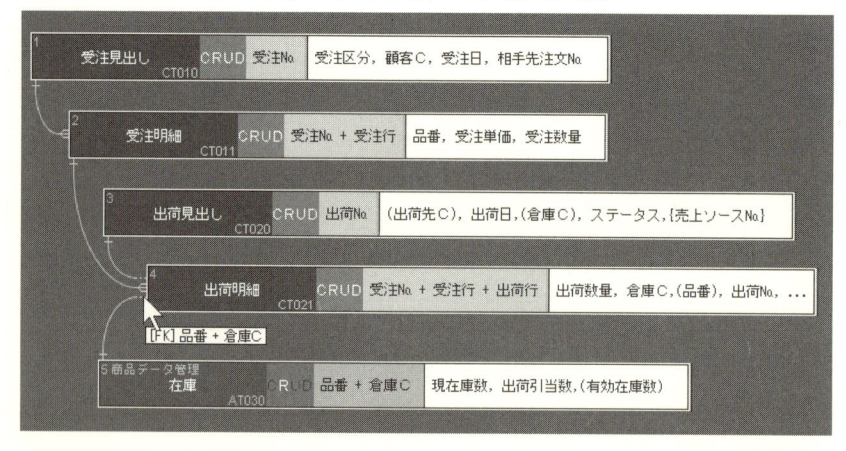

[注] 筆者が開発したモデリングツール「XEAD（ジード）」での例。CRUDが示されるだけでなく、エンティティ関連を示す曲線の両端にマウスポインタを置くことによって、関連の基礎となるキー定義がポップアップ表示されるようになっています。

なお、サブシステムというのはあくまでも「システム屋」からの視点において意味があることで、「業務屋」にとっては意味がありません。ひとつのサブシステムに含まれるプログラムはまったく異質の「業務」に利用されることもあるので、このような見方にもとづく説明はかえって「業務屋」を混乱させてしまいます。そういうわけで、本文中のデータモデルは基本的に業務のまとまりごとに挙げています。同じ理由で、データモデルには「CRUDのゆらぎ」も示されていません。システム屋の読者が実際のシステムを開発する際には、これらの点を考慮しながらサブシステム分割を行なってください。

第2部
業務別
データモデル
用例集

第2章 在庫管理

在庫というのは、企業にとっての「体脂肪」のような存在です。なくても困りますが、あり過ぎてもいろいろな問題を引き起こします。「ダイエット」と同様、在庫管理にも難度の高い要求が課せられています。このような課題にシステマチックに対処するためにデータモデリングが役に立ちます。

1 倉庫と在庫

　注文された商品を納期どおりに出荷するためには、ある程度の手持ち在庫を確保しておかなければなりません。とはいうものの、在庫を持つことは場所をとるだけでなく、経営上のリスクでもあります。それらは結局売れずに死蔵されるかもしれないし、そうでなくても短期的に財務状況を悪化させてしまうからです。

　欠品による機会損失を避けながらも、無駄のない在庫を確保する——在庫管理はこのような矛盾する課題に取り組むことです。在庫管理のためのモデルを見ていきましょう。

■在庫と受払

　商品の在庫残高を管理するための最も単純なモデルは次のようなものです。[商品]ごとに期首（会計期間の最初）での在庫数と、期間内の入庫数と出庫数の総数、及び次ページ上のような計算式で得られる作出属性である現在庫数が載っています。[受払見出し]と[受払明細][注]は、在庫数に動きがあったときに記録される履歴情報です。[受払見出し]の〈受払区分〉には「入庫」か「出庫」かを区別する値が設定されます。このような履歴情報を持つことで、システム上の在庫数（理論在庫数）と実際の在庫数（実棚数）とが食い違った場合に原因を調べやすくなります。

図1●在庫管理のための単純なモデル

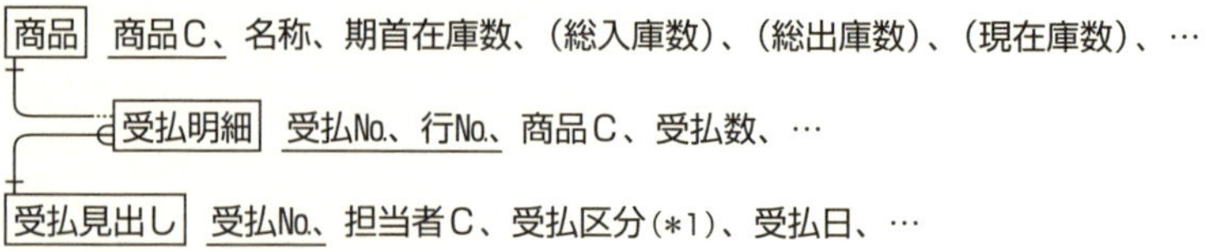

商品	商品C、名称、期首在庫数、（総入庫数）、（総出庫数）、（現在庫数）、…
受払明細	受払No、行No、商品C、受払数、…
受払見出し	受払No、担当者C、受払区分(*1)、受払日、…

　　　　　　　　　　　　　　　　　　　　　　　*1　1=入庫、2=出庫

[注]受払（うけばらい）とは倉庫でモノを受け取ったり払い出したりすること。「入出庫」と同じ意味。

> 総入庫数＝受払区分が「入庫」であるような受払数の期首からの合計
> 総出庫数＝受払区分が「出庫」であるような受払数の期首からの合計
> 現在庫数＝期首在庫数＋総入庫数－総出庫数

　実際に図1のようなモデルを基礎として組み立てられている在庫管理システムも存在しますが、ふつうはもっと複雑です。以下、少しずつモデルを複雑に（現実的に）していきますのでじっくり理解するようにしてください。

図2●倉庫（在庫の置き場）を組み込む

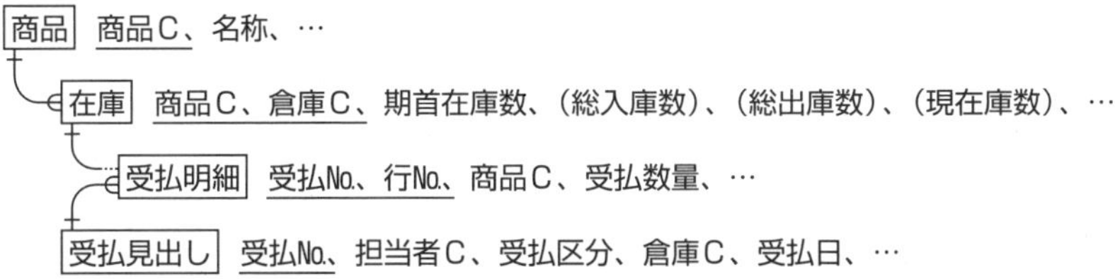

```
商品   商品C、名称、…
 └─在庫   商品C、倉庫C、期首在庫数、（総入庫数）、（総出庫数）、（現在庫数）、…
     └─受払明細   受払No、行No、商品C、受払数量、…
         └─受払見出し   受払No、担当者C、受払区分、倉庫C、受払日、…
```

　まず、上のモデルのように、「在庫の置き場」すなわち「倉庫」が複数あり得ることを考慮します。このとき、倉庫と場所を区別し、同一の場所に異なる倉庫を複数定義できるようにするのがふつうです。そのために、次のモデルのように、［拠点］を導入します。同一拠点における複数の倉庫は物理的に分かれていてもいいし、論理的に分かれていてもかまいません。

図3●ひとつの拠点に複数の倉庫が存在し得る

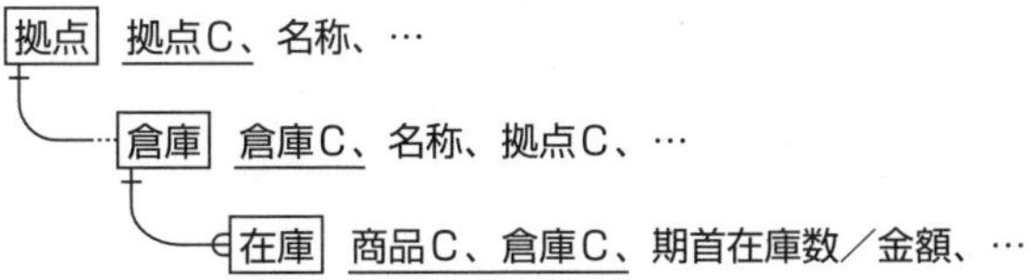

```
拠点   拠点C、名称、…
 └─倉庫   倉庫C、名称、拠点C、…
     └─在庫   商品C、倉庫C、期首在庫数／金額、…
```

　同一拠点で複数に分割された倉庫にはいろいろな用途があります。論理的に分割されている場合、例えば、特定の上得意（売上金額の大きな得意先のこと）からの今後の受注に備えた在庫を確保するための倉庫として利用でき

ます。物理的に区別できるように分割されている場合なら、B級品（不良品ではないが品質が劣る在庫商品のこと）や、何かの目的で荷姿が変わって汎用性を失った商品の置き場として利用できます。

■いろいろな「入出庫」

モデルをもう少し複雑なものにしましょう。受払区分が「入庫」と「出庫」の2種類だけではきめこまかい履歴をとれません。通常、以下のような多様な値をとります。種類が増えても「入庫」か「出庫」かの違いは明確であることに注意してください。

売上出庫	出荷先への出庫
仕入入庫	仕入先からの入庫
返品出庫	仕入先への返品にともなう出庫
返品入庫	出荷先からの返品にともなう入庫
例外出庫	在庫数の調整や社内の移動等にともなう出庫
例外入庫	在庫数の調整や社内の移動等にともなう入庫

これらの区分に対応した期間内の総数が在庫情報として管理されることになるので、モデルは次のようになります。

図4●受払区分ごとの取引合計数を管理するためのモデル

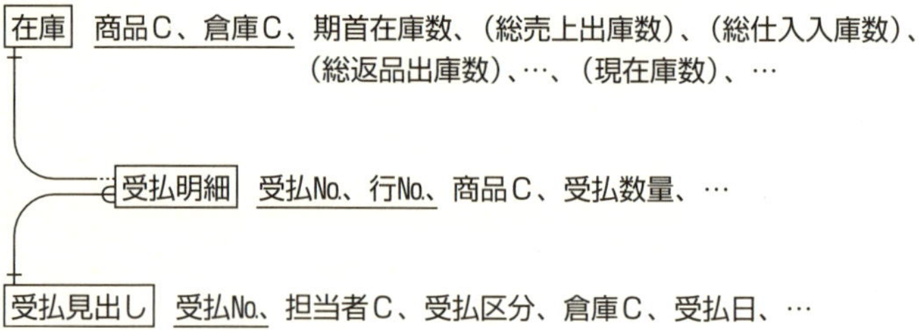

| 在庫 | 商品C、倉庫C、期首在庫数、（総売上出庫数）、（総仕入入庫数）、（総返品出庫数）、…、（現在庫数）、… |

| 受払明細 | 受払No.、行No.、商品C、受払数量、… |

| 受払見出し | 受払No.、担当者C、受払区分、倉庫C、受払日、… |

受払区分の種類が増え、これにともなって累計項目も増えたので、現在庫数の計算式も次のようになります。

```
現在庫数＝期首在庫数＋（総仕入入庫数＋総返品入庫数＋…）
           －（総売上出庫数＋総返品出庫数＋…）
```

■在庫金額を把握する

　さて、在庫管理システムの重要な役割として、会計システムに「在庫金額」を渡すことが挙げられます。在庫金額は決算の際に「棚卸資産」として貸借対照表に示されたり、損益計算書上の「売上原価」を計算するために使われます。そういうわけで、在庫システムは図5のように在庫数以外に在庫金額も管理しなければなりません。

図5●取引数と取引金額を管理するためのモデル

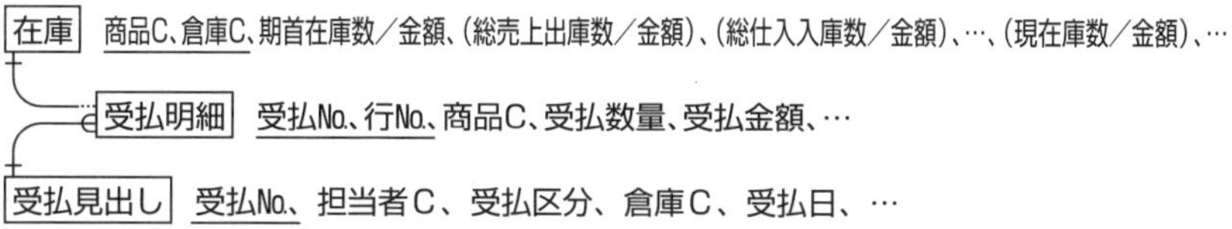

在庫	商品C、倉庫C、期首在庫数／金額、(総売上出庫数／金額)、(総仕入入庫数／金額)、…、(現在庫数／金額)、…
受払明細	受払No.、行No.、商品C、受払数量、受払金額、…
受払見出し	受払No.、担当者C、受払区分、倉庫C、受払日、…

　そして、現在庫金額は以下のように算出されます。

```
現在庫金額＝期首在庫金額＋（総仕入入庫金額＋総返品入庫金額＋…）
             －（総売上出庫金額＋総返品出庫金額＋…）
```

　「在庫数がわかるのなら商品の単価を掛け合わせれば金額がわかる。だからわざわざ在庫金額をエンティティに載せる必要はないのではないか」と考える読者もいるかもしれません。確かに、それで済む業態もありますが、一般的にはさまざまな外部条件に影響されて受払のたびに単価は変動します。そのため、在庫数のほかに在庫金額を別途保持しておく必要があります。

■在庫評価法のいろいろ

　ところが、受払されるべきモノを見ても金額がはっきりわかるとは限らな

いのがやっかいなところです。受払の時点でわかるとしたら、仕入先からの納品書が添えられている「仕入入庫」のときくらいのものです。それ以外の受払においてどんな金額で入出庫させるべきかは、在庫単価の決定方針を企業として明確にしていない限りわかりません。そのような決定方針のことを**在庫評価法**といいます。

　在庫評価法は大きく3つに分類されます。まず、「原価法」と呼ばれるもので、仕入時の金額を基礎とする方法です。もうひとつが「時価法」で、会計上の締め処理を行なう時点での時価で評価する方法です。「原価法」と「時価法」との両方の基準で在庫評価したうえでより金額の小さいほうを選ぶ「低価法」という方法もあります。次に「原価法」に分類される方法の中の代表的なものを説明しましょう。

　まず、「移動平均法」と呼ばれるやり方です。上で説明したように計算される「現在庫金額」を「現在庫数」で割った値を「在庫単価」とみなし、これで受払金額を設定する方法です。在庫管理システムに馴染みやすいことと、比較的合理的な単価が与えられることからよく使われています。

　「最終仕入原価法」もよく使われます。最終仕入時の単価を基準にして受払金額を評価します。場合によっては不合理な在庫金額を与えるやり方ですが、計算方法が簡単という利点があります。

　「総平均法」は、月初在庫金額と月間仕入金額の合計を、月初在庫数と月間仕入数の合計で割って、その値を受払単価とみなす方法です。移動平均法よりも簡単そうですが、コンピュータ化された在庫管理システムでは、もはや中途半端な感じです。システム化すれば、月末に限らずいつでも日々の平均単価を見られるようになるからです。

　「先入れ先出し法」では、仕入日ごとに仕入単価と数量とが管理され、この情報をもとに「仕入日の古いもの順に出庫されるだろう」という前提で出庫単価が決められます。ある種の品種には有効なやり方かもしれませんが、コンピュータ化された在庫管理システムでは、やはり中途半端な感じです。同一のタイミングで異なる単価の同一商品が入荷されることがあるし、返品の場合など、入庫時に仕入単価がわからないこともあるからです。どうせコンピュータを使うのであれば、後述するような「ロット管理」による単価管

理方式に置き換えられるべきでしょう。なお、「先入れ先出し」は「FIFO（First In, First Out）」とも呼ばれ、出庫単価を決める方法以外に、在庫品の新鮮さを保つための出庫方針を指す用語としても使われます。

■月次管理のしくみを組み込む

次に、「時間軸」を導入したもう少し応用的な在庫管理向けモデルを紹介します。上述のモデルに「会計月度」を識別子の一部として組み込んだものです。なお、在庫数量と在庫金額をいちいち並べると見にくくなるので、両方あわせて便宜上「在庫高」として示してあります。サマリ系の項目はほとんど他の項目を集計して算出できるので作出属性ですが、［商品・倉庫別月次取引サマリ］の〈月初在庫高〉は固有属性です。これだけは月を繰り越す際に実地棚卸の結果で調整されることがあり得るからです。

図6●年月軸を導入した在庫管理モデル

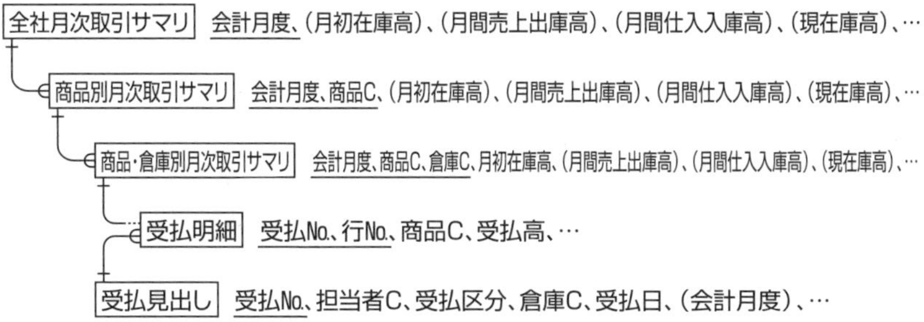

```
全社月次取引サマリ    会計月度、(月初在庫高)、(月間売上出庫高)、(月間仕入入庫高)、(現在庫高)、…
 └商品別月次取引サマリ    会計月度、商品C、(月初在庫高)、(月間売上出庫高)、(月間仕入入庫高)、(現在庫高)、…
   └商品・倉庫別月次取引サマリ    会計月度、商品C、倉庫C、月初在庫高、(月間売上出庫高)、(月間仕入入庫高)、(現在庫高)、…
     └受払明細    受払No、行No、商品C、受払高、…
       └受払見出し    受払No、担当者C、受払区分、倉庫C、受払日、(会計月度)、…
```

このモデルの利点は2つあります。まず、このシステムにおける在庫繰越のタイミングが「月次」であることがよく見える点です。145ページ図5の「期首在庫数」といった場合の「期首」は、月の初めなのか、会計期間（半年）における初めなのかが曖昧ですが、図6のモデルではそれが月の初めであることが明確です。データモデルを見ただけでシステムの事情が「よりよくわかる」としたら、それは「よりよいモデル」であることの証拠です。

もうひとつの利点は、年月が切り替わっても前月向けの受払を処理しやすい点です。これは在庫システムの使い勝手としては重要なことなのですが、

少し説明がいりそうです。

　ある企業の会計月度が毎月の1日から末日だとしましょう。7月1日から7月31日までの受払が7月分として処理されます。7月31日にその日のすべての受払を登録し終えた時点で7月の在庫金額が数字上は確定するので、さっそく「全社月次取引サマリ」上の集計情報を会計システムに渡すことができます。ところが、月末時点の在庫金額が確定するまで月末から何日間か

図7●前月発生分の受払データを乗せてあげよう

かかるのがふつうです。例えば、8月1日とか2日に7月度の受払が発生することがあります。8月なのに7月分の受払が発生するというのは奇妙な感じがするかもしれません。けれども、紛失したと思っていた在庫が見つかったとか、品質低下している在庫が見つかったので在庫金額の調整用受払を登録しなければならない（「在庫評価替」といいます）とか、いろいろな事情から、前月分の受払が発生することは避けられません。

　したがって、一般的に在庫システムにおいては、月が替わってもしばらくは前月を受払月とする受払を登録できるようになっていなければなりません。かといって、前月末時点の在庫金額が確定するまでは当月向けの受払を登録できないというのも困ります。前月末時点の在庫金額が確定しているかどうかに関係なく、当月向けの受払はいやおうなしに発生するからです。

　このようなジレンマを解決するためのデータモデルとして前ページ図6は好都合なのです。受払が月次で集計・管理されているので、それぞれの受払を受払日にもとづいて各月に振り分けることができるからです。図5のモデルでもそのような操作は不可能ではありませんが、図6のほうがそのあたりのしくみが「目で見てわかる」ようになっています。

2 利用可能在庫と引当

　読者がA社に商品Bを注文したとしましょう。そのとき、A社の担当者にこのように言われたとしたらどうでしょう——「申し訳ありません。Bの商品はただいま品薄状態で、すぐにはお届けできません」。

　商品BがA社の独占商品でないとすれば、どうしてもその商品が欲しい読者としては「では、今頼んで確実に手に入る時期を教えてください」と質問したくなるのではないでしょうか。納期があまり先でも困りますが、確実に手に入れられることがわかれば差し当たって安心してA社に注文できるからです。ところが「いつ頃お届けできるかわかりません。結局お届けできないかもしれません」などという曖昧な答えしかなければどうでしょう。さっさとほかの業者に注文したほうが得策です。また、「2週間後の納期でお届けします」と調子よく答えたにもかかわらずA社がそれを守らなかったとしたら、読者は二度とそこには注文したくなくなるでしょう。

　在庫管理システムの最も重要な役割は、「得意先に納期をはっきりと示してそれを守る」ための「インフラ」を提供するところにあると言っていいかもしれません。そのためのモデルを見ていきましょう。

■100個あっても100個出せるとは限らない

　倉庫へ行って商品が100個あることを確認できたとしても、「100個出せるな」と考えるのは早計です。100個のうちの一部がすでにほかの用途向けに「予約」されている可能性があるからです。手持ちの在庫数から「予約済数」を差し引いたものが「利用可能在庫数」（または「有効在庫数」）です。「予約済数」の代表的なものが「出荷予約済数」で、受注にもとづいて近い将来に出荷されることが決まっている数量を指します。

　なお、在庫管理システムにおいては「予約済数」ではなく**引当済数**という表現を使います。

図1●モノを見ただけでは有効在庫数はわからない

（よし、まだ30個あるな）

（引当されているかもしれないよ！）

　受注した商品の在庫をその得意先向けに引当（つまり予約）することで、約束した数量を確実に出荷できるようになります。これを考慮した利用可能在庫数を管理するためのモデリング例を示します。

図2●出荷のための引当数を考慮したモデル

```
在庫      商品C、倉庫C、(現在庫数)、(出荷引当合計数)、(利用可能在庫数(*1))、…
  └出荷明細  受注No、受注行No、引当行No、出荷引当数量、出荷倉庫C、…
  └受注明細  受注No、受注行No、商品C、受注数量、納期、…
受注見出し  受注No、得意先C、営業担当者C、受注日、…
```

*1　利用可能在庫数＝現在庫数－出荷引当合計数

　［出荷明細］と［在庫］とが「参照関係」で結ばれていることに注意してください。［出荷明細］には〈商品コード〉は載っていません。それなのに、識別子が｛商品コード、倉庫コード｝である［在庫］に対して［出荷明細］

から参照関係を引けるのはなぜなのでしょう。それは、〈商品コード〉を［受注明細］から［出荷明細］への「継承属性」とみなせるからです。本書のモデルではこのように継承属性を省略していることがあるので、外部キーが参照元に揃っていないと思ったときはそのように解釈してください。

　今は受注データや出荷データがどのように処理されるのかを気にする必要はありません。差し当たっては、［在庫］上の作出属性である〈出荷引当合計数〉が〈出荷引当数量〉の合計として適宜集計されていて、〈現在庫数〉からそれを差し引いた値を〈利用可能在庫数〉としてユーザーが監視できるような枠組みである点を理解してもらえば十分です。

　受注にもとづく出荷だけが引当のきっかけになるわけではありません。164ページで説明するような「一般出庫指示」にもとづいても同様に引当がなされます。また、生産管理システムにおいては、工程へ原料や部品を払い出す際にも、生産指示にもとづいて引当がなされます。一般出庫指示にもとづく引当を考慮したモデルを示します。{(元)倉庫コード、(元)商品コード} の外部キーにもとづく参照関係が［倉庫別在庫］に対して成立しており（(元)倉庫コードは継承属性）、これにもとづいて引当がなされます。

図3●倉庫間移動のための引当数を考慮したモデル

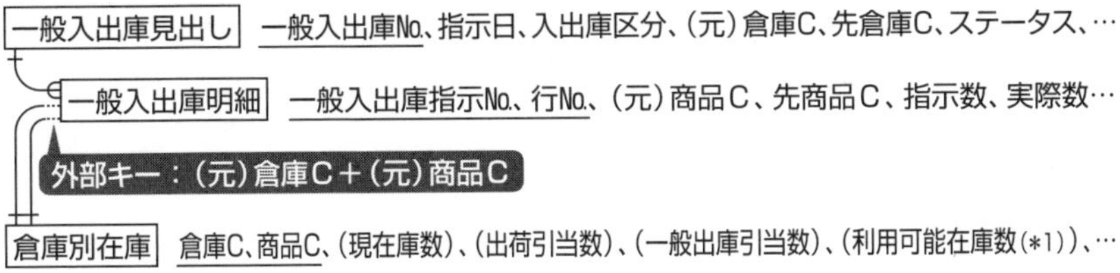

```
一般入出庫見出し    一般入出庫No、指示日、入出庫区分、(元)倉庫C、先倉庫C、ステータス、…
　　一般入出庫明細    一般入出庫指示No、行No、(元)商品C、先商品C、指示数、実際数…
　　　外部キー：(元)倉庫C＋(元)商品C
倉庫別在庫      倉庫C、商品C、(現在庫数)、(出荷引当数)、(一般出庫引当数)、(利用可能在庫数(*1))、…
```

　　　　　＊1　利用可能在庫数＝現在庫数−出荷引当数−一般出庫引当数

■引当すればよいというものではない

　さて、倉庫間移動のようなものは実際の移動の直前に指示されるでしょうから、指示データを登録すると同時に「引当」してしまってかまいません。移動指示が登録されると、倉庫間移動引当合計数が増えると同時に利用可能

在庫数が減ります（ただし、引当すると利用可能在庫数がマイナスになるような移動指示の登録要求は、在庫管理システムによって拒絶されなければなりません）。

一方、受注に関しては登録してすぐに引当をするというわけにはいきません。例えば、手持ち在庫が23,400個あるとして、2か月先の納期で22,000個欲しいという注文が入ったとします。これを受注登録してすかさず引当処理をしたらどういうことになるでしょう。引当処理を行なうことによって「その受注に対する出荷が保証されて安心」であるのは確かです。ところが、引当された22,000個の商品は2か月先の出荷日まで倉庫の中で「固定」されていることになります。もし、3日以内に2,000個欲しいという新たな注文が入っても、利用可能在庫が1,400（＝23,400－22,000）個になってしまっているせいで受注できないという事態になります。

できるだけ多く稼ぎたいと望むはずの企業としてこれでは困ります。企業にとって商品在庫というものはどんどん回転させてどんどん利益を確保する

図4●資産のはずの在庫には動いて稼いでもらわないと困る

ための「資産」の一種です。それが、引当したために長い期間倉庫の中でカサばるばかりでお金を稼いでくれないというのでは台無しです。

　そこで、一定期間内の出荷予定分の受注についてだけをシステムが自動的に引当するようなしくみを考えてみましょう。**システムコントロールテーブル** [注] に「出荷引当対象日数」という項目を置きます。これは、今日から何日以内の出荷要求について引当対象とするかを示すものです。例えばその値を"3"とすれば、今日から3日以内に納入されなければならない受注明細が引当処理の対象になります。このようにしておいて、夜間または新規受注が登録されたときに自動的に起動される「自動受注引当処理」のようなプログラムに適宜判断してもらいながら引当されればよいわけです。これで、ずっと将来の受注が在庫を固定し続けることがなくなります。また、必要なら運用状況を見ながら「出荷引当対象日数」も調整できます。

　ところが、まだ問題が残ります。引当対象日数が3日だとすれば、確かに3日以内の需要については在庫とのすり合わせができるのですが、それ以降の受注が在庫にどのような影響を与えるのかはわかりません。3日目以降であっても商品はどんどん出たり入ったりするはずですが、そのような動きの中で欠品が起こらないとも限りません。どうしたらいいのでしょう。

■「在庫の未来」を見通す

　この問題に対処するために、利用可能在庫に「時間軸」を導入してみます。次のモデルを見てください。

図5●将来の日別在庫推移を管理する

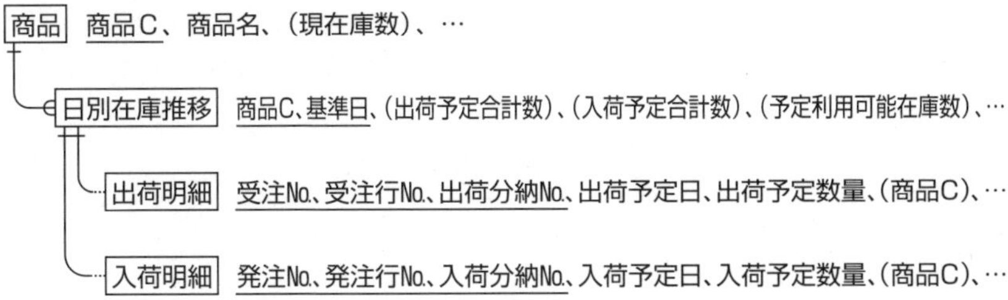

商品	商品C、商品名、（現在庫数）、…
日別在庫推移	商品C、基準日、(出荷予定合計数)、(入荷予定合計数)、(予定利用可能在庫数)、…
出荷明細	受注No、受注行No、出荷分納No、出荷予定日、出荷予定数量、(商品C)、…
入荷明細	発注No、発注行No、入荷分納No、入荷予定日、入荷予定数量、(商品C)、…

[**システムコントロール**]システム全体のふるまいを制御する条件項目が置かれる識別子のないエンティティ。ユーザー企業の名称や現在の会計月度など、さまざまな項目が載ります。

識別子が｛商品コード、基準日｝である［日別在庫推移］は、未来における日々の商品在庫の推移を見るためのエンティティです。［商品］の現在庫数を初期値として、日別に集計された入出荷合計数に従って在庫推移（予定利用可能在庫数）が計算されます。〈出荷予定合計数〉は［出荷明細］の内容を〈出荷予定日〉ごとに集計したもので、〈入荷予定合計数〉は［入荷明細］を〈入荷予定日〉ごとに集計したものです。インスタンスを示してみましょう。図6では商品A100が3月30日に欠品する見込みであることがわかります。

図6●日別在庫推移のインスタンス

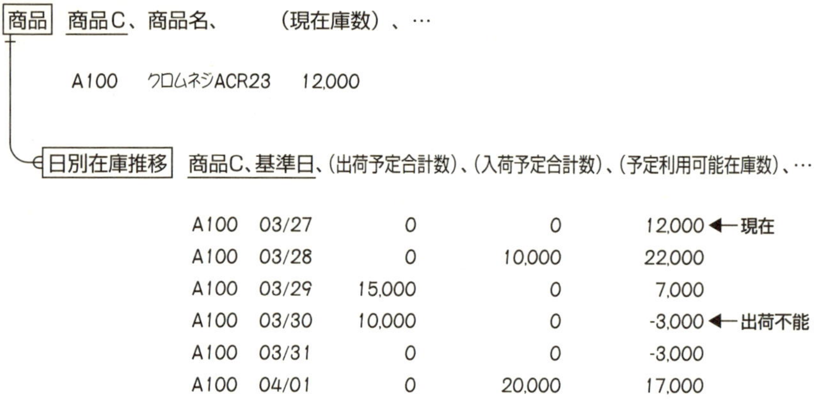

```
|商品| 商品C、商品名、　　　（現在庫数）、…
 |       A100    クロムネジACR23   12,000
 |
 └─|日別在庫推移| 商品C、基準日、(出荷予定合計数)、(入荷予定合計数)、(予定利用可能在庫数)、…
                   A100   03/27        0            0           12,000 ←現在
                   A100   03/28        0           10,000       22,000
                   A100   03/29      15,000         0            7,000
                   A100   03/30      10,000         0           -3,000 ←出荷不能
                   A100   03/31        0            0           -3,000
                   A100   04/01        0           20,000       17,000
```

　なお、151ページの図3と違って、このモデルでは利用可能在庫数が｛倉庫コード、商品コード｝別ではなく〈商品コード〉別にとられている点に注意してください。こうなっているのは、未来における利用可能在庫の推移としては、｛倉庫コード、商品コード｝別というのは「不必要に細かすぎる」からです。もし日別在庫推移をそのようにとるなら、欠品予測にもとづく手配行動は企業全体としての在庫数を必要以上に増やす原因になり得ます。企業としては全社で集計した商品ごとの在庫数で需要をまかなえればよいわけなので、未来の利用可能在庫数が〈商品コード〉別であるということは、最少の在庫で需要を満たすために都合のいい枠組みです。

このモデルによって、在庫管理システムに「未来を見通す」ための枠組みが与えられます。現在の手持ち在庫から始まって、現在の利用可能在庫、そして未来の利用可能在庫の推移までを把握できるようになれば、企業の在庫管理システムは業務支援システムのインフラとして大きな威力を発揮するでしょう。実際、在庫の変化が予測できないとか、予測があっても当てにならないゆえに、企業は現時点の現空間に大量の在庫を置かざるを得なくなっています。しかし、上記のように入出庫予定を周到に管理すれば、在庫を「時間軸上に分散」できるようになります。しかも、時間軸上の在庫には資金が不要なのでキャッシュフロー[注]も改善されます。

図7●在庫を時間軸上に置けば現在庫はわずかで済む

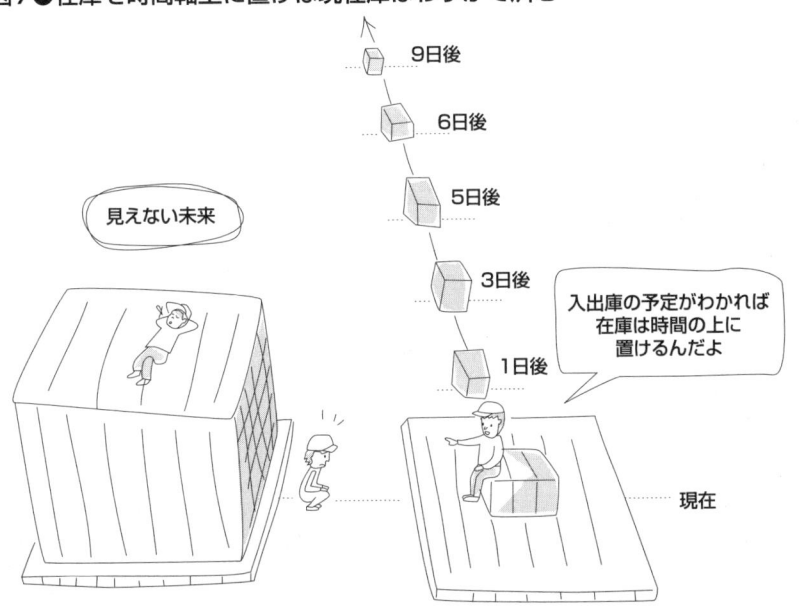

「時間軸の導入」はデータモデリングにおける重要なテクニックです。在庫だけでなく、取引先や製造設備、資金など、さまざまな経営資源に年月や年月日などの時間軸を与えることを検討してください。その結果、業務支援システムは有効な経営資源管理機能を発揮するようになります。

[キャッシュフロー]現金(及び現金同等物)の企業における出入り(特に留保状況)を示す経営指標。キャッシュフローが悪いと企業は黒字倒産する。詳しくは第2部第6章参照。

3 ロットと荷姿

■ロットごとの在庫管理

　ロットというのは、製造No.などで識別される商品の管理単位のことです。在庫状況が「A商品の在庫が92個ある」とわかるだけで十分ならロット管理は不要です。ところが、「A商品の在庫が92個ある。ただし、賞味期限が今月までのものが67個、来月までのものが25個である」のように、商品の総数だけではなく、「同じ品質特性を持つ商品のまとまり」ごとの数で管理したい場合があります。このようなまとまりのことを「ロット」といい、ロットごとの在庫数量を管理することを「ロット在庫管理」といいます。基本的なモデリング例を示します。

図1●ロット管理を前提とした在庫管理モデル

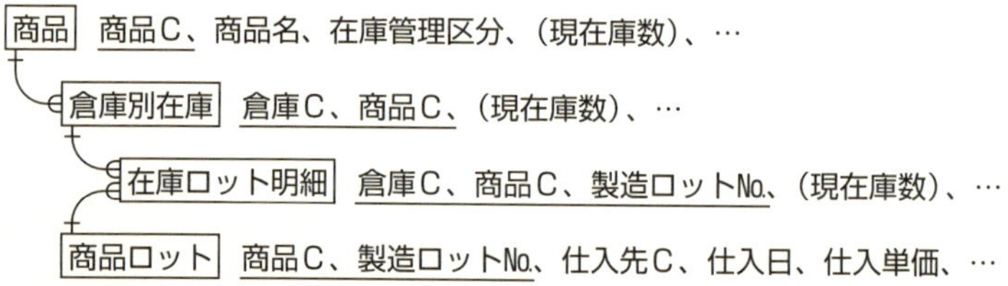

```
商品       商品C、商品名、在庫管理区分、(現在庫数)、…
 └ 倉庫別在庫   倉庫C、商品C、(現在庫数)、…
     └ 在庫ロット明細  倉庫C、商品C、製造ロットNo、(現在庫数)、…
 └ 商品ロット   商品C、製造ロットNo、仕入先C、仕入日、仕入単価、…
```

　［商品ロット］と［在庫ロット明細］と［倉庫別在庫］の関係に注意してください。［倉庫別在庫］から眺めた［在庫ロット明細］は、その品目在庫の「製造ロットの内訳」になります。［商品ロット］から眺めた［在庫ロット明細］は、そのロットが「それぞれの倉庫にどう分散されているか」を示す情報になります。
　このあたりの関係がデータモデルから直観的に読み取れるようになれば、データモデリング能力は確実に向上していると考えていいでしょう。

図2●ロット管理モデルのインスタンス

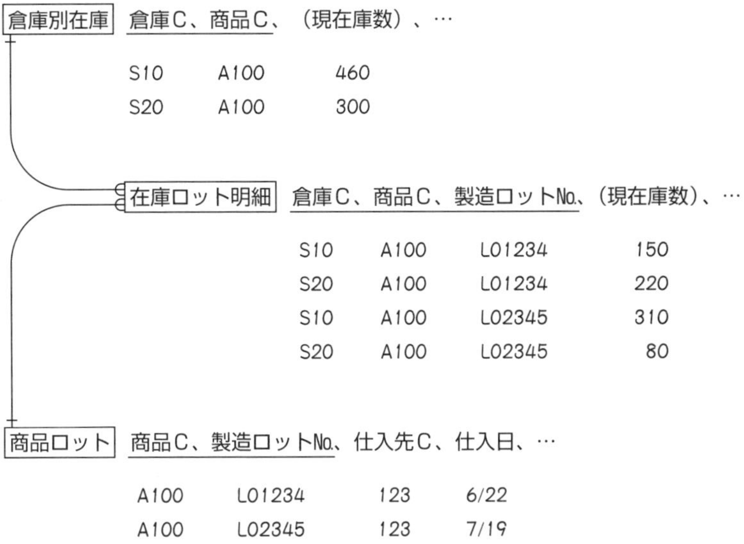

```
倉庫別在庫  倉庫C、商品C、(現在庫数)、…
              S10    A100    460
              S20    A100    300

   在庫ロット明細  倉庫C、商品C、製造ロットNo、(現在庫数)、…
                     S10    A100    L01234    150
                     S20    A100    L01234    220
                     S10    A100    L02345    310
                     S20    A100    L02345     80

商品ロット  商品C、製造ロットNo、仕入先C、仕入日、…
              A100    L01234    123    6/22
              A100    L02345    123    7/19
```

　実はこのモデルには大きな問題が含まれています。別々の仕入先やメーカーから同一品目が納入されることはふつうにあることで、しかもたまたま同一の製造ロットNo.で品質の異なる同一品目が納入される可能性もないわけではありません。そのとき、このモデルでは品質の異なる在庫が同一の製造ロットNo.のもとに一括されてしまいます。このような問題を筆者は「あなたまかせの識別子の衝突問題」と呼んでいるのですが、システムの外で発番管理される識別情報がデータモデル上に識別子として組み込まれることによって発生します。これを回避したモデリング例を見てください。

図3●「あなたまかせの識別子の衝突」を避けるためのモデル

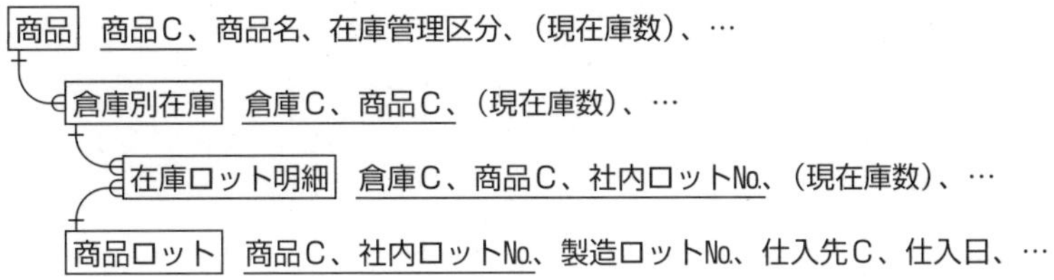

```
商品  商品C、商品名、在庫管理区分、(現在庫数)、…
  倉庫別在庫  倉庫C、商品C、(現在庫数)、…
    在庫ロット明細  倉庫C、商品C、社内ロットNo、(現在庫数)、…
  商品ロット  商品C、社内ロットNo、製造ロットNo、仕入先C、仕入日、…
```

また、自動車や鋼材など販売単価が大きい商品では、在庫1個が1ロットとなることがあります。このような商品をロット管理するためのモデルを見ましょう。ロットごとにどの倉庫に置いてあるかが決まる形になっていて、ロットを複数の倉庫に分けて保管できないことを示しています。

図4●商品1個1ロットを前提としたロット管理モデル

```
[商品]　商品C、商品名、在庫管理区分、（現在庫数）、…
  └[倉庫別在庫]　商品C、倉庫C、（現在庫数）、（引当済数量）、（利用可能在庫数）、…
      └[商品ロット]　商品C、社内ロットNo、倉庫C、ロットステータス（*1）、…
```

*1　10=在庫中、20=出荷済

なお、これらのモデルにしたからといって、すべての商品について在庫をロット別に管理しなければならないというわけではありません。［商品］の〈在庫管理区分〉でロット管理されるべき品目を限定できます。〈在庫管理区分〉が"0"ならば「在庫管理不要」、"1"ならば「在庫管理要」、"2"ならば「ロットレベルで在庫管理要」などとみなすようにしたらよいでしょう。

■「荷姿」を考慮する

荷姿とは狭い意味では「梱包形態」を表わす用語です。同じ商品でも個別包装されている場合と20個入りケースに入っている場合では「荷姿が違う」ということになります。実際の在庫管理においては、荷姿はもう少し広い意味で使われます。例えば、特定の得意先向けの荷札が貼付されて保管されている在庫は、貼付されていない在庫とは「荷姿が違う」ことになります。「ロット」が同一商品における「品質特性」の違いを示す概念なら、「荷姿」は「視覚特性」の違いを示す概念と言えます。

では、荷姿ごとの在庫をどのようにとらえたらよいのでしょう。簡単な方法は、「現在庫」の属性項目を「ケース数」と「バラ数」に分割するというものです。このとき、品目ごとにケース当たりに含まれるバラ数、つまり**入り数**を定義するようにします。こうして、入出庫のときにそれぞれの数量を

報告させるようにすれば、システムは荷姿ごとの数量もバラ数量も、また双方をバラ数換算した数量も示すことができるようになります。

図5●ケース数とバラ数を管理する

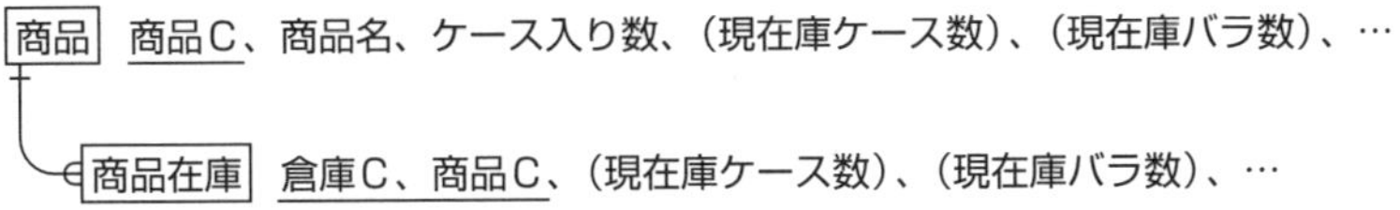

```
┌商品┐ 商品C、商品名、ケース入り数、(現在庫ケース数)、(現在庫バラ数)、…
└┬──────┐
 ┤商品在庫│ 倉庫C、商品C、(現在庫ケース数)、(現在庫バラ数)、…
  └──────┘
```

荷姿が「ケース」と「バラ」だけではなく、「100個入りケース」、「50個入りケース」や「輸出用ラベル貼付済」などいろいろなパターンがある場合は、エンティティレベルで工夫がいります。荷姿の一覧を事前に決められるという前提ならば、「荷姿」がエンティティとして組み込まれ、データモデルは次のようになります。

図6●いろいろな荷姿ごとの在庫数を管理するためのモデル

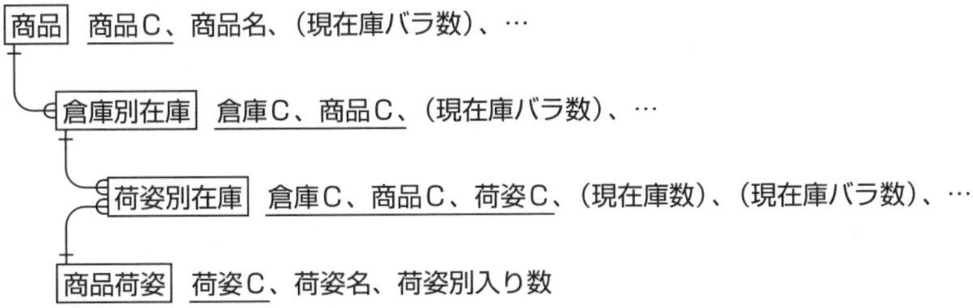

```
┌商品┐ 商品C、商品名、(現在庫バラ数)、…
└┬──────┐
 ┤倉庫別在庫│ 倉庫C、商品C、(現在庫バラ数)、…
 │└──────┘
 │ ┌──────┐
 ┤荷姿別在庫│ 倉庫C、商品C、荷姿C、(現在庫数)、(現在庫バラ数)、…
 │ └──────┘
 │ ┌──────┐
 └┤商品荷姿│ 荷姿C、荷姿名、荷姿別入り数
   └──────┘
```

次に、荷姿管理とロット管理が同時に考慮される在庫管理向けのデータモデルを示しましょう（次ページ図7）。一見ややこしく見えますが、ここまでのところが理解できていればそれほど難しくはないはずです。［在庫ロット明細］から［在庫ロット荷姿明細］を眺めたら「特定ロットの特定倉庫での荷姿別内訳」に見えるし、［荷姿別在庫］から［在庫ロット荷姿明細］を眺めたら「特定商品が特定荷姿の形で特定倉庫に保管されているロット別の内訳」に見えます。想像しにくいようであれば、是非インスタンスを書き込んで確かめてみてください。

図7●ロット管理と荷姿管理を組み合わせたモデル

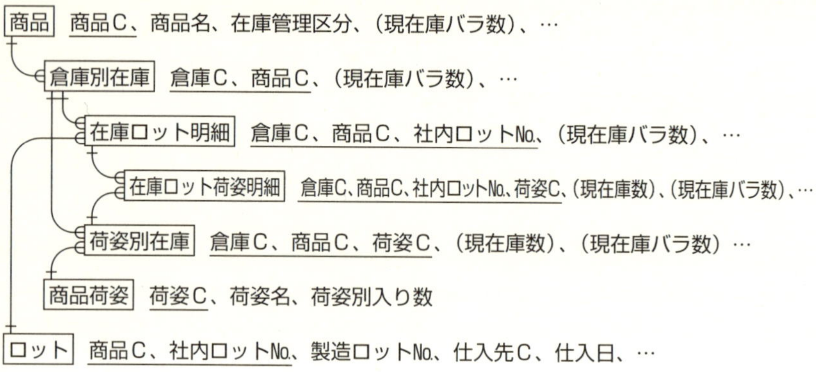

```
[商品]　商品C、商品名、在庫管理区分、(現在庫バラ数)、…
  [倉庫別在庫]　倉庫C、商品C、(現在庫バラ数)、…
    [在庫ロット明細]　倉庫C、商品C、社内ロットNo、(現在庫バラ数)、…
      [在庫ロット荷姿明細]　倉庫C、商品C、社内ロットNo、荷姿C、(現在庫数)、(現在庫バラ数)、…
    [荷姿別在庫]　倉庫C、商品C、荷姿C、(現在庫数)、(現在庫バラ数)、…
  [商品荷姿]　荷姿C、荷姿名、荷姿別入り数
[ロット]　商品C、社内ロットNo、製造ロットNo、仕入先C、仕入日、…
```

■「ロケーション」を導入する

　扱い商品の種類も量も多いうえに倉庫も広いような場合には、倉庫を「棚」や**ロケ**（ロケーション）に分割して、指定されたロットを探し出しやすくする工夫が有効です。ロケ管理の方針としては、商品の置かれる場所を制限してしまう方法と制限しない方法の2つに大別できます（図8）。

図8●ロケ管理の2つのスタイル

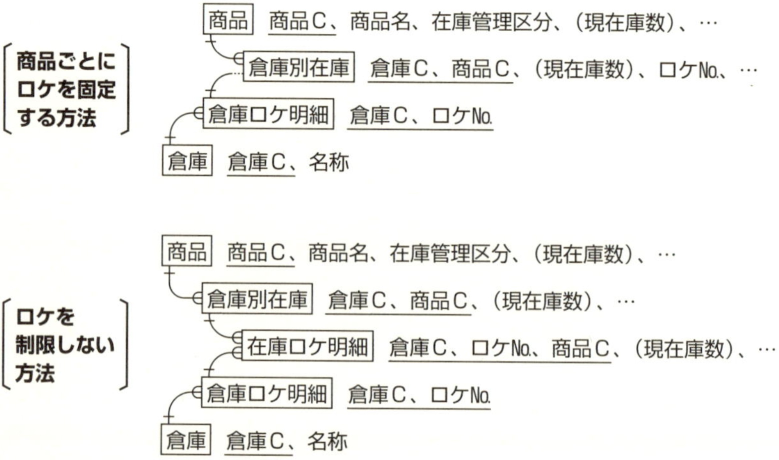

```
商品ごとに     [商品]　商品C、商品名、在庫管理区分、(現在庫数)、…
ロケを固定       [倉庫別在庫]　倉庫C、商品C、(現在庫数)、ロケNo、…
する方法       [倉庫ロケ明細]　倉庫C、ロケNo
             [倉庫]　倉庫C、名称

ロケを         [商品]　商品C、商品名、在庫管理区分、(現在庫数)、…
制限しない       [倉庫別在庫]　倉庫C、商品C、(現在庫数)、…
方法             [在庫ロケ明細]　倉庫C、ロケNo、商品C、(現在庫数)、…
             [倉庫ロケ明細]　倉庫C、ロケNo
             [倉庫]　倉庫C、名称
```

どうせコンピュータを使ってロット管理するのであれば、ロケを制限しない後者の方法のほうが合理的です。なぜなら、空いているロケに好き勝手に入庫したとしても、入庫先のロケNo.が入庫報告されている限り、どのロケに何が置かれているかはシステムに問い合わせればわかるからです。また、指定された商品を出庫するために倉庫の中を歩き回るのが手間だとしても、少なくとも人が「探し回る」必要はありません。なぜなら、このモデルを前提にするなら、出庫指示書にはどのロケにその商品があるかを印字できるからです。

ところが、ロケが固定されていると、特定のロケにしか置けないゆえに、ロケを広めに設定しておかなければならないので、場合によっては倉庫のスペースが有効活用されなくなってしまいます。

ただし、ロケを制限しないスタイルにおいては、受払をするたびにどのロケに入庫したか、またはどのロケから出庫したかを報告しなければなりません。これは当然と言えば当然なのですが、設計の現場では意図的に強調しなければならない事柄です。

ユーザーがシステムをどのように利用するか（業務定義）を検討する際には、手順が複雑になるならその旨を強調することを忘れないでください。そうでないと、ユーザーは「コンピュータが何もかもやってくれるので自分の仕事はひたすら楽になる」と勘違いしてしまいます。きめ細かい情報をシステムで管理できるということは、基本的にはそれだけ多くの情報を誰かがシステムに入力しているということなのですから。

図9●ロケ管理のための受払情報

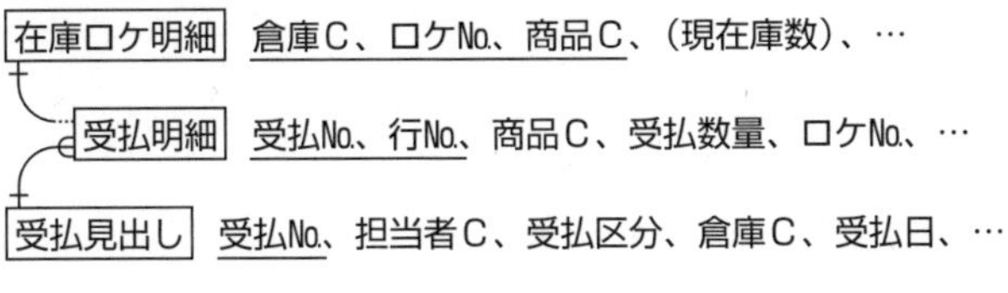

在庫ロケ明細	倉庫C、ロケNo.、商品C、（現在庫数）、…
受払明細	受払No.、行No.、商品C、受払数量、ロケNo.、…
受払見出し	受払No.、担当者C、受払区分、倉庫C、受払日、…

次ページに、ロット管理対象品をロケ管理するためのモデルを示します。ロケを制限しないスタイルが前提です。

図10●ロット管理とロケ管理を組み合わせたモデル

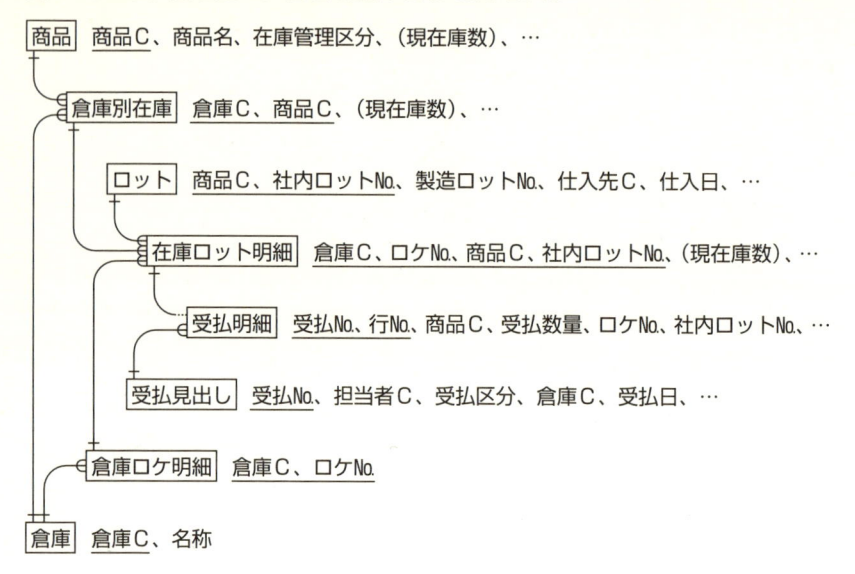

| 商品 | 商品C、商品名、在庫管理区分、（現在庫数）、…

| 倉庫別在庫 | 倉庫C、商品C、（現在庫数）、…

| ロット | 商品C、社内ロットNo、製造ロットNo、仕入先C、仕入日、…

| 在庫ロット明細 | 倉庫C、ロケNo、商品C、社内ロットNo、（現在庫数）、…

| 受払明細 | 受払No、行No、商品C、受払数量、ロケNo、社内ロットNo、…

| 受払見出し | 受払No、担当者C、受払区分、倉庫C、受払日、…

| 倉庫ロケ明細 | 倉庫C、ロケNo

| 倉庫 | 倉庫C、名称

4 一般入出庫

　代表的な在庫取引は、「得意先への出荷」や「仕入先からの入荷」にともなって起こります。それらは次章以降で説明するような「出荷」や「入荷」といった独立した管理情報を扱う過程で起こります。一方、得意先や仕入先とのやりとりをともなわない純粋な在庫管理の一環としても各種の在庫取引が起こります。「出荷」や「入荷」以外の在庫管理上のさまざまな理由からなされるという意味で、これらの取引を**一般入出庫**とか「例外在庫取引」と呼びます。これらを管理するためのモデルを見ていきましょう。

■いろいろな在庫取引

　スペースの問題などで倉庫の間で商品をやりとりすることを「倉庫間移動」とか「移管」と呼びます。その際、現物の数量だけを見て移動させてその結果をシステムに事後報告すれば、すでに移動先の決まっている在庫まで移動させるなど、場合によっては移動元倉庫での「利用可能在庫数」がマイナスになってしまいます。出荷がそうであるように、倉庫間移動も「利用可能在庫数」を見ながら丁寧に指示されなければなりません。そのためのモデリング例を見ましょう。

図1●一般入出庫管理のためのモデル（151ページ図3の再掲）

一般入出庫見出し	一般入出庫No、指示日、入出庫区分、（元）倉庫C、先倉庫C、ステータス、…
一般入出庫明細	一般入出庫指示No、行No、（元）商品C、先商品C、指示数、実際数…
外部キー：（元）倉庫C＋（元）商品C	
倉庫別在庫	倉庫C、商品C、（現在庫数）、（出荷引当数）、（一般出庫引当数）、（利用可能在庫数(*1)）、…

＊1　利用可能在庫数＝現在庫数－出荷引当数－一般出庫引当数

[一般入出庫見出し]の〈入出庫区分〉には、廃棄出庫、無料サンプル出荷、検査出庫、倉庫間移動、商品振替、一般入庫などが指定されます。これらのうち、「元」と「先」が特定されるものがあります。例えば「元倉庫」と「先倉庫」が特定されているものは**倉庫間移動**だし、「元商品」と「先商品」が特定されているなら**商品振替**ということになります。前述した「セット商品」の在庫処理も「商品振替」の一種です。

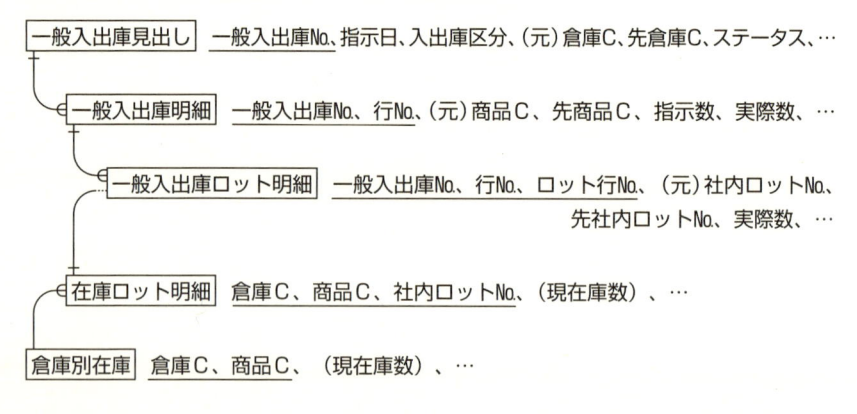

　一般出庫に関連する業務の流れを次ページの図で確認しましょう。まずは、一般出庫指示のための一般入出庫データがユーザーによって登録されます。すると利用可能在庫数がチェックされて、これをマイナスにしないような出庫指示であれば要求が受け入れられるとともに引当処理が行なわれ、一般出庫指示書が発行されます（①）。指示書にもとづいて出庫作業を実施したなら、ユーザーはその結果を指示書に手書きします（②）。その後、指示書は回収されて「出庫実績報告」がなされます。出荷実績数がシステムに対して報告されると、システムによって引当数のリセットと在庫の引落しがなされ、同時に受払情報が追加されます（③）。

　下にロット管理を前提にしたモデルを示します。「商品振替」だけでなく**ロット振替**（異なるロットを1個にまとめたり、1個のロットをいくつかに分割すること）も指定できるようになっています。業務の流れは次ページの図3と変わりありませんが、出庫実績報告の際にどのロットが出庫されたか

図2●ロット管理を前提にした一般入出庫管理モデル

一般入出庫見出し	一般入出庫No、指示日、入出庫区分、(元)倉庫C、先倉庫C、ステータス、…
一般入出庫明細	一般入出庫No、行No、(元)商品C、先商品C、指示数、実際数、…
一般入出庫ロット明細	一般入出庫No、行No、ロット行No、(元)社内ロットNo、先社内ロットNo、実際数、…
在庫ロット明細	倉庫C、商品C、社内ロットNo、(現在庫数)、…
倉庫別在庫	倉庫C、商品C、(現在庫数)、…

第2章 在庫管理

図3●一般出庫指示に関連する業務の連係の様子

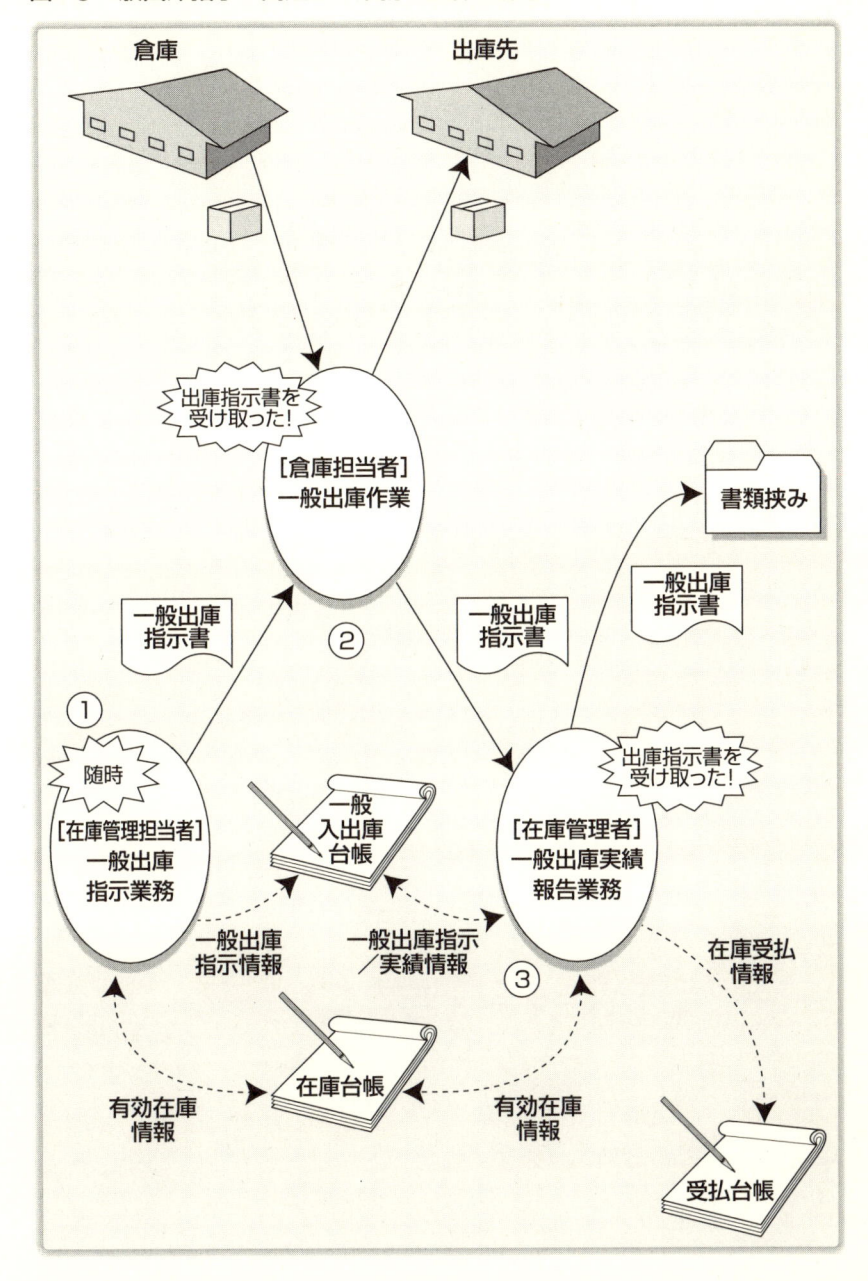

を報告しなければならない点だけが異なります。つまり、一般入出庫ロット明細は指示段階で作成されるのではなく、実績報告の際に出庫結果として入力されるということです。反対に、出庫指示書を発行する段階で、どのロットをどのロケから出庫すべきかをシステムが指定してしまう方法のほうが便利な場合もあります。このあたりの仕様は業態や扱う商品の特性によって決めたらよいでしょう。

なお、「入庫」においては指示書は発行されません。なぜなら、入庫は現在庫数量にも有効数量にも制約されないからです。入庫の事実があれば、入庫作業の担当者はその内容を「入庫伝票」と呼ばれるメモに記して在庫管理者に渡し（下図①）、在庫管理者がその内容にもとづいて入庫実績報告をすれば終わりです（②）。その結果、システムは入庫実績にともなう一般入出庫データと在庫受払データを追加するとともに、対応する商品向けの現在庫数量に入庫数量を足し込みます。ロット管理品の場合には、入庫されたロットの内訳が報告されなければなりません。

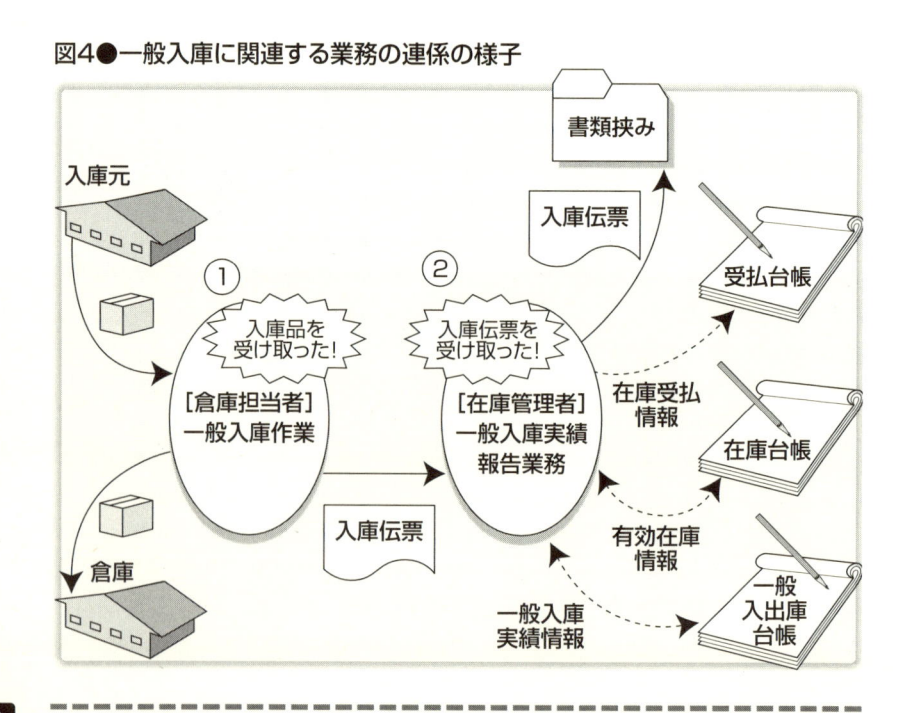

図4● 一般入庫に関連する業務の連係の様子

■受払情報との関係

　一般入出庫は「在庫取引の元ネタ」のひとつです。したがって、一般入出庫作業を実施してその結果をシステムに報告すれば、在庫更新されるとともに受払情報が追加されます。このとき、元ネタと受払との対応関係がわかるようになっていなければなりません。なぜなら、受払には在庫取引の基本的な情報しか載っていないので、元ネタを調べないと詳しいことがわからないからです。そのためのモデルを見ましょう。

図5●一般入出庫と受払に対応関係を持たせたモデル

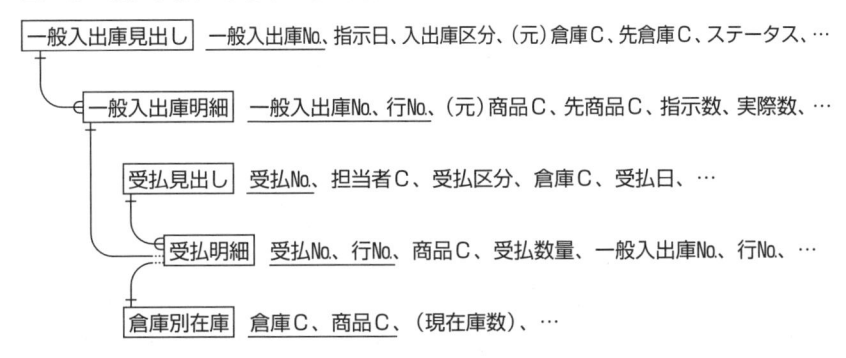

```
[一般入出庫見出し]  一般入出庫No.、指示日、入出庫区分、(元)倉庫C、先倉庫C、ステータス、…
  └[一般入出庫明細]  一般入出庫No.、行No.、(元)商品C、先商品C、指示数、実際数、…
      [受払見出し]   受払No.、担当者C、受払区分、倉庫C、受払日、…
      └[受払明細]    受払No.、行No.、商品C、受払数量、一般入出庫No.、行No.、…
          [倉庫別在庫] 倉庫C、商品C、(現在庫数)、…
```

　［受払明細］に［一般入出庫明細］の識別子である〈一般入出庫No.〉と〈行No.〉とが外部キーとして埋め込まれています。受払明細データが追加される際に、取引の元ネタである一般入出庫明細データの識別子の値をそこにセットしておけば、両者の対応関係が記録されることになります。

　このモデルは一見合理的に見えますが、実は大きな問題を含みます。在庫取引の元ネタというものは一般入出庫以外にもいろいろあるからです。次章以降で説明するように受注出荷や発注入荷など、受払の元ネタになるエンティティはいくつもあります。これらを次ページ図6のように、元ネタになるエンティティの識別子を受払明細に外部キーとしてずらずらと並べるのは不適切です。モデルとして「美しくない」だけでなく、新しい元ネタが構想された場合には受払明細テーブルを作り変えるハメになるからです。

図6●元ネタのエンティティと外部キーを追加してたらきりがない

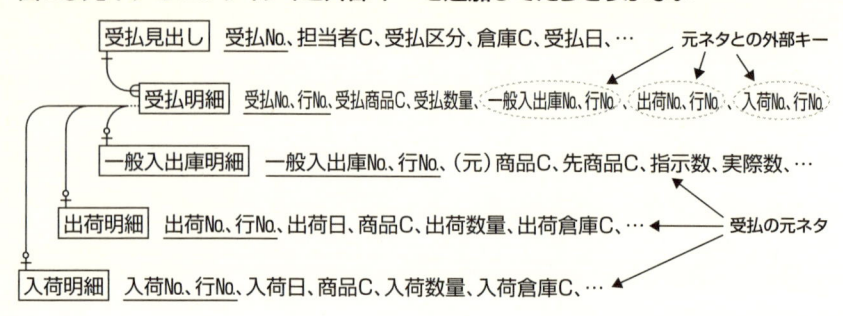

```
受払見出し  受払No、担当者C、受払区分、倉庫C、受払日、…
                                         元ネタとの外部キー
  受払明細  受払No、行No、受払商品C、受払数量、一般入出庫No、行No、出荷No、行No、入荷No、行No
    一般入出庫明細  一般入出庫No、行No、(元)商品C、先商品C、指示数、実際数、…
    出荷明細  出荷No、行No、出荷日、商品C、出荷数量、出荷倉庫C、…  ← 受払の元ネタ
  入荷明細  入荷No、行No、入荷日、商品C、入荷数量、入荷倉庫C、…
```

　これを避けるためのモデリング例を次に示します。3つの「受払の元ネタ」上の〈受払ソースNo.〉というのは、インスタンスを追加する際にシステムによって自動的に値が設定される二次識別子です。すべての「元ネタ」に〈受払ソースNo.〉を二次識別子として持たせておけば、受払と元ネタとは単一の体系を持つ項目を介してリンクできることになります。ちなみに、このパターンは受払情報だけでなく、後述するように売上情報や仕入情報、および仕訳情報をモデリングする際にも有効です。

図7●〈受払ソースNo.〉を使って「受払」と「元ネタ」とを関連づける

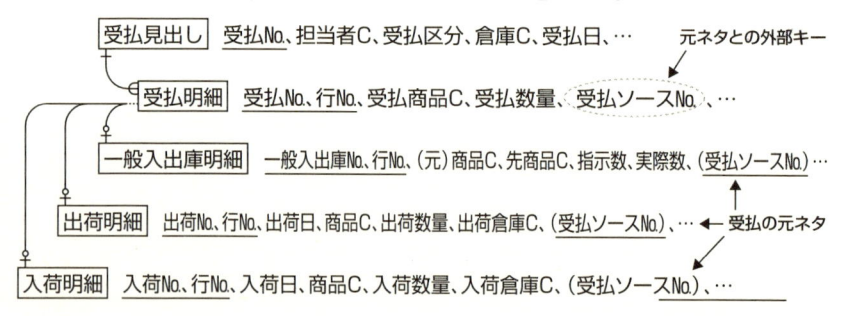

```
受払見出し  受払No、担当者C、受払区分、倉庫C、受払日、…
                                         元ネタとの外部キー
  受払明細  受払No、行No、受払商品C、受払数量、受払ソースNo.、…
    一般入出庫明細  一般入出庫No、行No、(元)商品C、先商品C、指示数、実際数、(受払ソースNo.)…
    出荷明細  出荷No、行No、出荷日、商品C、出荷数量、出荷倉庫C、(受払ソースNo.)、… ← 受払の元ネタ
  入荷明細  入荷No、行No、入荷日、商品C、入荷数量、入荷倉庫C、(受払ソースNo.)、…
```

　なお、ある意味では受払情報というのは、さまざまな入出庫の実績から作出される情報と解釈できます。それにもかかわらずここでは「固有属性」しか持っていないように示されているのは、実棚と帳簿上の在庫数に差異がある場合などに受払明細を直接入力して調整することがあり得るからです。そ

のような操作がないのであれば、受払情報に載る項目はすべて作出属性とみなしてもかまいません。

■「赤黒基準」による取引訂正

　前ページ図7での受払とそれらの「元ネタ」との多重度に注目してください。ちょっと考えると相互に1対1で対応しそうな感じですが、1件の元ネタに対して受払見出しが複数件存在し得るようなモデルになっています。実はこのほうが合理的なのです。

　元ネタの上に記録されている取引実績にもとづいて在庫更新が起こるわけですが、いったん更新されて受払が作成された後に取引実績の値のまちがいが判明するケースがあります。その際に、元ネタを修正することによって、最初の受払データは修正されずに、調整分の受払データが新規追加されるべきです。なぜなら、いったん作成された受払情報を修正できるようにすると、受払が「システムでの在庫データの動きを忠実に記録した履歴情報」でなくなってしまうからです。

　元ネタを修正した場合には、いわゆる**赤黒基準**で受払データが追加されます。発注入荷明細での例を使って説明しましょう。いったん入荷数を200で報告した後に、入荷数が1桁まちがっていたことに気づいて発注入荷明細の入荷数を2,000に修正すると、前回の200を「打ち消す」ための-200の受払明細が追加されると同時に、正しい値の2,000に相当する受払明細が追加されます。

図8●「元ネタ」の実績情報の修正により受払が赤黒訂正された例

	入荷No.	行No.	入荷数	受払ソースNo.	受払No.	行No.	受払数	受払ソースNo.
発注入荷明細を追加した	25446	03	200	36443		01	200	36443
			追加時に生成された受払 →		12345	01	200	36443
発注入荷明細を訂正した	25446	03	2,000	36443		01	-200	36443
			訂正時に生成された「赤」の受払 →		13874	01	-200	36443
			訂正時に生成された「黒」の受払 →		13874	02	2,000	36443

このようなやり方を「赤黒基準による取引訂正（赤黒訂正）」といいます。まちがっていた値をまるまる打ち消す分が「赤」、正しい値に相当する分が「黒」とみなされるわけです。赤黒訂正された場合には、元ネタに対して都合3セット以上の受払データが存在することになります。そういうわけで、元ネタ1件について受払明細が複数件存在できるようなモデルになっていないと都合が悪いのです。

　なお、在庫データが変動する際には必ず受払データが追加されますが、受払データが追加されたからといって対応する元ネタデータが必ず存在するわけではありません。場合によっては、元ネタなしで受払が追加されて在庫変動が起こることもあります。後述する「棚卸」以外の随時に発見された実在庫数と帳簿上の在庫数との差異を調整する（受払区分＝「実棚調整受払」）とか、何らかの理由から在庫金額を増減させる（受払区分＝「評価替受払」）ために、受払が個別に直接登録されることがあります。ただし、受払は追加できても修正することは許されない特殊な情報なので、なるべく赤黒訂正しなくて済むように慎重に登録されなければなりません。

5 棚卸

　棚卸 [注] というのは、倉庫で商品の実物を数えてシステム上の在庫数（理論数）と実際の在庫数（実棚数）とを一致させ、在庫金額を決定する作業のことです。在庫の入出庫にともなう小さなミスが積み重なって理論数と実棚数は微妙にずれてくるものです。また、ミスがないとしても、商品を保管している限りは遅かれ早かれ不良品が発生して理論数は実態を表わさないものになります。そのままでは月末時点での在庫金額が不正確になるために粗利 [注] もわからなくなります。このような事態に対応するために棚卸が定期的、または不定期に実施されます。棚卸のためのデータモデルを見ていきましょう。

■実棚数と理論数との差で調整する

　倉庫における商品の「実棚数」は ｛倉庫コード、商品コード｝ に関数従属する属性項目です。また、「最終棚卸日」は「倉庫コード」に関数従属する項目です。全社一斉に棚卸をすることもありますが、倉庫ごとに行なうこともあるからです。これらを考慮した棚卸のモデリング例を示します。

図1●実棚数と最終棚卸日を組み込む

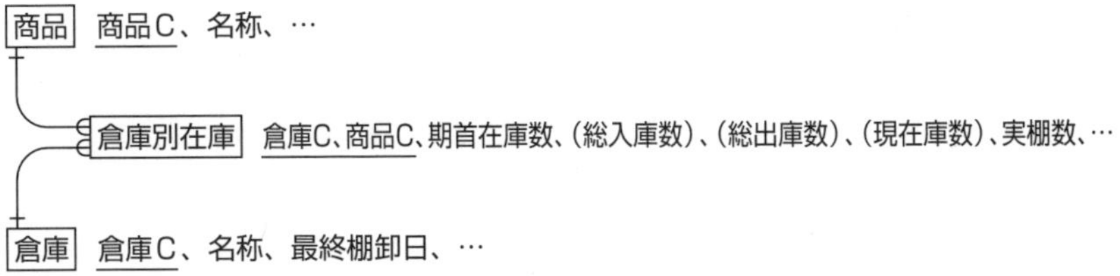

商品	商品C、名称、…
倉庫別在庫	倉庫C、商品C、期首在庫数、(総入庫数)、(総出庫数)、(現在庫数)、実棚数、…
倉庫	倉庫C、名称、最終棚卸日、…

　次ページ図2で棚卸関連業務の連係の様子を見ましょう。まず、在庫管理者が倉庫ごとに「実棚調査表」を発行して、棚卸作業の担当者に配付します

[棚卸] たなおろし。棚卸と言えばふつうは本項で説明している「実地棚卸」のことを指します。これ以外に「帳簿棚卸」というものがあり、これは帳簿上での在庫金額を集計することを指します。コンピュータ化されている在庫システムにおいては、帳簿上での在庫金額はいつでも照会可能なので「帳簿棚卸」という言い方はほとんど意味がありません。
[粗利] あらり。売上総利益のこと。265ページ参照。

図2●棚卸に関連する業務の連係の様子

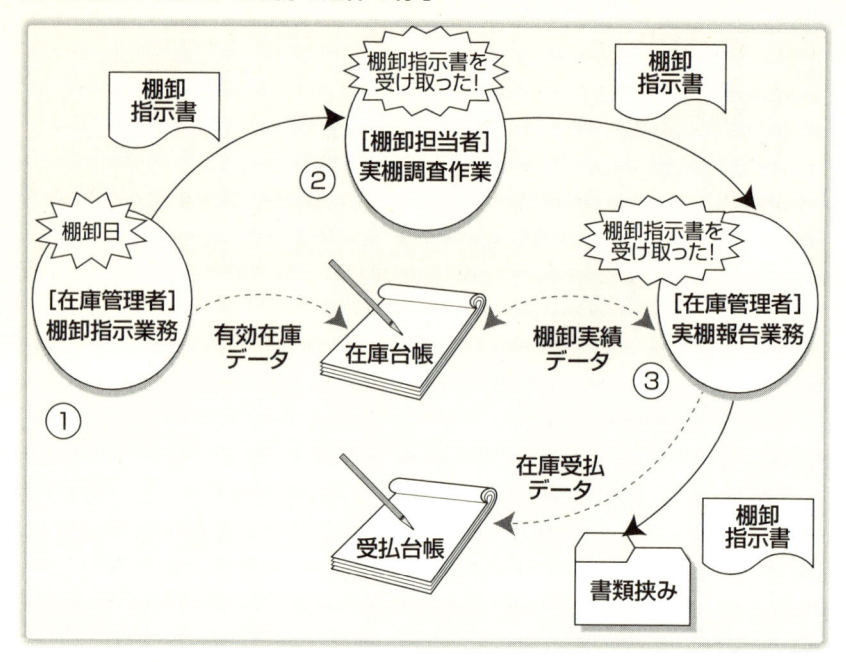

（①）。倉庫で調べた結果は調査表に手書きされ、在庫管理者に返却されます（②）。これにもとづいて実棚報告がされたなら、理論数（現在庫数）と実棚数との差数にもとづいて自動的に「実棚調整」の受払が生成され、両者の値が一致します（③）。

単に理論数に実棚数をセットするのではなく、きちんと受払を作成したうえで総入庫数、総出庫数のどちらかに差数調整分が算入されることで両者を一致させている点に注意してください。棚卸といえども、理論数が変動したなら、その変動分の受払にもとづいて在庫更新が行なわれなければなりません。

■在庫取引を禁止しないで棚卸する

最終的には実棚数と理論在庫数との差数で調整されるわけですが、どの時点の理論在庫数と比較するのかという問題があります。棚卸作業には短くて

も半日程度の時間がかかります。実棚数を調査してこれを報告するまでに在庫取引がどんどん行なわれてしまえば、理論在庫数との差数は意味がありません。例えば次に示すように、理論在庫が12,000個である14時45分に実棚数が12,400個であることがわかったとすれば、すぐに報告すれば差数400で調整されることになります。ところが、13時15分の入庫取引の後（この時点で理論在庫13,500個）で報告すると差数−1,100個で調整されてしまいます。

図3●棚卸中の在庫取引が実棚数を狂わせる

```
時刻      理論在庫
14:45    12,000   ← この時点での実棚数が12,400（差数=400）
15:15    13,500   ← 1,500の仕入入荷があった
15:40    13,500   ← この時点で12,400の実棚報告がされると、
                    差数=12,400−13,500=−1,100
                    とみなされて更新される
```

　これを防ぐため、棚卸が始まったら倉庫のすべての在庫取引が禁止されるのがふつうです。そうすれば報告するまでに理論在庫数は変化しないので安心です。しかし、これにも問題がないわけではありません。業態によっては棚卸に丸1日以上かかることが少なくないのに、その間、在庫管理システムを止めてしまうというのは無理があります。
　このような無理を避けるために便利なのが**宣言方式**による棚卸です。このやり方だと棚卸作業の間に在庫取引を禁止する必要がありません。モデリング例を示します。

図4●「宣言方式」による棚卸管理モデル

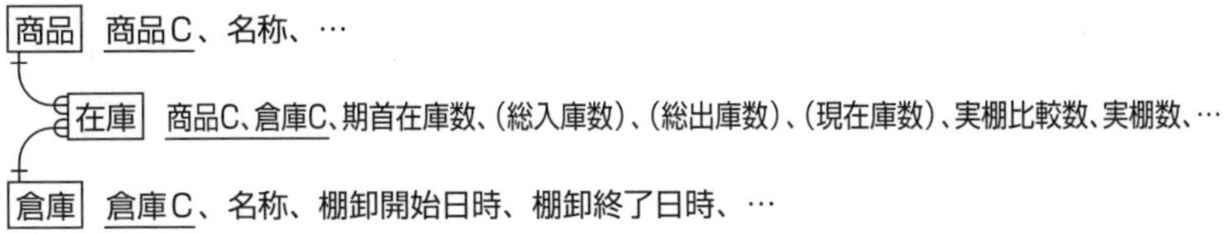

```
|商品|  商品C、名称、…
   |
   ├─|在庫|  商品C、倉庫C、期首在庫数、(総入庫数)、(総出庫数)、(現在庫数)、実棚比較数、実棚数、…
   │
   |倉庫|  倉庫C、名称、棚卸開始日時、棚卸終了日時、…
```

「宣言方式」での実棚調整の流れを見ましょう。まず、タイミングを見計らって倉庫単位で棚卸開始を「宣言」します。例えば14時45分に棚卸開始を関係者全員に宣言すると同時に、在庫システムに対しても棚卸開始の旨を入力します。するとコンピュータがその時点の理論在庫数を自動的に「実棚比較数」にセットしたうえで、実棚調査表を発行します。そこには「14時45分時点での実棚数を調査してください」と印字されます。

倉庫では14時45分から棚卸の完了時点までの商品の移動について、物理的に区別できるようにしておきます。宣言時刻以降に商品が入庫されたら入庫取引としてシステムに報告するだけでなく、宣言時刻以降に入庫された分として、棚卸報告される実棚数に含めないように区別しておきます。反対に商品が出庫された場合は、システムに出庫報告すると同時に、宣言時刻以降に出庫された数量を手書きでメモしておくようにします。このような工夫をしながら14時45分時点での実棚数を調べるわけです。

実棚報告したら、さらに実棚差異表を発行して実棚数が正しく報告されたかどうかを確認します。実棚数がひととおり正しいことが確認されたなら、棚卸が終了したことを再び「宣言」して、倉庫担当者に14時45分以降に動いた商品在庫を特別扱いすることをやめてよいことを伝えます。在庫システムのほうでは、報告された「14時45分時点での実棚数」と、事前に記録されていた「14時45分時点での理論在庫数」とを比較してその差数を現時点の在庫に加減します。

図5● 「宣言方式」による実棚調整の流れ

時刻	理論在庫	
14：45	12,000	← 開始宣言。実棚比較数に12,000がセットされる
14：57	12,000	← この時点での実棚数が12,400であることが確認される
15：15	13,500	← 1,500の仕入入荷がなされる
15：40	13,900	← 実棚数12,400が報告され、 14：45時点での理論在庫（実棚比較数）との差数 （12,400−12,000＝400）が理論在庫に追加される

■「棚卸指示」を導入する

　もう少しデータモデルや帳票を充実させて、実際の業務で柔軟に扱えるようにしましょう。棚卸結果を指示し、その結果を記録するための情報を「棚卸指示」として独立させます。こうすると、実棚数を報告する単位が必ずしも｛倉庫コード、商品コード｝ごとである必要がなく、棚卸をやりやすいような単位で実棚調査を行なえるようになります。

図6●棚卸指示を導入したモデル

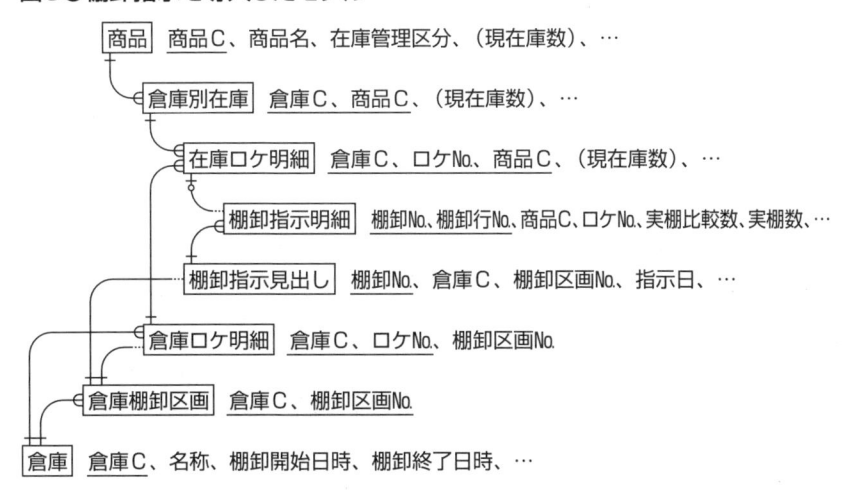

```
商品        商品C、商品名、在庫管理区分、(現在庫数)、…
 └倉庫別在庫    倉庫C、商品C、(現在庫数)、…
   └在庫ロケ明細  倉庫C、ロケNo、商品C、(現在庫数)、…
     └棚卸指示明細  棚卸No、棚卸行No、商品C、ロケNo、実棚比較数、実棚数、…
      棚卸指示見出し 棚卸No、倉庫C、棚卸区画No、指示日、…
     倉庫ロケ明細   倉庫C、ロケNo、棚卸区画No
   倉庫棚卸区画    倉庫C、棚卸区画No
倉庫   倉庫C、名称、棚卸開始日時、棚卸終了日時、…
```

　「倉庫棚卸区画」とは1回の棚卸で対象になる倉庫内の広がりのことで、ひとつの区画に複数のロケが含まれます。1回の棚卸において、ひとつの棚卸区画に対して1件の棚卸指示見出しデータが作られます。その際に、在庫ロケ明細の内容がコピーされて棚卸指示明細データとして用意されます。なお、このモデルは「宣言方式」を前提としているので、［棚卸指示明細］の〈実棚比較数〉には［在庫ロケ明細］の〈現在庫数〉の値がセットされます。

　次に、棚卸関係の帳票サンプルを掲げておきます。まず、［棚卸指示見出し］とこれに含まれる［棚卸指示明細］の内容を印字したものである「棚卸指示書」のデザイン例（次ページ）を見てください。下線部分はユーザーが

手書きで調査結果を書き込む部分です。このように、指示書上で区画内のロケNo.順に商品が並んでいれば調査作業も楽に進められるでしょう。なお、データモデルには棚卸指示明細1件について、在庫ロケ明細が1件、またはゼロ件存在すると示されています。これは、指示書にもとづいて調査してみた結果、在庫ロケ明細データとしてはもともと存在していない実在庫が見つかる可能性があることを示しています。そのために図のように棚卸指示書には「ないはずなのに見つかった在庫」を書き込める行を印字しておくと便利です。実棚報告のためのエントリー機能でもそのような報告ができるようになっていなければなりません。

「実棚差異表」は、報告された実棚数とコンピュータ上の在庫数とに差があるものについて一覧したもので、その差が大きすぎる商品について再度、実棚調査が指示されることになります。「棚卸結果表」は「棚卸更新業務」において発行されるもので、棚卸更新の結果どのような調整受払が追加されたかが在庫金額とともに一覧されます。

図7●棚卸指示書のサンプル

```
                    棚 卸 指 示 書

    棚卸No.：12345      倉庫：メリケン波止場第三倉庫    棚卸区画：4
    棚卸基準日時：20XX/07/31  15:10                     担当者：

    SEQ    ロケNo.    商品C     商品名              実棚数    備考

    001    010       34523    携帯用漬物石R15      ─────   ─────
    002    011       45331    逆さ吊り健康器W22    ─────   ─────
    003    012       10220    家庭用水素発生機H10  ─────   ─────
    004    013       54556    ダイエット養成ギプスR240 ─────   ─────
    005    014       42451    全自動ゴミバコR100   ─────   ─────
    006    ─────    ─────    ─────────────    ─────   ─────
    007    ─────    ─────    ─────────────    ─────   ─────
    008    ─────    ─────    ─────────────    ─────   ─────
    009    ─────    ─────    ─────────────    ─────   ─────
```

図8●実棚差異表のサンプル

```
                    実 棚 差 異 表

  棚卸No.：12345      倉庫：メリケン波止場第三倉庫     棚卸区画：4
  棚卸基準日時：20XX/07/31 15:10

  SEQ   ロケNo.   商品C    商品名              理論在庫  実棚数  備考
  001   010     34523   携帯用漬物石R15          35      30
  002   011     45331   逆さ吊り健康器W22        20      18
  003   013     54556   ダイエット養成ギプスR240   50      52
  004   021     72311   強力額冷却器FF22          9       7
  005   022     14433   電子傘AB300             30      31
  006   030     22550   過食防止用マウスMT10      45      43
```

図9●棚卸結果表のサンプル

```
                    棚 卸 結 果 表

  棚卸No.：12345      倉庫：メリケン波止場第三倉庫     棚卸区画：4
  棚卸基準日時：20XX/07/31 15:10
  棚卸更新日時：20XX/07/31 18:32

  SEQ  ロケNo. 商品C   商品名           在庫単価  調整数  調整金額   結果在庫数 結果在庫金額
  001  010   34523  携帯用漬物石R15      2,000    5-   10,000-     30      60,000
  002  011   45331  逆さ吊り健康器W22   12,000    2-   24,000-     18     216,000
  003  012   10220  家庭用水素発生機H10 25,000    0         0      15     375,000
  004  013   54556  ダイエット養成ギプスR240 8,000  2   16,000      52     416,000
  005  014   42451  全自動ゴミバコR100  17,000    0         0      10     170,000
  006  021   72311  強力額冷却器FF22    8,000    2-   16,000-      7      56,000
  007  022   14433  電子傘AB300        4,000    1    4,000       31     124,000
  008  023   87880  電子下駄QR770      6,000    0         0      10      60,000
  009  030   22550  過食防止用マウスMT10 10,000   2-   20,000-     43     430,000
```

　これらを使って棚卸業務がどのように連係しているのかを次ページの図で見ましょう。172ページ図2より複雑ですが、こちらのほうがより柔軟です。

図10● 複雑だが柔軟な棚卸業務の連係の様子

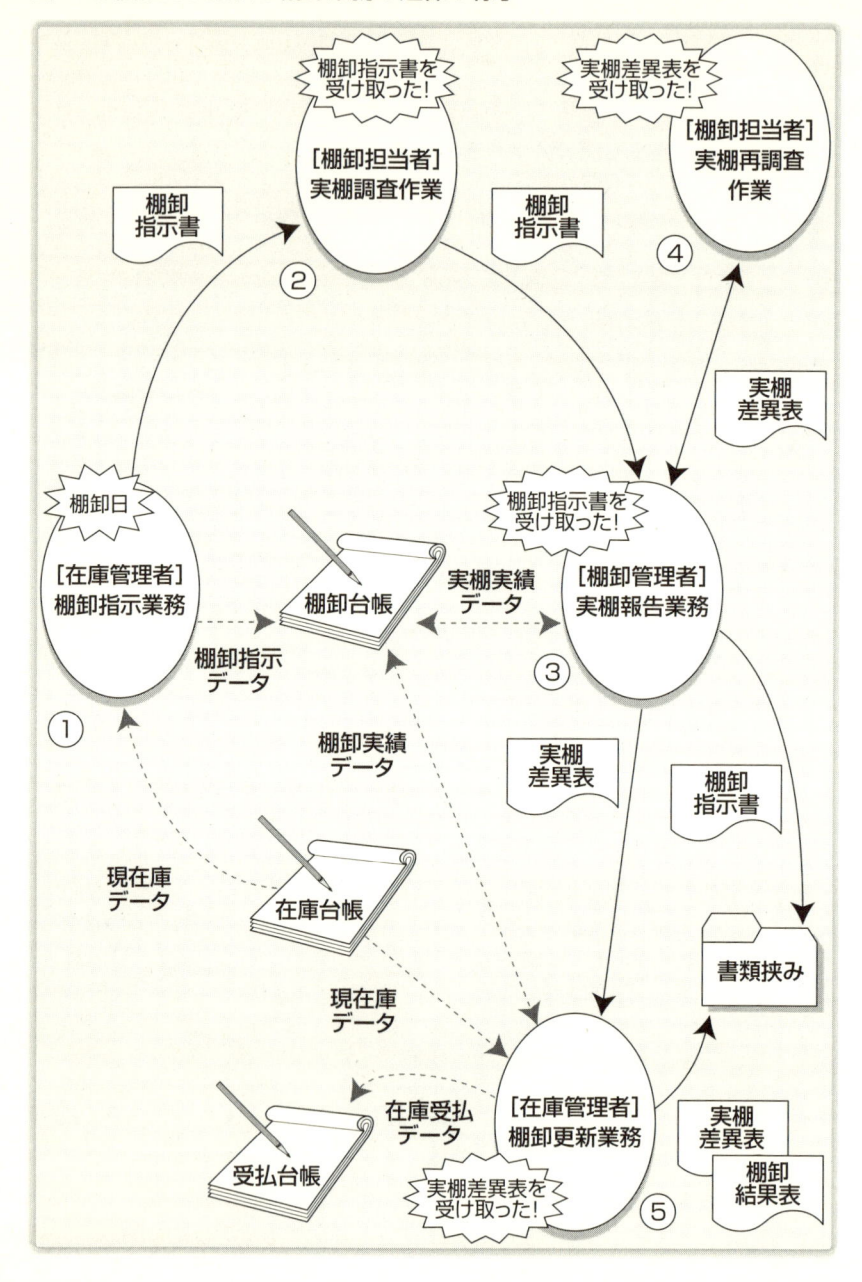

■棚卸のタイミングと対象範囲

　棚卸は、1回当たりの対象範囲によって**一斉棚卸**、**循環棚卸**、**不定期棚卸**の3つに分類されます。「一斉棚卸」においては1回ですべての商品在庫が棚卸され、「循環棚卸」では一定の間隔をおいて倉庫や区画ごとに棚卸されます。「不定期棚卸」ではそのつど対象範囲が指定されたうえで棚卸されます。このあたりをコントロールするためのモデルを見ましょう。

図11●倉庫ごとに棚卸のタイミングを管理する

```
倉庫    倉庫C、  名称、  棚卸開始日時、  棚卸終了日時、  棚卸間隔日数、…
 └─ 棚卸区画   倉庫C、  棚卸区画№.
```

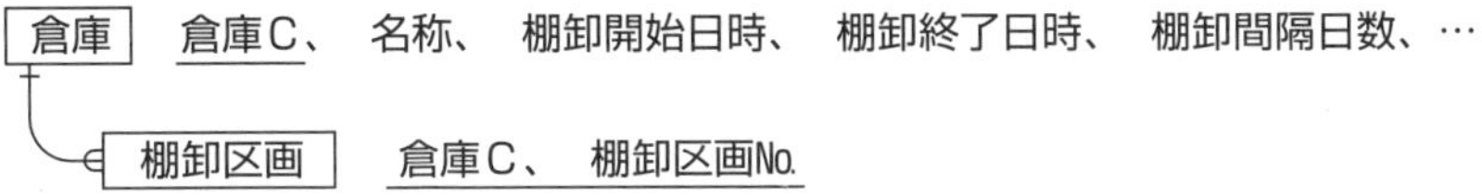

　倉庫ごとに〈棚卸間隔日数〉を決めて登録しておきます。そして、ユーザーがシステムに対して棚卸の「宣言」を入力する際に、システムが前回の棚卸日と棚卸間隔日数にもとづいて次回の棚卸予定日とともに倉庫の一覧を画面表示するようにします。このとき、前回の棚卸日から間隔日数を超えた倉庫については一覧を表示したときに自動的に選択されるようにしておけば、それらの倉庫は「循環棚卸」されることになります。すべての倉庫があえて選択されたなら「一斉棚卸」だし、システムの「オススメ」を無視して倉庫を選べば「不定期棚卸」をやっていることになります。

　なお、棚卸は必ずしも倉庫ごとに実施しなければならないわけではなく、前述の棚卸区画ごととか商品ごとでもかまいません。棚卸区画ごとに実施するのなら、開始宣言や棚卸間隔日数の登録も区画ごとということになって、モデルは次のようになります。

図12●区画ごとに棚卸のタイミングを管理する

```
倉庫    倉庫C、  名称、  …
 └─ 棚卸区画  倉庫C、棚卸区画№、棚卸開始日時、棚卸終了日時、棚卸間隔日数、…
```

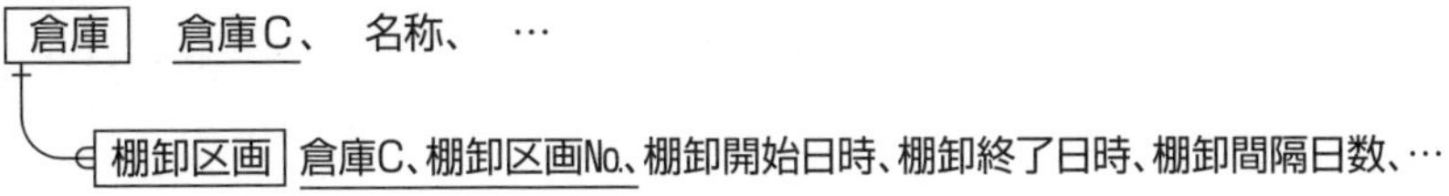

■在庫精度の向上

　実在庫と理論在庫が一致していることが、在庫システムが機能するための大前提です。そのために、棚卸時や随時に追加される「実棚調整受払」が少ないほど倉庫作業者は正確に仕事を遂行していると言えます。評価制度を考慮する際にぜひ参考にしてほしい指標です。

　ただし、その場合でもすべての商品在庫を同じような厳密さで管理するのは的外れです。特別に単価が高いものや、売れ筋でたくさん儲けてくれる商品の在庫の入出庫をより厳密に管理するほうが「経済的」です。

　そのための方法として、ＡＢＣ管理 [注] が有名です。商品をA、B、Cの3つの「ランク」に分類して、ランクの高いものほど入出庫管理しやすいロケに置いたり、棚卸の頻度を増やすなどして、最小限の管理工数で最大の経済効果を得ることを目指します。

　次のような手順でランクが決定されます。過去の売上金額を集計して、金額の大きい商品順に並べて累計します。これを横軸に商品、縦軸に売上金額の累積％をとってグラフにすると、「パレート曲線」と呼ばれる形になります。これを見ながら商品点数中の上位10％を「Aランク」、次の20％を「Bランク」、残りの70％を「Cランク」とします（グラフでは、売上金額の累積70％までを上位10％の商品で占め、累積90％までを上位30（10＋20）％で占めています）。これは在庫管理上の扱い基準だけでなく、発注方針を決めるための基準についても利用できる便利な指標です。

図13●ABC分析のための「パレート曲線」

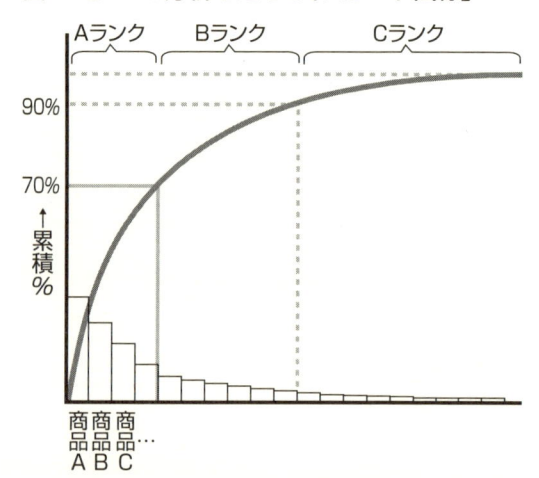

[注] 原価管理手法にもABC（Activity Based Costing、活動基準原価計算）というのがあります。紛らわしいのですが、在庫管理手法のABC管理とは関係ありません。

> 第2部
> 業務別
> データモデル
> 用例集

第3章 販売管理

売り手が市場訴求力のある商品を扱っていても、納期遅れや欠品ばかりなら買い手としては満足できないし、売り手にとっても機会損失が増えます。需要と在庫を突き合わせることにより確実に出荷して、利益を確保し続けなければなりません。企業収益の日常的な源泉を扱う販売管理システムのモデルを見ていきましょう。

1 受注する

まずは以下に基本的なモデリング例を示します。単純ですが、①受注情報を記録する、②在庫を引き当てる、③出荷指示書を発行する、④出荷実績にもとづいて在庫を引き落とす、⑤売上計上する、といった受注〜出荷の一連の業務に対応しています。

図1●受注管理のための単純なモデル

```
得意先  得意先C、得意先名、…
 │
 └─受注  受注No、受注日、得意先C、商品C、受注数量、受注単価、要求納期、約束納期、
 │       出荷倉庫C、出荷数量、客先注文No、受注ステータス(*1)、…
 │
 ├─在庫  商品C、倉庫C、（現在庫数）、（引当済数量）、（利用可能在庫）、…
 │
 商品    商品C、商品名、標準販売単価、…
```

　　　*1　10=見積中、20=確定済、30=引当済、40=出荷済(売上済)、99=取消済

次ページの図2で業務と処理の流れを説明しましょう。まず、電話やFAXで受け取った注文書と現在の在庫状況にもとづいて受注データが登録されます。その結果、在庫の引当が起こって出荷指示書が発行されます（①）。この指示書にもとづいて倉庫で荷揃・積載され、その結果にもとづいて出荷実績報告されます。すると、システムは在庫から出荷実績数量を引き落とすとともに引当数量をリセットし、さらに出荷実績に応じて売上計上（売上データの追加）を行ないます（②）。

この一連の流れは単純で従いやすそうに見えるのですが、詳しく検討すると、実はまだまだ工夫の余地があります。

図2● 受注・出荷向け業務の連係の様子

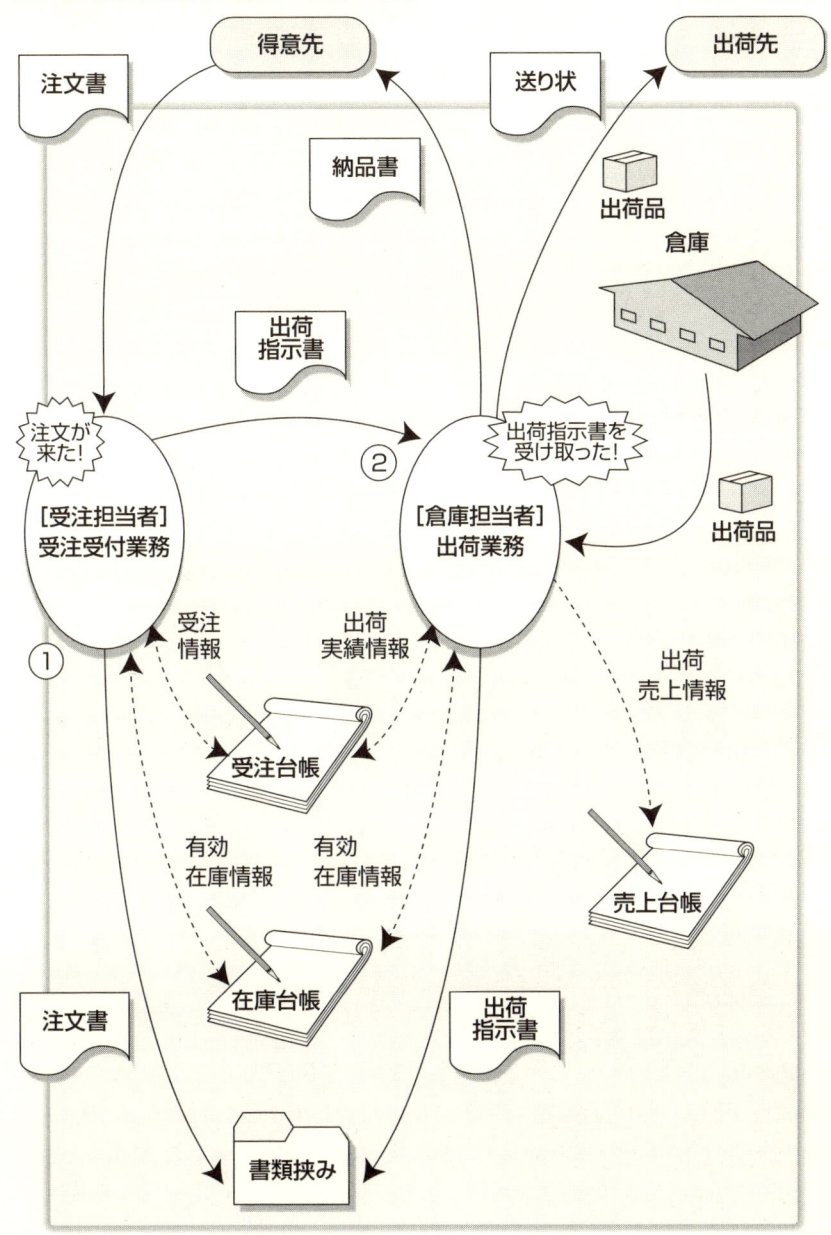

図3● 「単票形式」の注文書の例

```
                    注  文  書

  グローバル物産株式会社　御中        山田酒販株式会社
        注文No. 45678              リカー山田トカリベツ店
        納期  03/20                トカリベツ1-2-3
        商品名  アサッポロ純生
        数量  20カートン
        単価  5,000
        金額  100,000
```

■受注情報を階層化する

　単価の大きな商品でない限り、注文は上図のような一品一葉の単票形式で来るばかりとは限りません。注文書の発行件数を減らすために、多くの企業は次のような明細形式の注文書を用意するものです。

図4● 「明細形式」の注文書の例

```
                    注  文  書
                                    山田酒販株式会社
  グローバル物産株式会社　御中        リカー山田トカリベツ店
  注文No. 45678                      トカリベツ1-2-3

  SEQ   納期    商品名         数量   単位    単価    金額
  01    03/20   アサッポロ純生   20   カートン  5,000  100,000
  02    03/20   エビリン淡麗     20   カートン  3,500   70,000
  03    03/20   麦焼酎鯨呑       10   箱       1,400   14,000
  04    04/10   清酒完徹         10   箱       1,600   16,000
  05    04/10   ラベンダーワイン 10   箱       1,600   16,000
```

　182ページ図1のモデルを前提にするなら、明細形式の注文書を受け取った場合、得意先や客先注文No.などの見出し項目の値が複数の受注データの間で矛盾しないように受注登録しなければなりません。できれば、注文書のイメージのままで素直に登録したいものです。そのためにデータモデルを次のように変更してみましょう。

図5●受注情報を階層化する

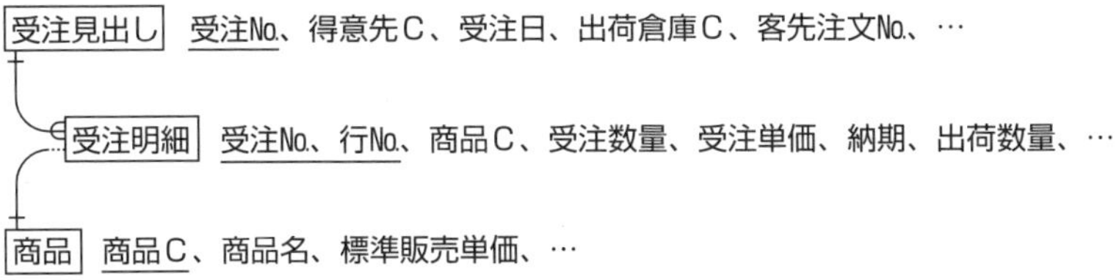

```
[受注見出し] 受注No、得意先C、受注日、出荷倉庫C、客先注文No、…
     │
     ├─[受注明細] 受注No、行No、商品C、受注数量、受注単価、納期、出荷数量、…
     │
     └─[商品] 商品C、商品名、標準販売単価、…
```

　このモデルにおいて、[受注明細]の識別子が {受注No.、行No.} となっている点に注意してください。そうではなく、次のモデルのように {受注No.、商品コード} のように設計されているシステムも実在するし、そのように指導している雑誌記事や書籍も少なからずあります。しかし、そのやり方には問題があります。

図6● {受注No、商品コード} で階層化されている例

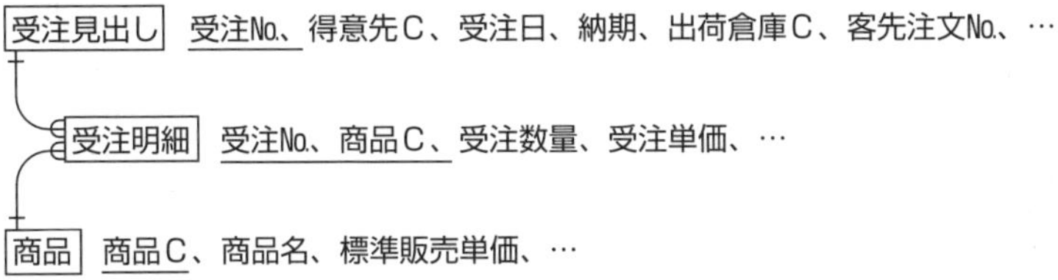

```
[受注見出し] 受注No、得意先C、受注日、納期、出荷倉庫C、客先注文No、…
     │
     ├─[受注明細] 受注No、商品C、受注数量、受注単価、…
     │
     └─[商品] 商品C、商品名、標準販売単価、…
```

　例えば、次のような3件の明細行を含む注文書を受け取ったとします。得意先に「納期違いで同一商品が含まれるようなら注文の単位を分けてください」などと図々しく頼むわけにもいかないので、このような注文を受け取ることは現実にあり得ます。

SEQ	商品	数量	納期
1	A100	30	3/27
2	B300	20	3/27
3	A100	50	4/10

この場合、〈納期〉が［受注見出し］に置いてある図6のようなモデルを前提にすると、このような注文については、1件目と2件目を含むまとまりと3件目を含むまとまりにわざわざ分割して受注登録しなければなりません。これは避けたいところです。なぜなら、受注データとは「得意先の要求」をそのまま写し取ったものであるべきだからです。そうでないと得意先からの問い合わせに答えにくくなるうえに、当初の要求に対するサービス率を算出するための基礎情報を失ってしまうことにもなります。

　そこで、〈納期〉や〈出荷倉庫コード〉を［受注見出し］から［受注明細］に移動させてみましょう。

図7●納期と出荷倉庫コードを［受注明細］に移動すると…

```
受注見出し  受注No、得意先C、受注日、客先注文No、…
          123   ・・・
  └─受注明細  受注No、商品C、受注数量、納期、受注単価、出荷倉庫C、出荷数量、…
              123   A100    30     3/27  ・・・
              123   B300    20     3/27  ・・・
          ×→  123   A100    50     4/10  ・・・
```

　ところが、［受注明細］の識別子が｛受注No、商品コード｝なので、納期違いの同一商品の要求（3行目）を並べることができません。では、〈納期〉をも識別子に組み込んでしまったらどうでしょう。これなら、納期が違いさえすれば同一受注No.の同一商品向けの受注明細データを並べることができます。

図8●納期も識別子に組み込めば解決？

```
受注見出し  受注No、得意先C、受注日、客先注文No、…
          123   ・・・
  └─受注明細  受注No、商品C、納期、受注数量、受注単価、出荷倉庫C、出荷数量、…
              123   A100  3/27   30    ・・・
              123   B300  3/27   20    ・・・
          ○→  123   A100  4/10   50    ・・・
```

しかし、この場合でももっと本質的な問題が残ります。第1部で説明したように、識別子であるためには「タプルが生まれてから消えるまで値が更新されない」という条件があるからです。〈商品コード〉や〈納期〉は受注登録した後で変更される可能性があるので、識別子にそれらを組み込むべきではありません。一方、〈（受注）行No.〉は受注見出しデータに関連する明細行データが追加されてから削除されるまでの「時間」をコード化したものなので、打ち替えられる心配がありません。

厳密に言うと、{受注No.、商品コード}の識別子そのものがまずいというわけではないのです。この組み合わせが何らかのエンティティの識別子になっていてもそれはそれでかまいません。ただし、そのようなエンティティは通常の「受注明細」とは意味合いが異なります。そのような識別子は、筆者には以下のようなモデルを想像させます。

図9● {受注No.、商品コード}の識別子を使った異なるモデル

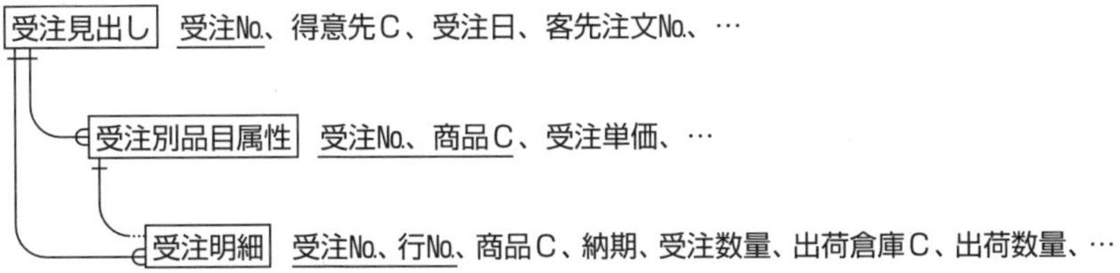

```
受注見出し    受注No.、得意先C、受注日、客先注文No.、…
 ├─ 受注別品目属性  受注No.、商品C、受注単価、…
 └─ 受注明細     受注No.、行No.、商品C、納期、受注数量、出荷倉庫C、出荷数量、…
```

{受注No.、商品コード}を識別子としている［受注別品目属性］は「この受注のまとまりの中で、この商品を扱う場合は常にこのように扱われるべし」という独特な情報が格納されるエンティティで、［受注明細］とは別に置かれています。物品販売ではあまり見られませんが、サービス系の受注情報をモデリングする場合にありそうなパターンです。

つまるところ、{受注No.、商品コード}などを［受注明細］の識別子にできるケースはどちらかというと特殊だということです。一般的には{受注No.、行No.}を識別子としたほうがより柔軟で発展的なモデルを得られます。

2 納期回答する

　一般に、受注したまとまりでそのまま出荷できるとは限りません。特に185ページ図5のモデルのように〈納期〉が［受注明細］に載っているのなら、受注と出荷のまとまりが違うことが初めから明らかです。
　出荷のまとまりをスマートにコントロールするために［出荷見出し］を導入しましょう。このようにすると、異なる受注No.の値を持つ受注明細データであっても、同じ出荷先向け、同じ納期に出荷する分についてはグルーピングされるのでひとつの出荷のまとまりとして扱えます。

図1●出荷のまとまりを管理するためのモデル例

［受注見出し］　受注No、得意先C、受注日、客先注文No、…

［受注明細］　受注No、受注行No、商品C、納期、受注数量、受注単価、倉庫C、出荷No、実際出荷数量、…

［在庫］　商品C、倉庫C、（現在庫数）、（引当済数量）、（利用可能在庫数）、…

［出荷見出し］　出荷No、出荷先C、出荷日、運送業者C、問い合わせNo、運賃、重量、才数、(得意先C)、…

　［出荷見出し］には積載報告の際に「運送業者コード」とともに、運送業者から受け取った荷受伝票に記載されている「問い合わせNo.[注1]」、「運賃」、および運賃の算定基準情報である「重量」や「才数[注2]」などが記録されます。
　さて、このモデルにはちょっと困った問題が含まれています。受注明細の受注数量が「一度だけの出荷」でまかなえるという前提になっている点です。つまり、手持ちの在庫が潤沢にあるか、要求に対する不足や納品遅れについて得意先が寛大でないと通用しないモデルなのです。

[注1] この番号指定で運送業者に確認すれば荷物が今どういう状況なのか教えてもらえます。荷主がこの番号を使ってWeb上で荷物の状況を調べられるようにしている業者も増えています。
[注2] 容積の単位で1才は30cm×30cm×30cm。通常、運賃は重量基準で決まりますが、体積のかさばる品種の場合には才数基準で算定されます。

一般に、100個の要求に対して差し当たって70個しか出荷できないとしたら、得意先としてはとりあえず70個だけでも送ってくれるように望むものです。そして、残りの30個については「受注残」としてその後の出荷で優先的に扱ってもらうことを望むものです。仮に得意先がそれを望まないとしても、残りの30個についても売上を確保するための「ネタ」にしたいと売り手側は考えるでしょう。そういうわけで、ひとつの受注単位に対して複数回の出荷を管理できるようなモデルが必要になるのがふつうです。このような形態の出荷を「分納出荷」といいますが、これをシステムとして考慮するためには前ページのモデルでは不十分です。どうすればよいのでしょう。

◼出荷予定を管理する

分納出荷のためのモデルを理解してもらうために**納期回答**について説明します。受注したら受注データを登録すれば終わりというわけではなく、得意先に納期回答しなければなりません。

納期（買い手への納入日）には2種類あります。買い手の「希望納期」と、売り手の「約束納期（出荷可能日にもとづく納期）」です。注文を受けたときに相手の「希望納期」はすぐにわかりますが、「約束納期」がすぐにわかるとは限りません。在庫が潤沢にあるなら即答できますが、在庫が僅少ならば手配状況を確認しなければ納期回答できません。

第2章で説明した「在庫引当」と「日別在庫推移」を管理するためのモデルを前提にすればスマートに対処できます。191ページのモデルの［出荷明細］の〈出荷予定日〉を「約束納期から輸送日数分前倒しした日付」と読み替えて眺めるとよくわかると思います。［受注明細］の〈希望納期〉との関係に注目してください。

受注してから納期回答するまでの過程を次ページの図を使って説明しましょう。受注入力すると、受注明細ステータスが「納期未回答」の受注明細データが追加されます（②）。次に受注明細データ1件ごとに、希望納期までの在庫推移を調べます。一定期間 [注] 内に最低在庫レベル（安全在庫数で示される）以上で推移し続けるなら、希望納期そのままで注文を受けることが可能だと判断できます。期間内で1回でも最低在庫レベル以下に変動する

[注] 例えば現在日から購買リードタイム分の未来日までの期間。

図2●受注から納期回答までの業務の連係の様子

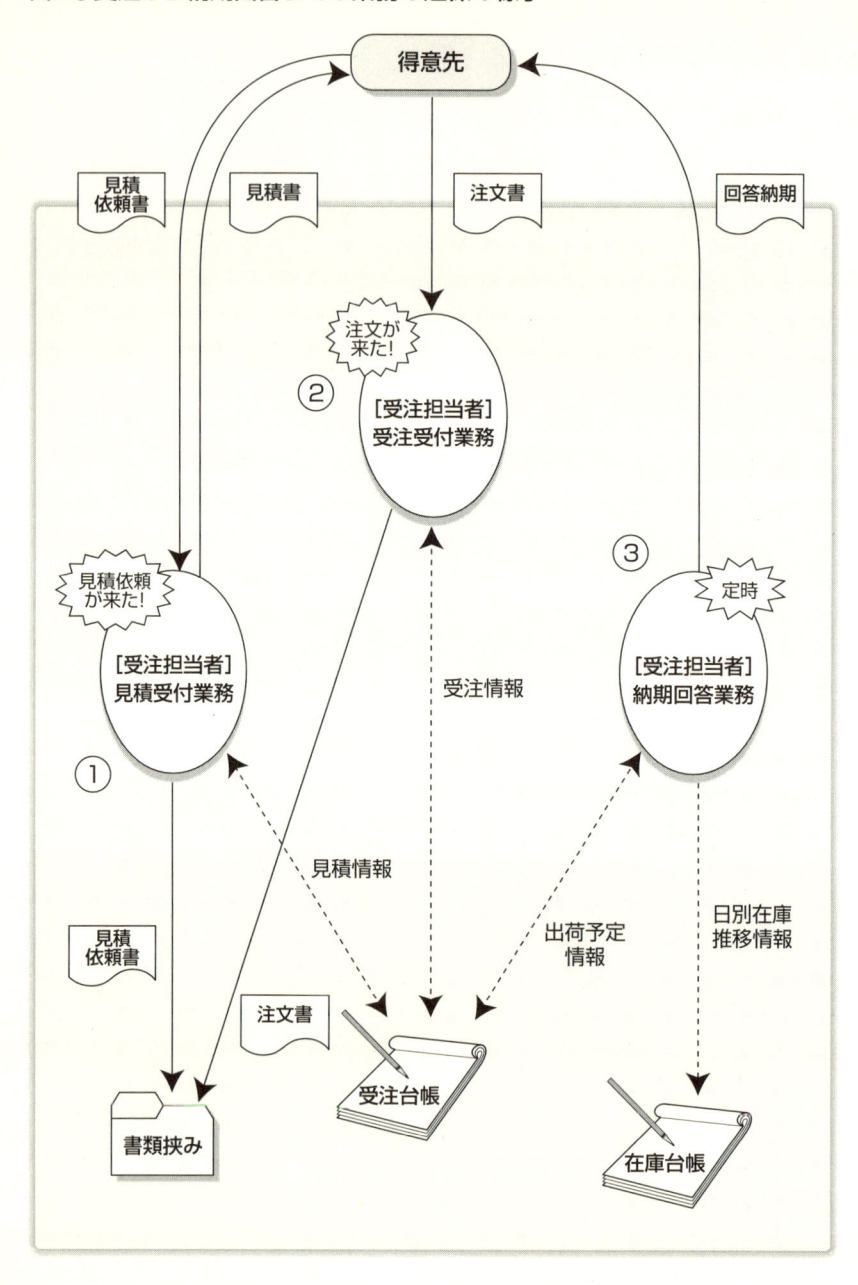

なら、発注データを変更・追加するか、得意先に分納（分割納入）を許容できるかどうかを確認しながら、得意先が納得できる出荷可能日を探ることになります。このような調整結果を登録したものが「出荷明細」です。受注明細1件に対して用意された1件か複数件の出荷予定明細の内容が得意先によって承認されたなら、ユーザーが受注明細ステータスを「納期回答済」に更新するような入力をします（③）。ここまでやれば、あとは出荷日を待つだけです。

図3● [出荷予定] と [日別在庫推移] とを関連づける

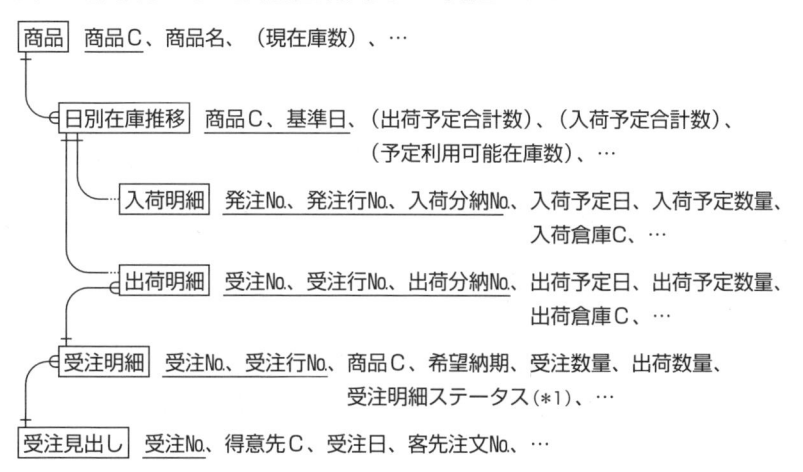

```
商品      商品C、商品名、（現在庫数）、…
 ├─ 日別在庫推移   商品C、基準日、（出荷予定合計数）、（入荷予定合計数）、
 │                  （予定利用可能在庫数）、…
 │      ├─ 入荷明細   発注№、発注行№、入荷分納№、入荷予定日、入荷予定数量、
 │      │              入荷倉庫C、…
 │      └─ 出荷明細   受注№、受注行№、出荷分納№、出荷予定日、出荷予定数量、
 │                     出荷倉庫C、…
 ├─ 受注明細    受注№、受注行№、商品C、希望納期、受注数量、出荷数量、
 │               受注明細ステータス(*1)、…
 └─ 受注見出し  受注№、得意先C、受注日、客先注文№、…
```

　　*1　10＝納期未回答、20＝納期回答済、30＝一部出荷済、40＝出荷完了、99＝取消済

第2部 業務別データモデル用例集

3 出荷する

　出荷して売上計上するまでの過程は次ページ図3のようになります。出荷日の直前になったら、ユーザーが何件かの出荷明細に対して**出荷指示**します。するとシステムは出荷倉庫に従って出荷明細ごとに在庫を引き当てます。さらに、同一出荷倉庫・同一出荷先の出荷明細をグルーピングして、出荷見出し1件を生成します。この出荷見出しの出荷No.が出荷引当明細に埋め込まれることにより、出荷単位がまとめられます。その内容を印字したものが図1のような「出荷指示書」です（①）。指示書を見ながら倉庫作業者が荷揃して（②）、その結果にもとづいて出荷実績報告がされ、在庫の引落としと引当数のリセット、そして売上計上が起こります（③）。

図1●出荷指示書（ピッキングリスト）の出力例

```
            出 荷 指 示 書
出荷No.  ：45678
出荷先　：3456　　リカー山田トカリベツ店
出荷日　：03/24
出荷倉庫：第１倉庫
SEQ　分類　商品C　　商品名　　　　数量　単位
01　ビール　25433　アサッポロ純生　20　カートン
02　発泡酒　34544　エビリン淡麗　　20　カートン
03　焼　酎　98871　麦焼酎鯨呑　　　10　箱
04　日本酒　76744　清酒完徹　　　　10　箱
05　ワイン　33454　ラベンダーワイン 10　箱
```

図2●納期回答と出荷引当に対応したモデル

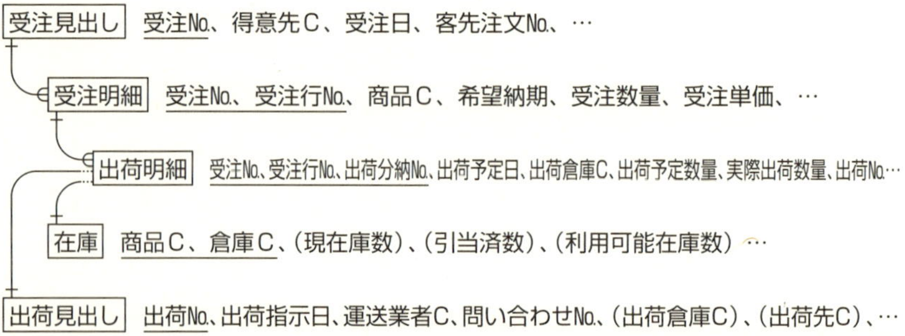

受注見出し　受注No、得意先C、受注日、客先注文No、…
　受注明細　受注No、受注行No、商品C、希望納期、受注数量、受注単価、…
　　出荷明細　受注No、受注行No、出荷分納No、出荷予定日、出荷倉庫C、出荷予定数量、実際出荷数量、出荷No…
　　在庫　商品C、倉庫C、(現在庫数)、(引当済数)、(利用可能在庫数)…
　出荷見出し　出荷No、出荷指示日、運送業者C、問い合わせNo、(出荷倉庫C)、(出荷先C)、…

第3章 販売管理

図3●出荷指示〜売上計上に関連する業務の連係の様子

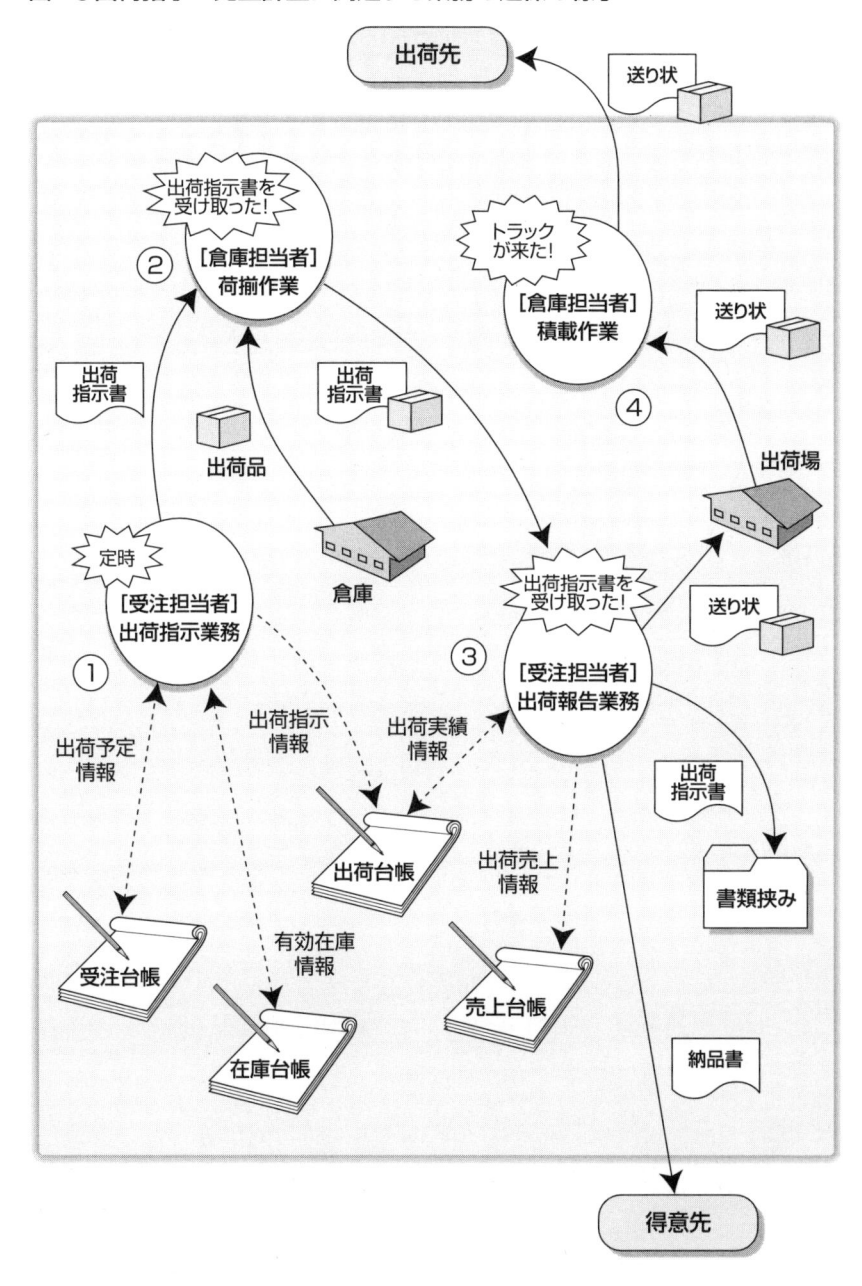

■ロット出荷

　ロット管理されている場合の出荷向けのモデリング例を見ましょう。出荷明細1件について出荷ロット明細が複数件ぶら下がっています[注1]。出荷ロット明細データを作るタイミングとしては、「引当時」と「出荷実績報告時」の2通りがあります。「引当時」の場合は出荷されるべきロットをコンピュータに選択させることが多く、商品や保管形態の特性上問題がないのであればこちらのほうが合理的です。なぜなら、確実に「先入れ先出し[注2]」できるからです。「出荷実績報告時」のやり方では、倉庫担当者によって実際に出荷されたロットの内訳が人手で入力されることになりますが、その場合でも出荷指示書に次ページ図5のように先入れ先出しにもとづく「推奨ロット」が示されているほうがよいでしょう。

図4●ロット管理を考慮した出荷管理モデル

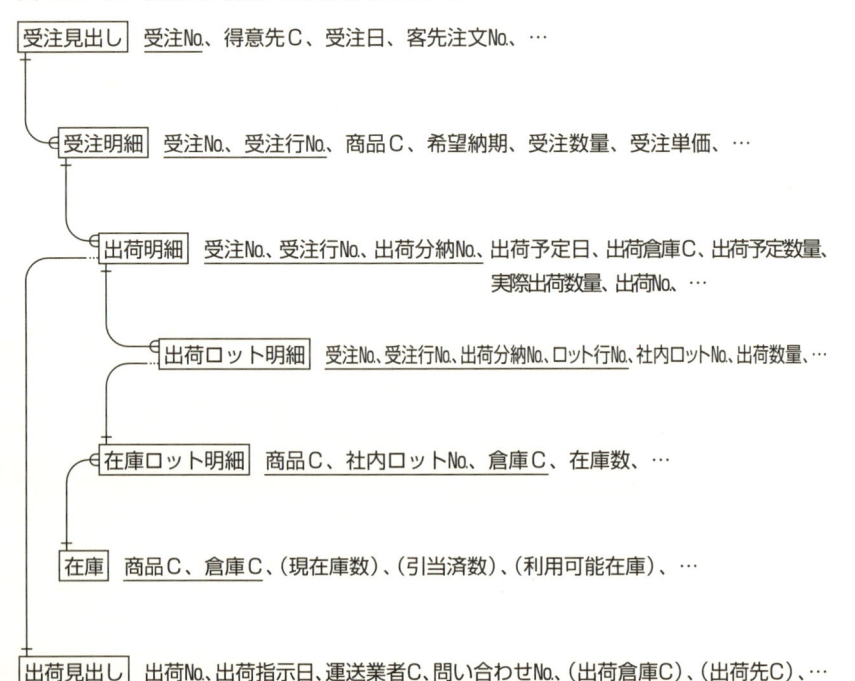

```
受注見出し　受注No、得意先C、受注日、客先注文No、…
  │
  └─受注明細　受注No、受注行No、商品C、希望納期、受注数量、受注単価、…
      │
      └─出荷明細　受注No、受注行No、出荷分納No、出荷予定日、出荷倉庫C、出荷予定数量、
          │　　　　　　　　　　　　　　　　　　　　　　　実際出荷数量、出荷No、…
          │
          └─出荷ロット明細　受注No、受注行No、出荷分納No、ロット行No、社内ロットNo、出荷数量、…
                 │
      在庫ロット明細　商品C、社内ロットNo、倉庫C、在庫数、…

      在庫　商品C、倉庫C、(現在庫数)、(引当済数)、(利用可能在庫)、…

出荷見出し　出荷No、出荷指示日、運送業者C、問い合わせNo、(出荷倉庫C)、(出荷先C)、…
```

[注1] 子エンティティが関連することを、モデルの視覚的印象から筆者はこのように呼ぶことがあります。
[注2] 「先に入庫されたものが先に出庫される」という在庫管理上の方針を示します。在庫商品の鮮度を保つためには先入れ先出しが徹底されなければなりません。

図5●推奨出荷ロットが示された出荷指示書の例

```
                    出 荷 指 示 書
 出荷No.  ：45678
 出荷先   ：3456   リカー山田トカリベツ店
 出荷日   ：03/24
 出荷倉庫 ：第1倉庫
 ─────────────────────────────────────────
 SEQ   分類    商品C    商品名        数量   単位    推奨ロット  ロケ
 ─────────────────────────────────────────
 01   ビール   25433   アサッポロ純生  20    カートン
                                                  20107    256
                                                  20121    256
                                                  20121    345
 02   発泡酒   34544   エビリン淡麗    20    カートン
                                                  10023    230
                                                  10023    231
                                                  10044    230
 03   焼酎     98871   麦焼酎鯨呑      10    箱
                                                  03433    287
 04   日本酒   76744   清酒完徹        10    箱
                                                  07430    176
                                                  07430    179
 05   ワイン   33454   ラベンダーワイン 10    箱
                                                  00782    232
```

次に、158ページで説明した「1個が1ロット」の商品向けのモデルを見ましょう。出荷予定数分の商品ロットが出荷明細の下にぶら下がることになります。一見モデルとしてうまくいっているように見えますが、実は1か所正規化違反している部分があります。

図6●1個1ロットを前提とした出荷管理モデル（正規化違反の例）

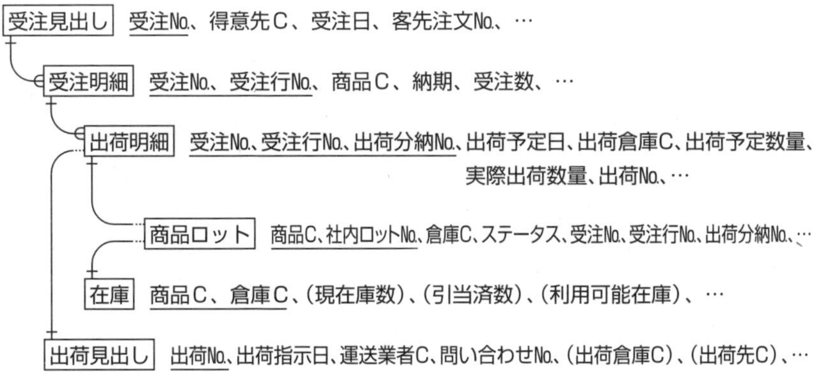

```
受注見出し　受注No、得意先C、受注日、客先注文No、…
 ├ 受注明細　受注No、受注行No、商品C、納期、受注数、…
 │  └ 出荷明細　受注No、受注行No、出荷分納No、出荷予定日、出荷倉庫C、出荷予定数量、
 │              実際出荷数量、出荷No、…
 │     └ 商品ロット　商品C、社内ロットNo、倉庫C、ステータス、受注No、受注行No、出荷分納No、…
 ├ 在庫　商品C、倉庫C、(現在庫数)、(引当済数)、(利用可能在庫)、…
 └ 出荷見出し　出荷No、出荷指示日、運送業者C、問い合わせNo、(出荷倉庫C)、(出荷先C)、…
```

［受注明細］のモデルから｛受注No.、受注行No.｝→〈商品コード〉であることがわかります。ところが、これらの3つの項目は［商品ロット］上にも載っています。［受注明細］とは識別子が異なるため、［商品ロット］上ではそれらが「許されない関数従属性」を成立させてしまっています。

このモデルを許容するためには、［商品ロット］に指定できる〈受注No.〉、〈行No.〉、〈分納No.〉の値が処理系によって制限されるようになっていなければなりません。すなわち、ユーザーが指定した値で特定できる受注明細データの商品コードが、当該の商品ロットデータの商品コードに一致しなければエラーとするような検査がなされる必要があります。律儀に正規化するのであれば、例えば次のようになります。［受注明細］からの継承属性である〈商品コード〉と、固有属性である〈社内ロットNo.〉との組み合わせが二次識別子を構成して、商品ロットと1対1関係をとっています。

図7●1個1ロットを前提とした出荷管理モデル（正規化違反修正後）

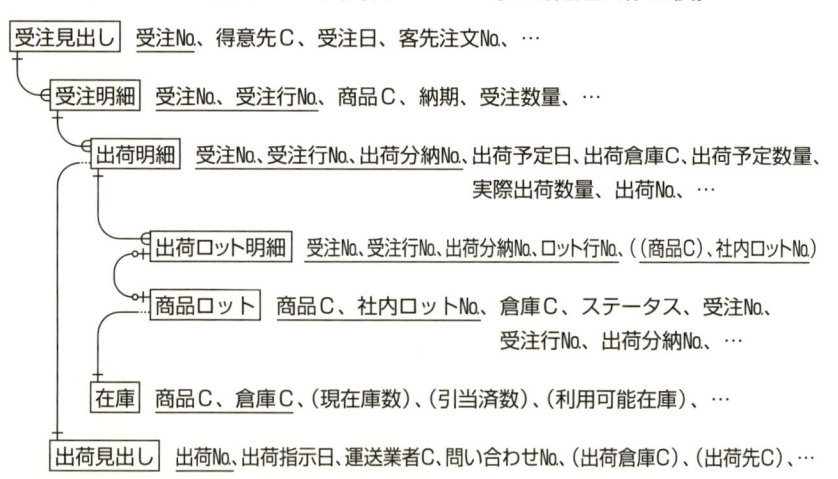

```
受注見出し  受注No.、得意先C、受注日、客先注文No.、…
  └受注明細  受注No.、受注行No.、商品C、納期、受注数量、…
     └出荷明細  受注No.、受注行No.、出荷分納No.、出荷予定日、出荷倉庫C、出荷予定数量、
                 実際出荷数量、出荷No.、…
        └出荷ロット明細  受注No.、受注行No.、出荷分納No.、ロット行No.、((商品C)、社内ロットNo.)
           └商品ロット  商品C、社内ロットNo.、倉庫C、ステータス、受注No.、
                        受注行No.、出荷分納No.、…
  在庫  商品C、倉庫C、(現在庫数)、(引当済数)、(利用可能在庫)、…
  出荷見出し  出荷No.、出荷指示日、運送業者C、問い合わせNo.、(出荷倉庫C)、(出荷先C)、…
```

■梱包単位を考慮する

何種類かの商品を同一カートンに「混載」できるような品種の場合は、カートン数を減らすための工夫が有効です。カートン数が少ないほど運賃が安

く済むからです。混載を前提とする出荷指示のためのモデリング例を次に示します。

　［出荷カートン明細］は運賃計算の基礎となる梱包単位の内訳です。また、［出荷梱包明細］は［出荷明細］の内容がどのように各カートンに別々に梱包されたかを示す情報です。［出荷カートン明細］の属性項目である〈運送単位区分〉は運賃計算のための情報のひとつで、例えば図の＊1にあげた1〜3のような体系をとります。

図8●カートンの内訳を管理するためのモデル

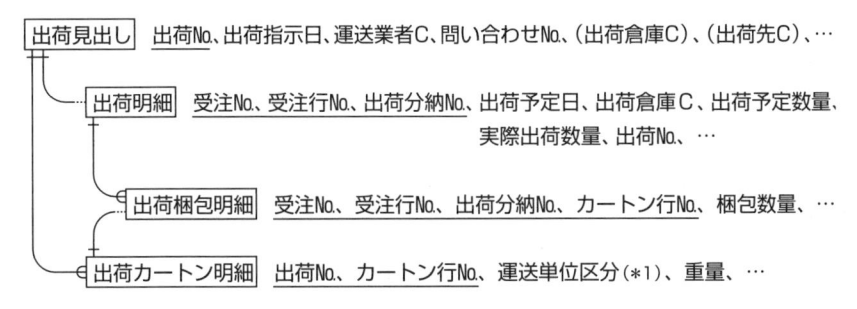

```
出荷見出し　出荷No、出荷指示日、運送業者C、問い合わせNo、(出荷倉庫C)、(出荷先C)、…
 ├ 出荷明細　受注No、受注行No、出荷分納No、出荷予定日、出荷倉庫C、出荷予定数量、
 │　　　　　　　　　　　　　　　　　実際出荷数量、出荷No、…
 ├ 出荷梱包明細　受注No、受注行No、出荷分納No、カートン行No、梱包数量、…
 └ 出荷カートン明細　出荷No、カートン行No、運送単位区分(*1)、重量、…
```

　　　　　　　＊1　1＝標準カートン、2＝大型カートン、3＝個別梱包

　「標準カートン」と「大型カートン」は規定サイズの梱包単位なので、1単位ごとの重量との組み合わせで運賃が決まります。一方、「個別梱包」は商品1個がそのまま運送単位になるケースで、この場合は品目マスターに登録された運送単位当たりの運賃が設定されます。なお、扱い品種の形状が特別に複雑でない限り、商品のサイズや重量を商品マスターに登録しておくことによって、完全ではありませんがコンピュータでカートンの組み合わせを自動計算できます。

■出荷報告と送り状発行

　出荷指示書にもとづいて商品を出庫して梱包することを**荷揃**（にぞろえ）といいます。荷揃が完了したなら、ユーザーが「出荷実績報告」をすれば、システムによって自動的に在庫が引き落とされます。

このとき**送り状**や「カートンラベル」が発行されます。「出荷指示書」が複写式になっていて何枚目かが送り状である場合もありますが、実際の出荷数やロットNo.の一覧を送り状に示したいので、出荷実績報告をした後に出力されるのが一般的です。送り状は商品と一緒にその後積載され、カートンラベルは運送上の1梱包単位ごとに貼付されます。

図9●送り状の出力例

```
                        送　り　状

  リカー山田トカリベツ店　御中
  出荷No.  ：45678                            グローバル物産株式会社
  出荷日   ：03/24

  SEQ     分類      商品名         数量      単位
  ─────────────────────────────────────────────
  01      ビール    アサッポロ純生   20       カートン
  02      発泡酒    エビリン淡麗     20       カートン
  03      焼酎      麦焼酎鯨呑       10       箱
  04      日本酒    清酒完徹         10       箱
  05      ワイン    ラベンダーワイン 10       箱
```

運送業者のトラックが到着すると、商品と送り状を渡して運送業者の荷受伝票を受け取ります。これにもとづいて積載報告すれば、ひととおりの出荷作業は完了です。

なお、送り状に似たものに「納品書」や「仕切書」があります。「納品書」の本来の意味は送り状と同じようなものですが、多くの企業は仕切書のことを納品書と呼んでいます。「仕切書」は売上の事実を客先に伝えるための書類です。送り状とそれらの最大の違いは「単価」が印字されているかどうかで、通常、送り状には単価は印字されていません。

考えてみれば当然のことで、送り状は「出荷先」に商品の実物と一緒に渡されるもので、出荷先が得意先に仕入代金を支払うケースが少なくありません。その場合、得意先としては送り状に単価が示されていては困ります。自分たちがいくらのマージンをとっているか一目瞭然だからです。納品書（仕

切書）は商品送付後、請求先に別途郵送され、これらと商品を照合しながら請求先は仕入額を確認します。

■直送

在庫状況によっては、倉庫からの出荷ではなく仕入先からの**直送**による手配がされることがあります。そのためのモデルを見ましょう。最も単純なモデルは次のようなものです。なお、直送元というのは直送を依頼できる仕入先のことです。

図10●倉出受注と直送受注を兼ねたモデル

受注見出し	受注№、得意先C、受注日、客先注文№、直送元C…
受注明細	受注№、受注行№、商品C、希望納期、回答納期、受注数量、受注単価、仕入単価、…

受注単位をそのまま直送単位としたモデルでとてもシンプルですが、ひどく融通が利きません。直送されるまとまりと受注するまとまりとは異なるはずなので、直送される単位で受注情報が編集されなければなりません。受注情報が「市場の要求を誠実に写し取ったもの」であるという視点に立つなら避けるべきやり方です。また、受注されたさまざまな商品のうちの一部が直送手配されることもあるし、100のうちの60を直送手配して、残りの40を倉出手配［注］することもあり得ます。このような現実的な要求に対して、このように"シンプル"なモデルはまったく"ベスト"ではありません。

この問題も、前述した［出荷明細］を含むモデルを応用した形でスマートに対処できます。192ページ図2に直送出荷の業務要件を組み込んだモデルを見ましょう（次ページ）。［出荷明細］に〈直送元コード〉が追加されています。また、［直送元別商品属性］のエンティティも追加されており、ここに登録されている｛直送元コード、商品コード｝の組み合わせが出荷明細上で直送先として指定できるようになっています。直送先として何らかの値が設定されているなら「直送分の出荷予定」として扱われ、ブランクならば「倉出分の出荷予定」として扱われます。これなら、誠実に写し取った得意

［注］倉庫からの出荷を「直送」に対して「倉出（くらだし）」といいます。

先の要求に対して、在庫や直送元の状況に応じて都合のよい出荷手配を進められます。

図11●直送を考慮した受注・出荷向けモデル

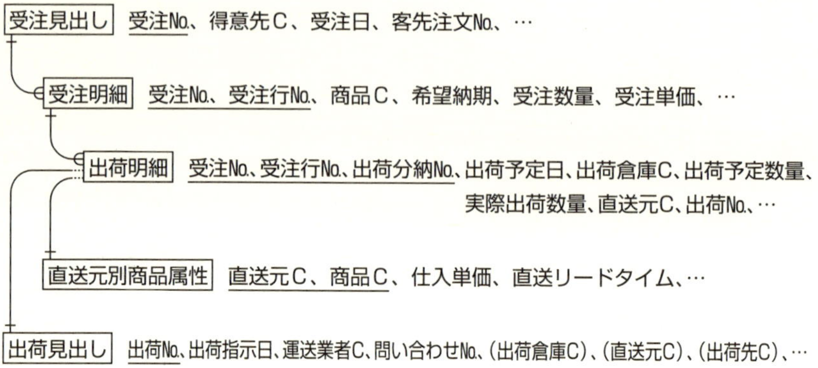

```
受注見出し  受注No、得意先C、受注日、客先注文No、…
  ├─ 受注明細  受注No、受注行No、商品C、希望納期、受注数量、受注単価、…
  │    └─ 出荷明細  受注No、受注行No、出荷分納No、出荷予定日、出荷倉庫C、出荷予定数量、
  │                  実際出荷数量、直送元C、出荷No、…
  │         直送元別商品属性  直送元C、商品C、仕入単価、直送リードタイム、…
  └─ 出荷見出し  出荷No、出荷指示日、運送業者C、問い合わせNo、（出荷倉庫C）、（直送元C）、（出荷先C）、…
```

　直送業務の流れは次のようになります。まず、ユーザーが「直送指示」することによって、発注リードタイム（発注して入荷されるまでの日数）を考慮して現時点で直送指示されなければならない出荷明細データがシステムによって選択されます。続いて、これらにもとづいて直送分の出荷見出しデータが作成されます。何らかの形でその内容が直送元に連絡されると、何日か後に直送元から出荷報告が送付されてきます。報告されてきた出荷No.を指定して実績報告すれば、直送元に対する仕入計上と得意先に対する売上計上が同時に起こることになります。また、直送元から出荷先へは商品とともに単価の印字されていない送り状が送られているはずなので、実績報告した結果として発行される納品書をこちらからも請求先に送付します。

4 売上計上する

「出荷した」と「売れた（売上が計上された）」とは違います。法律的には商品を得意先に引き渡した時点で売上計上が認められることになっていますが、引き渡した時点を正確に認識するのは面倒なので、企業によって売上計上のタイミングが「出荷時」だったり「検収時」だったりします。具体的には前者が出荷実績報告の時点で、後者が受領書や検収書を受け取って検収報告した時点ということになります。そういうわけで、「出荷したけれどまだ売れていない」という状況が生じ得ます。

図1●「引渡し時点に売上計上」といってもいろいろ

〈出荷基準の売上計上〉　　　　　〈検収基準の売上計上〉

しかし、出荷して在庫が減ったけれど検収報告されるまでは売上計上されないというのは会計的に奇妙な状況です。出荷して棚卸資産が減っても売掛金が増えなければ[注]、売上計上されるまでは会計的なバランスが崩れていることになるからです。特にこのような取引が会計月度をまたいで起こると月次決算が面倒なので、出荷時に差し当たって予想売上額でいったん売上計

[注] 棚卸資産と売掛金は、それぞれ在庫と売上を会計的な枠組みで見たときの言い方です。

上しておくといった方法がとられるのがふつうです。その後に検収書等を受け取ってから必要に応じて調整分の売上を追加することになります。

債権[注]の元ネタである売上情報を管理するためのモデリング例を見ましょう。ここでは倉庫から商品を出庫・梱包して出荷場に置いた時点で「荷揃報告」をすれば売上計上されるという業態が前提になっています（売上計上のタイミングの違いはせいぜい出荷ステータスの体系の違いとしてしか現われていません）。

図2●売上情報を組み込んだ出荷管理モデル

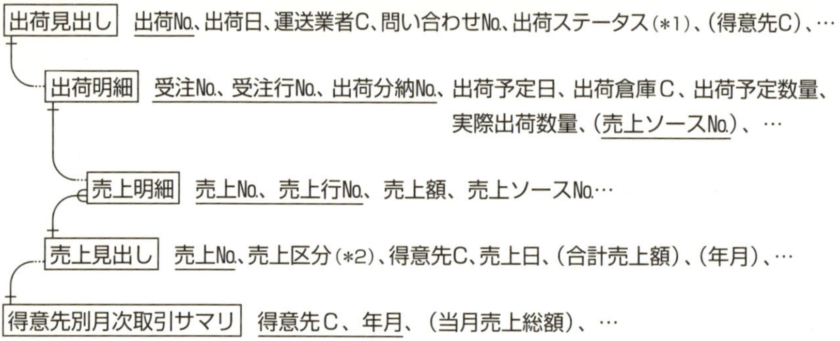

```
出荷見出し  出荷No.、出荷日、運送業者C、問い合わせNo.、出荷ステータス(*1)、(得意先C)、…
  └ 出荷明細  受注No.、受注行No.、出荷分納No.、出荷予定日、出荷倉庫C、出荷予定数量、
                実際出荷数量、(売上ソースNo.)、…
     └ 売上明細  売上No.、売上行No.、売上額、売上ソースNo.…
        └ 売上見出し  売上No.、売上区分(*2)、得意先C、売上日、(合計売上額)、(年月)、…
           └ 得意先別月次取引サマリ  得意先C、年月、(当月売上総額)、…
```

　　　　　*1　10＝指示済、20＝荷揃済(売上済)、30＝積載済、99＝取消済
　　　　　*2　10＝出荷売上、20＝保守売上、90＝返品売上、99＝調整売上

［出荷明細］の〈売上ソースNo.〉は、売上の「元ネタ（ソース）」となるエンティティに与えられる二次識別子です（前章で説明した「受払」における「受払ソースNo.」と同じような役割を果たします）。物品販売以外の事業活動があってその活動を支援するエンティティがあれば、それも売上の元ネタになります。例として次ページに［保守契約明細］と［売上返品明細］をあげておきます。

いったん荷揃報告して売上計上した後に報告内容が違っているのがわかることがあります。そのような場合、ユーザーが出荷実績を修正すれば、訂正分の売上データが「赤黒基準」で追加されることになります（「赤黒基準」による取引訂正については169ページを参照してください）。

[注]取引先に請求して給付を受ける権利のことを「債権」、その反対を「債務」といいます。

図3●いろいろな「売上の元ネタ」

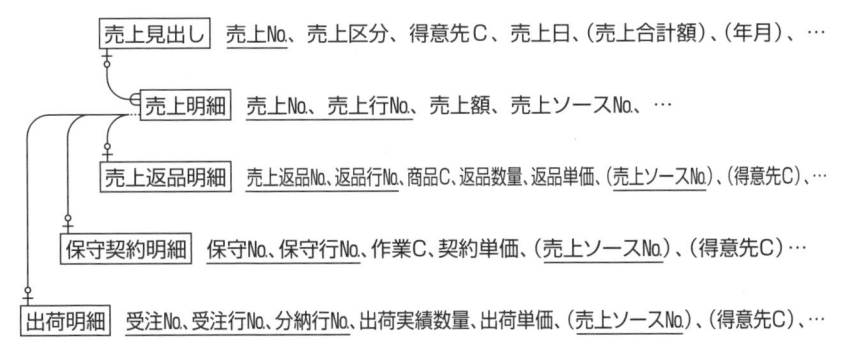

```
売上見出し   売上No、売上区分、得意先C、売上日、(売上合計額)、(年月)、…
  売上明細   売上No、売上行No、売上額、売上ソースNo、…
  売上返品明細 売上返品No、返品行No、商品C、返品数量、返品単価、(売上ソースNo)、(得意先C)、…
  保守契約明細 保守No、保守行No、作業C、契約単価、(売上ソースNo)、(得意先C)…
  出荷明細   受注No、受注行No、分納行No、出荷実績数量、出荷単価、(売上ソースNo)、(得意先C)、…
```

■返品に対応する

さまざまな理由で**返品**が起こることは避けられません。返品の理由は大きく「売り手責任」と「買い手責任」に分けられます。売り手責任としては不良品や買い手の品質基準に満たない場合などで、買い手責任としては購入の必要がなくなった場合や売れ残った場合などです。

返品された商品は品質検査されたうえで在庫に戻されます。売上計上した後で返品されたのなら、売上を取り消すための**返品売上**を計上しなければなりません。そのためのモデリング例を見ましょう。

図4●売上返品管理のためのモデル

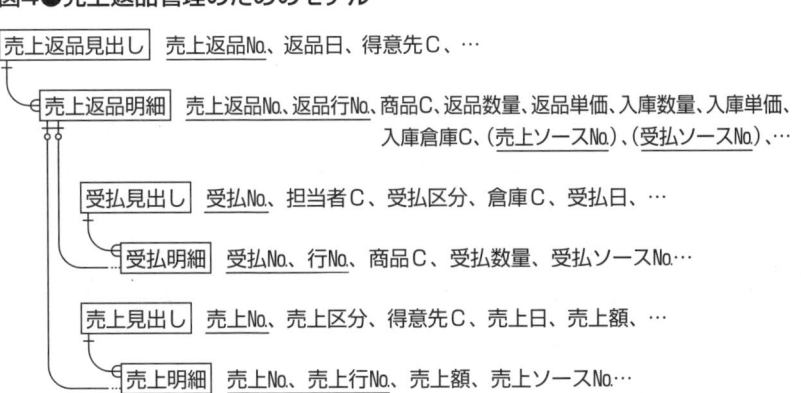

```
売上返品見出し 売上返品No、返品日、得意先C、…
  売上返品明細 売上返品No、返品行No、商品C、返品数量、返品単価、入庫数量、入庫単価、
           入庫倉庫C、(売上ソースNo)、(受払ソースNo)、…
  受払見出し  受払No、担当者C、受払区分、倉庫C、受払日、…
    受払明細   受払No、行No、商品C、受払数量、受払ソースNo…
  売上見出し  売上No、売上区分、得意先C、売上日、売上額、…
    売上明細   売上No、売上行No、売上額、売上ソースNo、…
```

通常、返品されたらすぐに返品報告するのではなく、［売上返品明細］に載っている項目がすべて決定してから返品報告します。ユーザーが返品報告をすれば、システムが自動的に在庫計上とマイナス分の売上計上を実行することになります。

■調整売上

売上計上はほとんどが元ネタにもとづいて起こりますが、場合によっては元ネタなしで売上が発生することがあります。例えば、月間の取引実績にもとづいてキックバックを得意先に支払うとか、何らかの理由で値引きや値増しをしなければならないケースなどがあります。これらを管理するための特別のエンティティを用意しない場合は、売上情報を直接入力する形で売掛に反映することになります。このような売上情報を**調整売上**といいます。

ただし、受払データがそうであったように、売上データを変更することは許されないことに注意してください。もしそうでなく、簡単に売上データを変更できてしまうようなら監査上問題になり得ます [注]。

そういうわけで、調整売上データも、いったん追加したら変更できないことを前提として慎重に登録されなければなりません。どうしても変更したい場合は、丁寧に「赤黒」を追加しなければなりません。それだけに、もし調整売上を入力すべき頻度が月に何度もあるようなら、専用のエンティティを別途用意したほうが無難です。調整売上を登録するしくみはあくまでも例外措置的なものだと考えてください。

■営業活動の評価

かつて、販売数や担当地区でのシェアが大きければ大きいほど営業担当者が評価される時代がありました。今でこそそのような評価基準をとっている企業は減りましたが、利益不問の「売上基準」をとっている企業は少なくありません。商品のライフサイクルによってはそのような基準が適している時期もありますが、長い目で見れば「利益基準（限界利益基準）」での評価体制が基本です。いずれにせよ、販売管理システムを標榜するなら、営業担当者の活動に対して経営的に合理的な評価を与えるための情報を示してくれる

[注] 売上実績を簡単に操作できるようなシステムは脱税を支援するためのものかもしれないからです。

図5●営業活動を月次評価するためのモデル

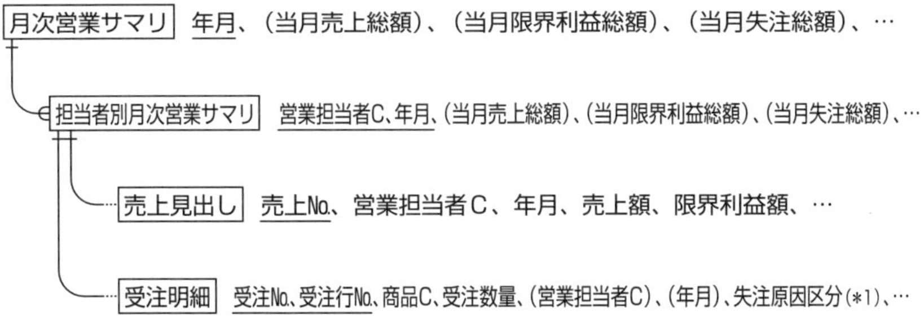

```
┌月次営業サマリ┐ 年月、（当月売上総額）、（当月限界利益総額）、（当月失注総額）、…
│
├─┤担当者別月次営業サマリ│ 営業担当者C、年月、（当月売上総額）、（当月限界利益総額）、（当月失注総額）、…
│
├─── 売上見出し  売上No、営業担当者C、年月、売上額、限界利益額、…
│
└─── 受注明細   受注No、受注行No、商品C、受注数量、(営業担当者C)、(年月)、失注原因区分(*1)、…
```
　　　　　　　　　　　　　　　　　　　＊1　1＝納期、2＝価格、3＝仕様

ものでなければなりません。そのためのモデリング例を見ましょう（図5）。

　それぞれのエンティティに載っている〈限界利益額〉というのは、売上額から「変動原価」を差し引いたものです。「変動原価」というのは「販売量によって変動する原価」のことで、ここでは主に商品の仕入額に相当します。限界利益は利益項目の中でも算出しやすい項目であるうえに、その集計値は営業活動の実態を端的に示すものなので、営業評価の指標に適しています。

　「失注」というのはキャンセルされた、または受注数が減らされた受注のことで、あまり注目されることがありませんが、営業活動を評価・改善するための重要な管理情報です。失注分の限界利益を「失注原因」ごとに算出すれば、業務改善や商品開発の手がかりになります。納期ゆえの失注額が多いのなら、業務改善の余地があります。価格ゆえなら価格体系の見直しが必要だし、仕様ゆえなら新商品の開発が求められます。また、失注額をそれらの改善課題のための投資額の目安にすることもできます。それらの問題がなければ、本来はそれだけ儲かっていたはずだからです。

　また、失注データを分析して納期回答後の失注が多いとしたら、営業担当者が自分の担当得意先向けの在庫を確保するために受注を多めに登録している可能性があります。そのような受注は他の「まっとうな受注」の出荷活動を妨害するので抑制されなければなりません。「納期回答後の失注」を集計して、評価指標に「これが多ければ減点となる項目」として加えれば、営業担当者は確実な受注しか登録しなくなるので好都合です。

第2部
業務別
データモデル
用例集

第4章 購買管理

需要や在庫計画に従って商品を発注し、入荷を受け付けるとともに、発注残を管理する。それが購買管理の役割です。かつては「いかに値切ったか」が購買担当者の評価基準でしたが、購買管理がシステム化されると、「入荷予定を正確に管理する」ことがより重要になります。

1 発注する

　発注情報のモデリング例を示します。受注のモデルと似ていますが、仕入先にとっては受注情報なので当然といえば当然です。図は「明細形式」が前提になっている例で、ひとつの発注単位の中で複数の商品が並んでいます。「商品コード」が識別子に含まれていない点に注意してください。

図1●発注管理のためのモデル

```
発注見出し   発注№、仕入先C、入荷予定倉庫C、発注日、発注ステータス(*1)、…
　└─ 発注明細   発注№、行№、商品C、発注数量、発注単価、納期、…
```

　　　　　　＊1　10＝依頼済、20＝発注済、30＝一部入荷済、40＝完納済、99＝取消済

　発注に関係する業務がどのように連係しているかを次ページの図で見てみましょう。
　まず、発注依頼業務において発注データが追加されます（①）。それを購買担当者が承認すれば、注文書が発行されて仕入先に送付されます（②）。その後に仕入先が納期回答してくるのでその内容がシステムに登録され（③）、後は予定に従ってモノが入荷するのを待つばかりとなります。

■どれくらいの量を発注すべきか

　発注管理において難しいのは、どんなタイミングでどれくらいの量を発注するかを決めることです。タイミングが早すぎても遅すぎてもいけないし、発注量が多すぎても少なすぎてもいけません。
　商品ごとに「発注点数量」を決めておくのがオーソドックスなやり方で、**発注点方式**とか**定量発注方式**と呼ばれます。コンピュータ化されている場合、

第4章 購買管理

図2●発注に関連する業務の連係の様子

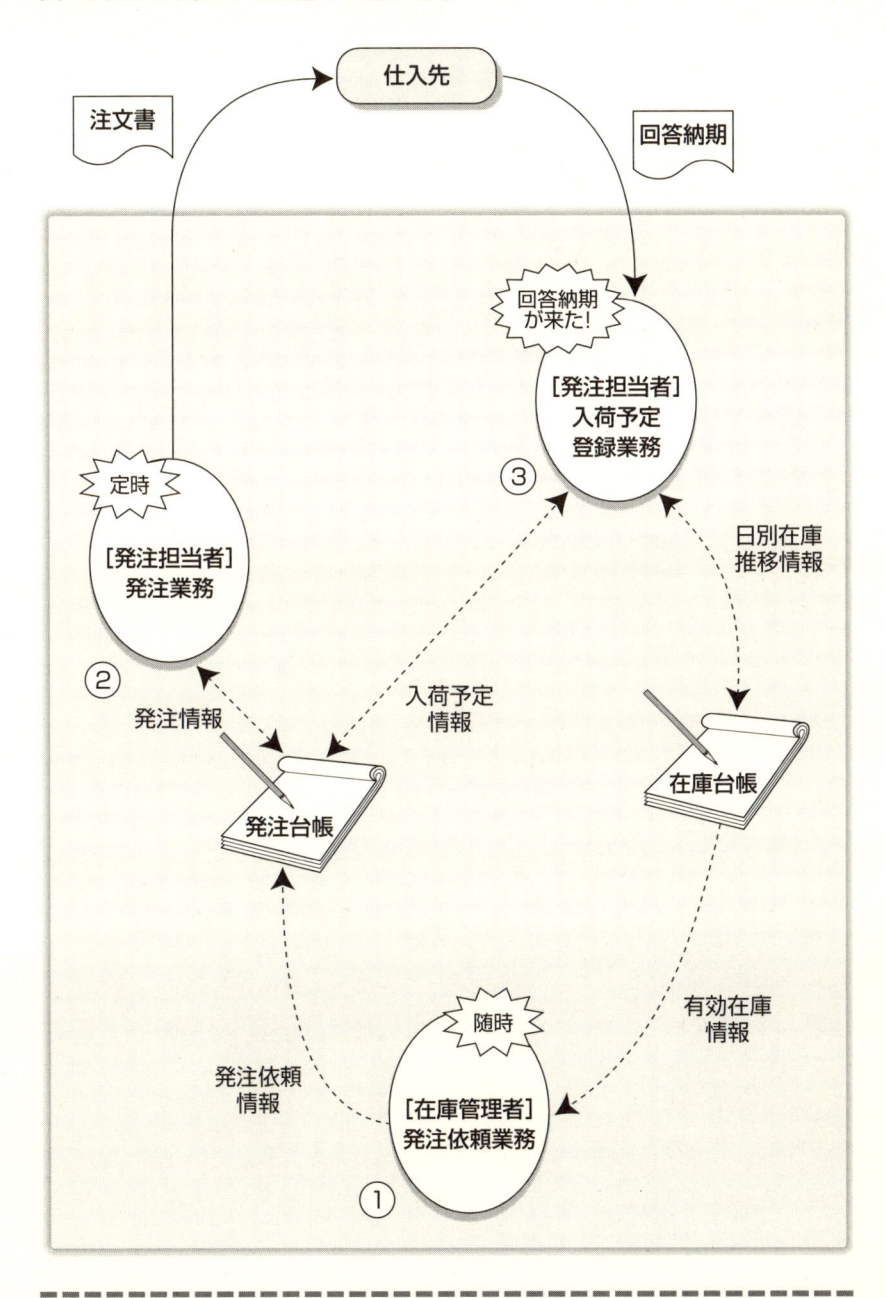

仕入先へ注文書を送付し、回答納期を受け取る。

① [在庫管理者] 発注依頼業務（随時）
　→ 発注依頼情報 → 発注台帳
　← 有効在庫情報 ← 在庫台帳

② [発注担当者] 発注業務（定時）
　← 発注情報 ← 発注台帳
　→ 注文書 → 仕入先

③ [発注担当者] 入荷予定登録業務（回答納期が来た!）
　← 回答納期 ← 仕入先
　→ 入荷予定情報 → 発注台帳
　← 日別在庫推移情報 ← 在庫台帳

全社の在庫数量が（発注点数量＋発注中数量）を切った時点で、発注依頼情報がシステムによって自動生成されるのがふつうです。その際に設定される発注数量はあらかじめ一定の値が決まっていて、これを得るための**経済的発注量（EOQ）**と呼ばれる計算式が知られています [注]。発注依頼情報が生成されたなら、購買担当者がそれらに仕入先や単価などの確定値を補ったうえで発注書を発行すれば発注中数量が計上され、その後に商品が入荷して在庫計上されれば発注中数量が引き落とされます。ほかに、例えば1か月ごとに発注することを決めておくといった**定期発注方式**と呼ばれるやり方もあります。それらの管理項目を含むモデリング例を見ましょう。

図3●発注方式に関連する項目の位置づけ

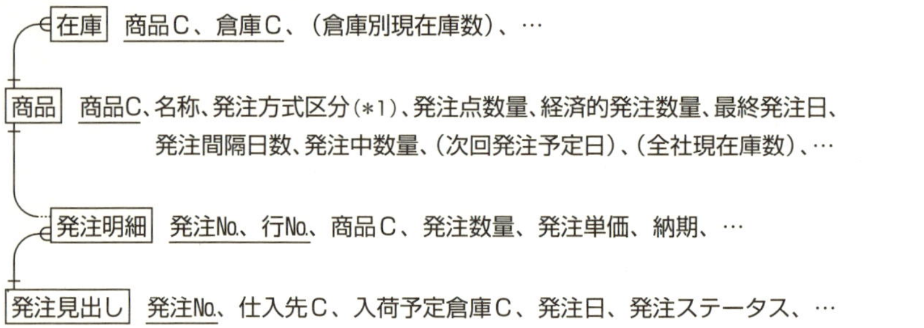

```
┌─┤在庫│    商品C、倉庫C、（倉庫別現在庫数）、…
│
├─┤商品│    商品C、名称、発注方式区分(*1)、発注点数量、経済的発注数量、最終発注日、
│            発注間隔日数、発注中数量、（次回発注予定日）、（全社現在庫数）、…
│
├─┤発注明細│ 発注No.、行No.、商品C、発注数量、発注単価、納期、…
│
└─┤発注見出し│ 発注No.、仕入先C、入荷予定倉庫C、発注日、発注ステータス、…
```

　　　　　　　　　　　　　*1　1=発注点方式、2=定期発注方式、3=随時発注方式

　一見すると合理的に見えますが、この枠組みが通用するような品種は想像するほど多くはありません。例えば、購買リードタイム（発注してから入荷するまでの日数）が比較的長いような品種については不適切です。なぜなら、上記の手順で考慮される「発注中数量」は入荷予定日の異なるいくつかの発注単位の合算であるため、計算された発注数が妥当とは言い切れないからです。また、平均的な出庫が前提になっていて、現実の気まぐれな需要変動に対応できません。

　在庫システムが「日別在庫推移」を管理するようになっていれば、より合理的な発注計画が立てられます。商品ごとに購買リードタイムを調べておい

[注] EOQはEconomical Order Quantityの略。
　　　$\sqrt{(2 \times 年出庫量 \times 1回当たりの発注費用 \div 在庫管理単価)}$
で与えられます。計算式だけを見れば厳密そうに見えますが、1回当たりの発注費用も在庫管理単価も概算でしか算定できません。仮に厳密にそれらを算定できるとしても、そもそも1回当たりの発注数量（発注ロット）は供給側の事情で決まってしまうことが多いものです。

て、今日からその日数分までの未来は「予定利用可能在庫数」が最少在庫レベルを下回らないように、また反対に在庫過剰にならないように監視すればよいわけです。

　ただし、在庫や受注の状況は時々刻々と変化するため、在庫推移も追随して変化します。これをすべての商品について人間が監視するのは面倒なので、期間内に1回でもマイナスが予想されるならそのような商品についてはコンピュータが自動的に警告を出すようにしておきます。ただし、そのような状況にどう対応したらよいかは人間が判断するのがよいでしょう。なぜなら、発注を追加するだけでなく、場合によっては仕入先と相談して発注済の発注分について納期を早めてもらうとか、受注担当者と相談して出荷予定日を遅らせるように得意先と交渉してもらうとか、いろいろな対処法が考えられるからです。

■入荷予定を登録する

　受注の場合と同様、注文書を送った後に仕入先が納期回答をしてきます。入荷明細はそのときに作られるデータです。多くの場合、仕入先は発注明細に対してひとつの約束納期（入荷予定日）を答えてきますが、「分納」で答えてくる場合もあります。そのときには発注明細1件につき分納回数分の入荷明細が登録されることになります。

図4●仕入先からの回答納期や分納予定を記録するためのモデル

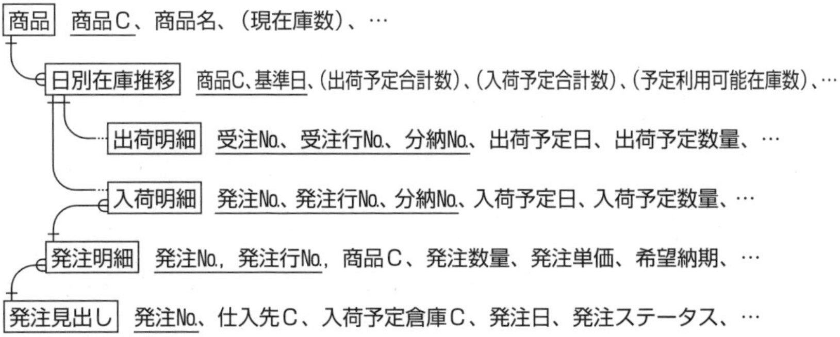

|商品| 商品C、商品名、（現在庫数）、…
　|日別在庫推移| 商品C、基準日、(出荷予定合計数)、(入荷予定合計数)、(予定利用可能在庫数)、…
　　|出荷明細| 受注No、受注行No、分納No、出荷予定日、出荷予定数量、…
　　|入荷明細| 発注No、発注行No、分納No、入荷予定日、入荷予定数量、…
　|発注明細| 発注No、発注行No、商品C、発注数量、発注単価、希望納期、…
|発注見出し| 発注No、仕入先C、入荷予定倉庫C、発注日、発注ステータス、…

2 入荷を受け付ける

　入荷予定にもとづいて入荷されたなら、実際の入荷内容にもとづいて「入荷報告」されるとともに在庫計上と仕入計上が起こります。入荷管理のためのモデリング例を見ましょう。

図1●入荷管理のためのモデル

```
発注見出し  発注No、仕入先C、入荷予定倉庫C、発注日、発注ステータス、…
  └発注明細  発注No，発注行No，商品C、発注数量、発注単価、納期、…
      └入荷明細  発注No、発注行No、分納No、入荷予定日、予定入荷数量、実際入荷数量、入荷No、…
          在庫  商品C、倉庫C、（総仕入入庫数）、（現在庫数）、…
  入荷見出し  入荷No、（仕入先C）、実際入荷日、実際入荷倉庫C、…
```

■入荷実績を登録する

　入荷関連業務の連係の様子を次ページの図で見ましょう。商品が入荷されたなら納品書と商品とを突き合わせて内容や品質を確認したうえで、それらを検収場に置きます（①）。その後に検収担当者が商品の品質を検査してその結果をシステムに報告すれば、在庫計上と仕入計上が起こります（②）。

　同一日にある仕入先から複数商品が入荷された状況で、それぞれの入荷商品に対応する入荷明細の発注No.が異なっている場合があります。先に発注したものが後に入荷されたり、後に発注されたものが先に入荷されることが起こり得るためです。発注No.が異なるとはいえ、それらは同一の入荷単位の内訳として処理したいところです。別々の入荷単位として処理しなければ

第4章 購買管理

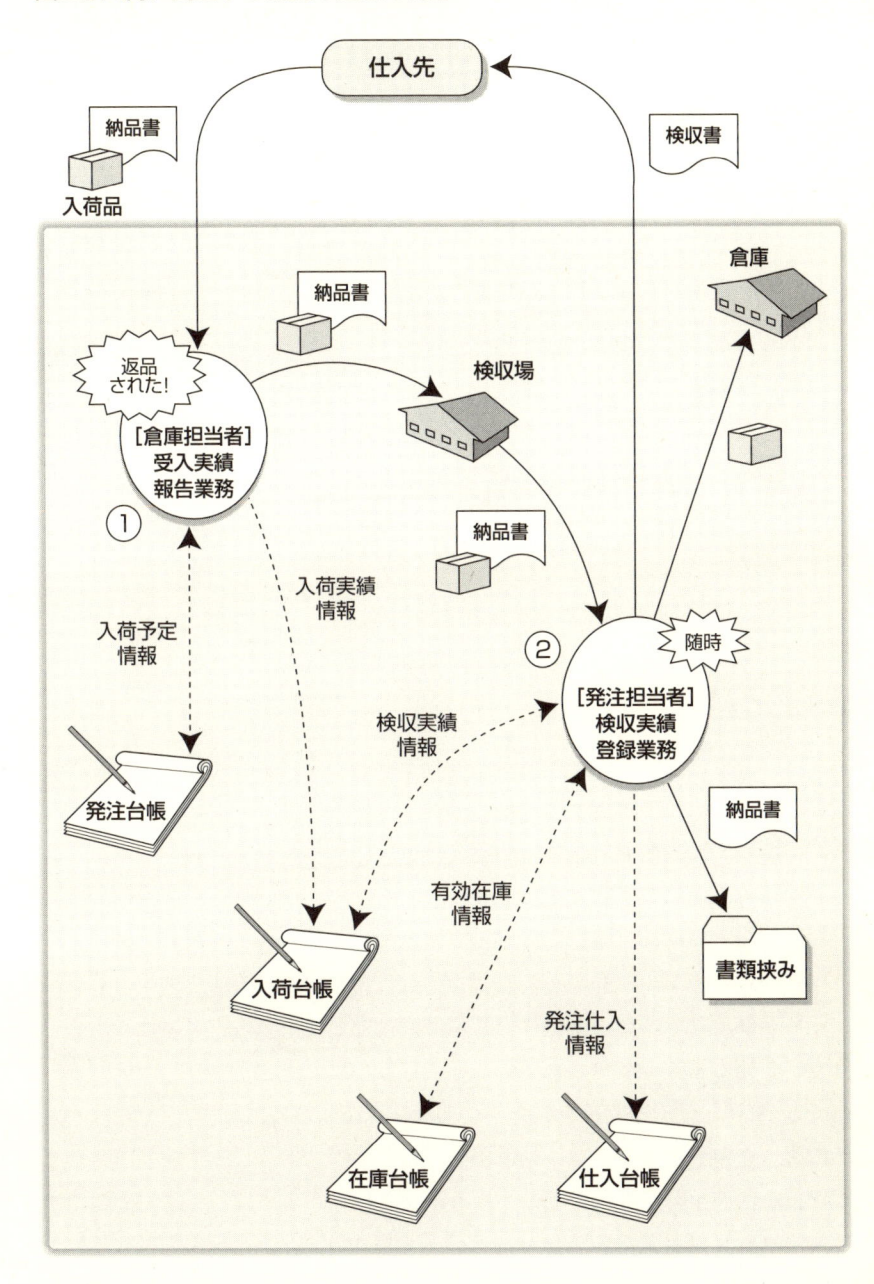

図2●入荷に関連する業務の連係の様子

ならないとしたら、現実を正しく反映したデータとは言えません。

212ページのモデルで［入荷見出し］というのは、発注No.の違いを超えて仕入先ごとに入荷をまとめる働きを持つエンティティです。入荷予定情報が先に存在していて、後からそれらが入荷単位としてまとめられることになるので、［入荷見出し］と［入荷明細］との関連は図のような参照関係とするのが適切です。インスタンスの例を示します。

図3●入荷管理モデルのインスタンス

入荷見出し	入荷No、（仕入先C）、実際入荷日、…
	1234　　　　4567　　　20XX/07/21

入荷明細	発注No、発注行No、分納No、入荷予定日、入荷倉庫C、予定入荷数量、実際入荷数量、入荷No、…
	3546　02　01　20XX/07/04　S001　1,000　1,000　1234
	3877　01　01　20XX/07/21　S001　　500　　500　1234
	3877　02　01　20XX/07/21　S001　2,000　2,000　1234

■受入と検収

　入荷したなら送り状に記載された内容と品物とを突き合わせて入荷報告するわけですが、このときすぐには在庫計上・仕入計上できないケースがあります。特に、品質基準の厳しい品種の場合は、品質検査を実施して厳密な合格数や仕入単価を決定してからでないと、仕入計上も在庫計上もできません。

　問題になるのは、荷物を受け取ってから検収されるまでの数量をどのように管理するかです。検査が必要だとしても目視検査などで簡単にすむものばかりならば、受取時には実績報告せずに、検査してから入荷実績報告するやり方で十分です。

　一方、物理化学的な特性を含む本格的な検査をするには時間がかかるので、そのような検査が必要な扱い品種が多いのならば、入荷済数（検収中数）と検査指示情報を別途管理できるしくみにしたほうがよいでしょう。そのためのモデリング例と入荷報告画面のデザイン例を次ページに示します。なお、

第4章 購買管理

［入荷明細］上の〈検収数〉は、検査して合格品として認められた数量を意味するもので、これにもとづいて仕入計上と在庫計上とがなされます。

図4●受入・検収管理のためのモデル

```
[入荷見出し] 入荷No、(仕入先C)、実際入荷日、実際入荷倉庫C、…
    │
    ├─[入荷明細] 発注No、発注行No、分納No、入荷予定日、予定入荷数、入荷実際日、
    │              検査中数、検収数、入荷No、検査No、仕入単価、…
    │
    ├─[在庫] 商品C、倉庫C、(総仕入入庫数)、(現在庫数)、(検査中合計数)、…
    │
    └─[検査見出し] 検査No、検査指示日、検査完了日、検査ステータス、…
```

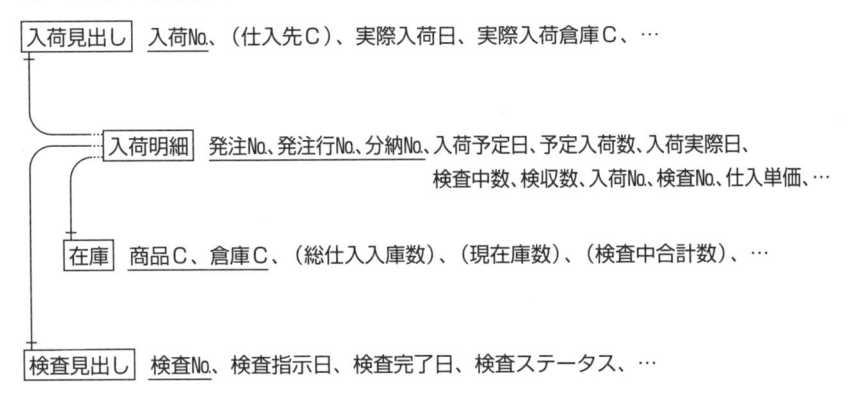

図5●入荷報告画面のデザイン例

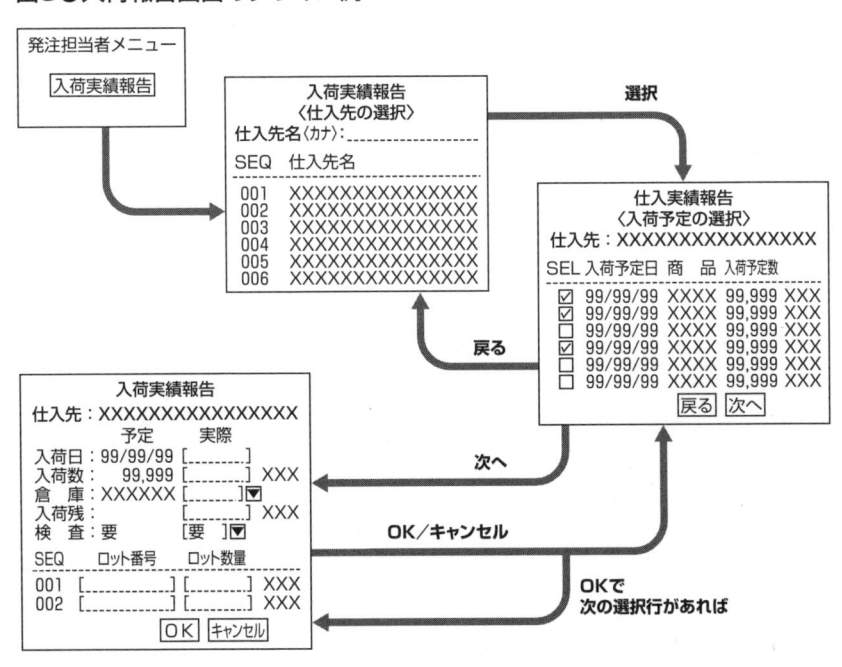

```
発注担当者メニュー
  入荷実績報告

           入荷実績報告
          〈仕入先の選択〉
  仕入先名〈カナ〉:_____
  SEQ  仕入先名
  001  XXXXXXXXXXXXX
  002  XXXXXXXXXXXXX
  003  XXXXXXXXXXXXX
  004  XXXXXXXXXXXXX
  005  XXXXXXXXXXXXX
  006  XXXXXXXXXXXXX

        →選択→

              仕入実績報告
             〈入荷予定の選択〉
      仕入先：XXXXXXXXXXXXXXX
      SEL 入荷予定日 商 品 入荷予定数
      ☑  99/99/99  XXXX  99,999 XXX
      □  99/99/99  XXXX  99,999 XXX
      □  99/99/99  XXXX  99,999 XXX
      ☑  99/99/99  XXXX  99,999 XXX
      □  99/99/99  XXXX  99,999 XXX
              [戻る][次へ]

        ←戻る

            入荷実績報告
  仕入先：XXXXXXXXXXXXXXX
              予定       実際
  入荷日： 99/99/99  [_____]
  入荷数：   99,999  [_____] XXX
  倉 庫： XXXXXX   [_____]▼
  入荷残：          [_____] XXX
  検 査： 要       [要    ]▼
  SEQ  ロット番号   ロット数量
  001  [_____] [_____] XXX
  002  [_____] [_____] XXX
         [OK][キャンセル]

        ←次へ
        OK／キャンセル
        OKで次の選択行があれば
```

215

この場合、入荷されたならその内容を「入荷実績入力」と「検収実績入力」の2本立てで報告することになります。まず、「入荷実績入力」で入荷数を報告すれば、検査中合計数が計上されるとともに、検査部門に対する仕入品検査指示書が発行されます（なお、在庫システムが「日次在庫推移」を管理しているなら、この時点で入荷数が日別の入荷予定数から倉庫別の検査中合計数に移行されることになります）。続いて、指示書にもとづいて検査が実施されたなら、その結果が「検収実績入力」で報告され、検査中数が引き落とされると同時に合格数と検収単価に応じて仕入計上と在庫計上がなされます。前ページのデザイン例では、入荷報告時に即座に検収済として報告できるようになっていて、検査不要品の入荷にも対応しやすいので便利です。

■発注担当者の評価基準

　仕入先と入荷予定を密に連絡しあっていれば、入荷予定数に対して多少の誤差があっても入荷明細ごとに入荷報告は完結します。そうでない場合には、入荷の時点で分納がわかることになります。前ページ図5はこれを前提にしたデザインになっています。入荷数量と一緒に入荷残数と入荷予定日が入力できるようになっていて、それらが入力されると分納No.が設定されて、発注明細データに関連する入荷予定明細データが追加されることになります。

　本来なら、入荷予定が事前に入荷明細として登録されているべきであることに注意してください。そうでないと将来の在庫推移がわからないので、出荷の見込みが立たないからです。そのために、購買担当者を「事前に登録されている入荷予定に従って入荷できたか」を基準にして業績評価する体制をとらねばなりません。そのためのモデリング例を見ましょう。入荷予定の変

図6●購買担当者評価のためのモデル

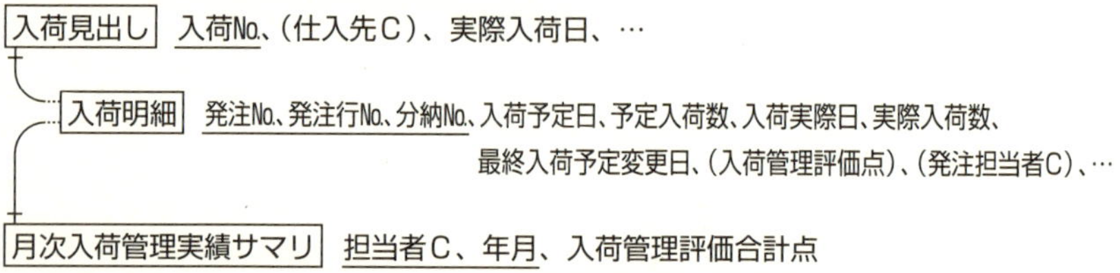

```
┌─────────┐
│入荷見出し│　入荷No、(仕入先C)、実際入荷日、…
└────┬────┘
     │  ┌──────┐
     ├──│入荷明細│　発注No、発注行No、分納No、入荷予定日、予定入荷数、入荷実際日、実際入荷数、
     │  └──────┘　　　　　　　最終入荷予定変更日、(入荷管理評価点)、(発注担当者C)、…
     │  ┌──────────────┐
     └──│月次入荷管理実績サマリ│　担当者C、年月、入荷管理評価合計点
        └──────────────┘
```

更が入荷時点に近いほど、また、実際の入荷数や入荷日が入荷予定と食い違うほど低い評価しか得られない「入荷管理評価点」を想定します。これが入荷実績にもとづいて算出されて、その結果が購買担当者の月間評価として集計されるようになっています。

余談ですが、「どれくらい値引きできたか」を基準にして購買担当者を業績評価している企業が少なくありません。評価制度を変えずに上記のモデルにもとづくシステムを導入しても、購買担当者は入荷予定を管理することはないでしょう。そんなことをしても担当者は会社に評価されないことを知っているからです。一般に、どんな業務であっても、ユーザーにモデルに合わせてきっちりと仕事をやってもらうためには、データベースやプログラムを開発するだけでは不十分です。必要に応じてユーザーの評価制度を見直さなければなりません。業務支援システムをうまく稼働させるためのコツとして覚えておいてください。

■ロット管理品の入荷

商品がロット管理されている場合のモデリング例を見ましょう。入荷報告されるときに受け取ったロットの内訳が入力されて、入荷ロット明細データ

図7●ロット管理を前提にした入荷管理モデル

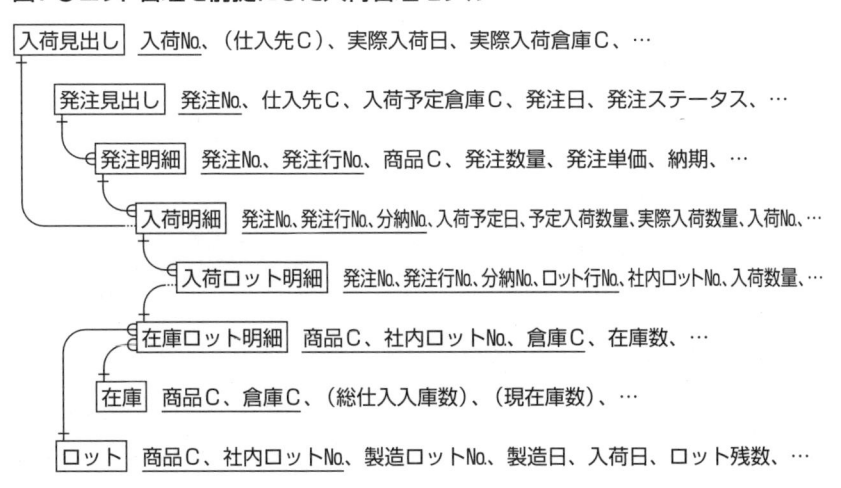

```
入荷見出し  入荷No、（仕入先C）、実際入荷日、実際入荷倉庫C、…
  発注見出し  発注No、仕入先C、入荷予定倉庫C、発注日、発注ステータス、…
    発注明細  発注No、発注行No、商品C、発注数量、発注単価、納期、…
      入荷明細  発注No、発注行No、分納No、入荷予定日、予定入荷数量、実際入荷数量、入荷No、…
        入荷ロット明細  発注No、発注行No、分納No、ロット行No、社内ロットNo、入荷数量、…
          在庫ロット明細  商品C、社内ロットNo、倉庫C、在庫数、…
            在庫  商品C、倉庫C、（総仕入入庫数）、（現在庫数）、…
              ロット  商品C、社内ロットNo、製造ロットNo、製造日、入荷日、ロット残数、…
```

が追加されます。

　入荷ロット明細データが追加されると同時に、在庫ロット明細データも追加・更新されます。このときに入荷商品の製造ロットNo.や製造日を確認できるのであれば、既存のロットデータと突き合わせます。もし受け取ったことのないロットなのであればロットデータと在庫ロット明細データも追加されることになるし、既存ロットの追加入荷なのであれば既存データの数量値が加算されることになります。

　ロットの製造者が違わないなら、同一の製造ロットNo.を持つものは同一のロットではあるのでしょうが、入荷報告作業の効率を上げるために、入荷されたロットを常に「受け取ったことのないロット」とみなすやり方も合理的です。実際、厳密な意味では同一条件で保管されていたわけではないので、これらを異なる品質特性を持つ別ロットとみなさなければならない品種もあります。また、製造ロットNo.を打ちまちがえて異なるロットが同一のロットに括られるよりは、本来同一のロットが別々のロットに分かれて記録されるほうが後で対処しやすいものです。

　なお、215ページ図5の報告画面では、ロット管理されている商品の入荷報告もできます。選ばれた入荷予定商品が「ロット管理品」ならば、ロットの内訳を報告するための明細入力行が表示されるようになっています。

3 仕入計上する

　入荷情報と仕入情報の関係を示すモデリング例を見ましょう。入荷実績をシステムに報告することによって、在庫計上されると同時に仕入計上されます。「仕入計上された」というのは、業務支援システムにおいて仕入データが追加されたということで、買い手にとっての「債務」つまり「仕入先に代金を支払う義務」が発生したことを意味します。

図1●仕入情報を組み込んだ入荷管理モデル

```
[入荷見出し] 入荷No、入荷日、実際入荷日、実際入荷倉庫C、(仕入先C)、…
   └[入荷明細] 発注No、発注行No、分納No、入荷予定日、予定入荷数量、実際入荷数量、入荷No、(仕入ソースNo)、…
      └[仕入明細] 仕入No、仕入行No、仕入額、仕入ソースNo、…
         └[仕入見出し] 仕入No、仕入区分(*1)、仕入先C、仕入日、仕入額、(年月)、…
   └[仕入先別月次取引サマリ] 仕入先C、年月、(当月仕入総額)、…
```

　　　　*1　10＝入荷仕入、20＝直送仕入、90＝返品仕入、99＝調整仕入

■仕入の元ネタにもいろいろある

　ここまで読んでこられた読者には詳しく説明するまでもないでしょう。〈仕入ソースNo.〉はこれまでに説明した「受払ソースNo.」や「売上ソースNo.」と同じ働きをするもので、「仕入計上の元ネタ」になり得るエンティティに共通に与えられる二次識別子です。202ページの売上のモデルと較べるとその"裏返し"であることがわかるでしょう。

　返品についても「売上返品」の裏返しと考えてもらってかまいません。返

品内容を金額評価したうえで返品登録すれば、在庫の引落としと**返品仕入**というマイナスの仕入計上が自動的に起こるようにします。

図2●仕入返品管理のためのモデル

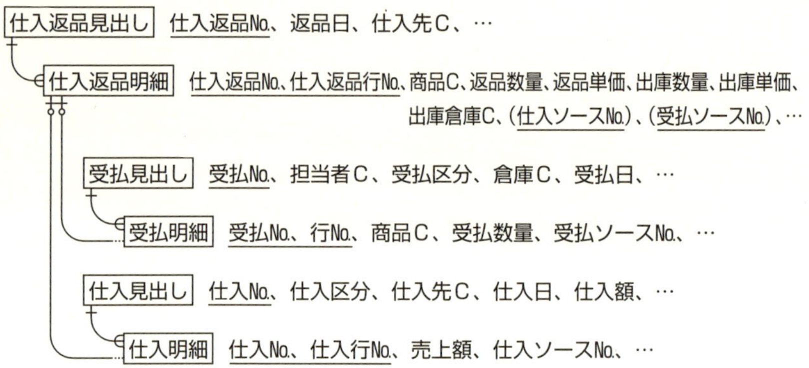

```
仕入返品見出し   仕入返品No、返品日、仕入先C、…
  └仕入返品明細   仕入返品No、仕入返品行No、商品C、返品数量、返品単価、出庫数量、出庫単価、
                  出庫倉庫C、(仕入ソースNo)、(受払ソースNo)、…
     └受払見出し   受払No、担当者C、受払区分、倉庫C、受払日、…
        └受払明細   受払No、行No、商品C、受払数量、受払ソースNo、…
     └仕入見出し   仕入No、仕入区分、仕入先C、仕入日、仕入額、…
        └仕入明細   仕入No、仕入行No、売上額、仕入ソースNo、…
```

また、199ページで説明したように「直送」が考慮されているのなら、直送分の出荷明細も「直送元への仕入の元ネタ」になります。

図3●直送と仕入との関係

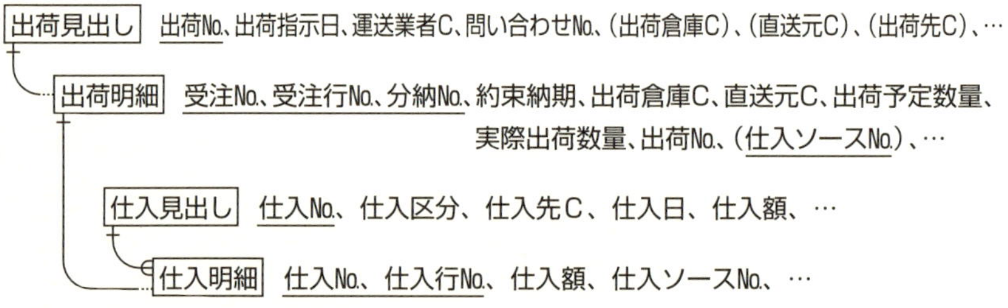

```
出荷見出し   出荷No、出荷指示日、運送業者C、問い合わせNo、(出荷倉庫C)、(直送元C)、(出荷先C)、…
  └出荷明細   受注No、受注行No、分納No、約束納期、出荷倉庫C、直送元C、出荷予定数量、
              実際出荷数量、出荷No、(仕入ソースNo)、…
     └仕入見出し   仕入No、仕入区分、仕入先C、仕入日、仕入額、…
        └仕入明細   仕入No、仕入行No、仕入額、仕入ソースNo、…
```

売上がそうであったように、「元ネタ」なしで発生する仕入は**調整仕入**としてシステムに直接登録されます。調整仕入も、いったん登録したら変更できない情報なので慎重に登録されなければなりません。どうしても変更したい場合は、例によって「赤黒」を追加しなければなりません。調整売上と同様、調整仕入を登録するしくみも例外措置的なものと考えてください。

コラム4 正規形を「ずらす」ということ

「データモデルにおけるエンティティ」は「データベースにおけるテーブル」に相当しますが、両者は厳密には一致しません。処理速度を高めるために意図的にいくつかのエンティティを1つのテーブルに統合したり、1つのエンティティを分割することがあるからです。また、同じ理由で「正規化違反」しているようなデータ項目をテーブルにあえて置くこともあります。

システムが載るコンピュータの性能が低かったり、ユーザーの要求する処理速度が非常に高い場合には、そのような工夫が特に重要です。実際そのあたりはデータベース設計者の腕の見せどころで、完全な正規形をわずかに「ずらす」だけで見違えるように処理速度が向上するものです。ただし、「正規化されたものを意図的にずらす」点が重要なのであって、「意図せずに初めからずれている」という事態は避けるべきです。なぜなら、正規化された姿が事前に理解されていないと、「ずらす」ことにともなって発生し得る更新時異状に対応できないからです。

正規化をずらして処理速度を向上させるための工夫例を紹介しましょう。例えば、次のようなデータモデルがあったとします。

図1●調整前のモデル

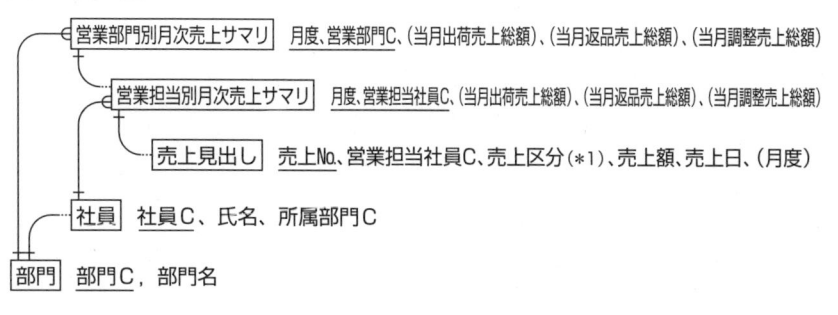

- 営業部別別月次売上サマリ　月度、営業部門C、(当月出荷売上総額)、(当月返品売上総額)、(当月調整売上総額)
- 営業担当別月次売上サマリ　月度、営業担当社員C、(当月出荷売上総額)、(当月返品売上総額)、(当月調整売上総額)
- 売上見出し　売上No、営業担当社員C、売上区分(*1)、売上額、売上日、(月度)
- 社員　社員C、氏名、所属部門C
- 部門　部門C、部門名

*1　10=出荷売上、20=返品売上、30=調整売上

このモデルをそのままデータベース化して、月末に月次売上サマリを集計するものとします。このモデルを前提にすると、非力なマシンでは集計に結構時間がかかりそうです。例えば、営業担当に従って売上額を集計する過程で、社員がどこの部門に所属しているかを社員マスターを検索して調べなければいけません。また、売上見出しの月度は作出項目なので、売上日がどの月度に含まれるかを、何らかの情報を読み込んだうえで計算しなければなりません[注]。

　次のモデルではどうでしょう。＊マークのついている項目が「正規化違反」の部分です。売上見出し上に ｛売上日｝→月度、｛営業担当社員コード｝→所属部門コード、という2つの「許されざる関数従属性」が成立してしまっています。

図2●意図的に正規化違反したモデル

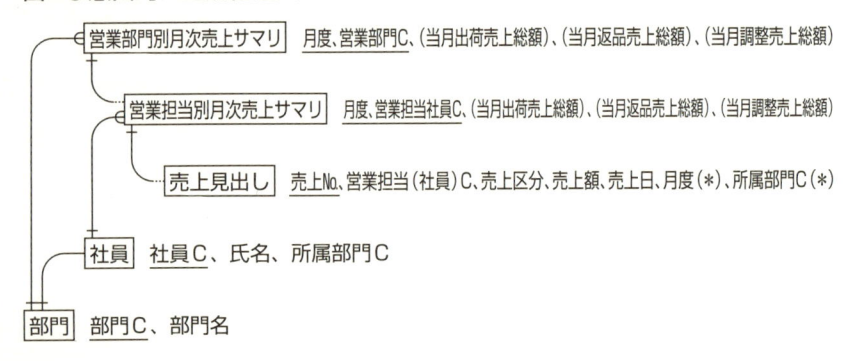

営業部門別月次売上サマリ　月度、営業部門C、(当月出荷売上総額)、(当月返品売上総額)、(当月調整売上総額)

営業担当別月次売上サマリ　月度、営業担当社員C、(当月出荷売上総額)、(当月返品売上総額)、(当月調整売上総額)

売上見出し　売上No.、営業担当(社員)C、売上区分、売上額、売上日、月度(＊)、所属部門C(＊)

社員　社員C、氏名、所属部門C

部門　部門C、部門名

　ところが、意図的にこのような調整をすることで、売上日から売上月度を算出するとか、社員情報を検索して所属部門を確認するといった手間を省いた高速な集計ロジックを適用できます。データ件数にもよりますが、確実に処理時間が短縮されます。このような集計処理が月末に1度だけ夜間などに実行されるのなら無意味でしょうが、何らかの理由でスピードが要求されるとしたらこのような工夫が有効です。

　別の例をあげましょう。社員の勤務管理情報において、月間のサマリデータに対して日別の明細データが最大31件と決まっています。サマリエンティ

[注]日付の年月部分がそのまま月度になるとは限らないためです。

ティ上にそれらを横並びで置いてしまうような工夫が有効な場合があります。サマリデータ1件と明細データ31件のための合計32回の検索操作がたった1回で済んでしまうので、処理効率が確実に向上します。サマリデータ当たりの明細データの件数が固定で、しかも明細項目が多すぎない情報について特に処理効率を高めたい場合に試してみる価値はあります。

図3●意図的に「繰り返し構造」を導入した例

| 社員別月次勤怠サマリ | 年月、社員C、(月間勤務日数)、(月間有休休暇日数)、(月間特別休暇日数)、… |

| 社員別勤怠明細 | 年月、社員C、日付、勤務開始時刻、勤務終了時刻、勤務区分、… |

↓ 繰り返し構造を導入する

| 社員別月次勤怠 | 年月、社員C、(月間勤務日数)、(月間有休休暇日数)、(月間特別休暇日数)、
1日目勤務開始時刻、1日目勤務終了時刻、1日目勤務区分、
2日目勤務開始時刻、2日目勤務終了時刻、3日目勤務区分、
　　　　　　：　　　　　　　　：　　　　　　　　：
31日目勤務開始時刻、31日目勤務終了時刻、31日目勤務区分 |

ただし、これらの「正規化違反」にはそれなりの「罰」がともなうことを理解しておいてください。

例えば、前ページ図2の例なら［売上見出し］の〈売上日〉の値を変更した場合には〈月度〉もそれに合わせて再設定されるようにしておかなければなりません。これを忘れると月次売上サマリ上の集計額は簡単に狂ってしまいます。本文にあるように売上見出しデータの修正を許さないシステムでは何も問題ありませんが、売上日の修正のみを許すケースはときどきあるので、そんなシステムでは注意が必要です。また、上図の例のようにエンティティ上に「繰り返し構造」を持たせた場合には、そのデータを処理するプログラムがより複雑になることが避けられません。

なお、正規化違反だと思ってよく見るとそうではないケースがあります。たとえば以下の3つのモデルを見てください。

図4●正規化違反かどうか紛らわしいモデル

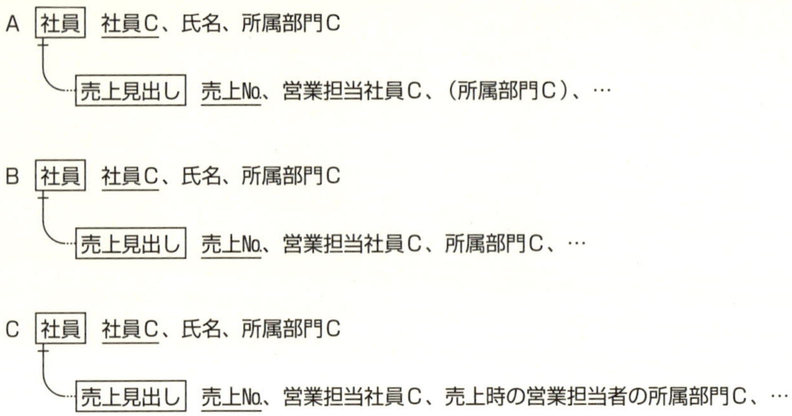

A [社員] 社員C、氏名、所属部門C
　└[売上見出し] 売上No、営業担当社員C、(所属部門C)、…

B [社員] 社員C、氏名、所属部門C
　└[売上見出し] 売上No、営業担当社員C、所属部門C、…

C [社員] 社員C、氏名、所属部門C
　└[売上見出し] 売上No、営業担当社員C、売上時の営業担当者の所属部門C、…

　Aの［売上見出し］上の〈所属部門コード〉は作出属性であることが示されているので正規化違反ではありません。しかし、Bの［売上見出し］上の〈所属部門コード〉は固有属性として載っているので違反しています。それではCの「売上時の営業担当者の所属部門コード」はどうでしょう。これは違反ではありません。なぜならこの項目は〈営業担当社員コード〉ではなく〈売上No.〉に関数従属するものだからです。例えば、先月に営業のN君がR部門からS部門に異動したとしても、2か月前のN君の成績はR部門に集計されなければなりません。
　このように、トランザクション系のエンティティにマスター系の項目が正規形に違反して載せられているように見える場合、「そのトランザクションが発生したときのマスターの状態」を保持するための工夫である可能性があります。ただし、マスター上の項目名をそのまま使うと通常の正規化違反と区別できなくなるので、Cの例のように項目名をそれとわかるように変えるなどの配慮がいります。

第2部
業務別
データモデル
用例集

第5章 取引先管理

商品を売ったり買ったりするだけで話は終わりません。売上代金を回収したり、仕入代金を支払って初めてビジネスの環は閉じます。そのために必要なのが取引先と売掛・買掛の管理です。

1 取引先とは何か

取引先とは「企業活動に関係する社外の個人や法人」を意味します。企業と取引先との間ではモノやサービスや代金が頻繁にやりとりされます。これらの取引の状況を正確に管理することは、販売管理システムの大きな役割です。まずは、取引先のデータモデルを見ていきましょう。

■取引先のサブタイプ

一口に「取引先」といっても、いろいろな主体が含まれます。なかでも代表的なのは**得意先**と**仕入先**です。「得意先」からはモノやサービスの注文を受け取るし、「仕入先」には注文を渡します。得意先と代金の支払元が別ならば、それも**請求先**として管理しなければなりません。ほかにも、モノは渡すけれどもお金は受け取らない相手（**出荷先**）や、モノを運んでもらってお金を支払う相手（**運送業者**）など、企業活動にはいろいろな相手が関係します。

図1●いろいろな「取引先」と協力しあうことで企業活動は成立する

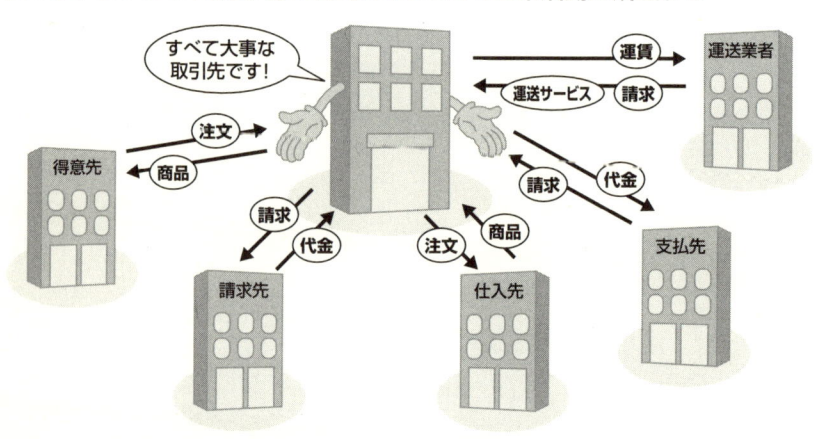

それらの相手をすべて含めた上位概念（スーパータイプ）を想定することができます。それが「取引先」で、これには取引先の名称や住所などの基本的な属性項目のみが含まれます。一方、「得意先」や「請求先」などは「取引先」の下位概念（サブタイプ）です。次のモデルでは得意先、出荷先、請求先、仕入先、支払先をサブタイプとしてあります。

図2●サブタイプを駆使した取引先管理のためのモデル

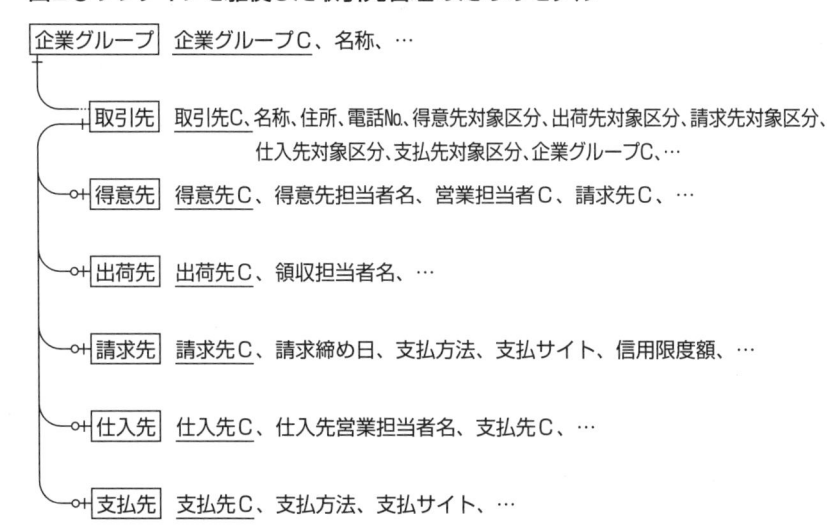

企業グループ	企業グループC、名称、…
取引先	取引先C、名称、住所、電話No、得意先対象区分、出荷先対象区分、請求先対象区分、仕入先対象区分、支払先対象区分、企業グループC、…
得意先	得意先C、得意先担当者名、営業担当者C、請求先C、…
出荷先	出荷先C、領収担当者名、…
請求先	請求先C、請求締め日、支払方法、支払サイト、信用限度額、…
仕入先	仕入先C、仕入先営業担当者名、支払先C、…
支払先	支払先C、支払方法、支払サイト、…

サブタイプの属性としては、［請求先］を例とすれば〈信用限度額〉や〈支払サイト（請求日から支払日までの日数）〉などの請求先としての独特な管理項目が載ります。また、このモデルが示すように、［得意先］と［請求先］が別エンティティになる場合には、［得意先］が外部キーとして〈請求先コード〉を持ちます。つまり、ひとつの得意先にとって請求先はひとつだけですが、反対にひとつの請求先にとって得意先は複数あり得るということです。財務力のある親会社や商社が請求先になることがよくあります。

取引先の各タプルがどのサブタイプをともなうかを示すのが〈得意先対象区分〉、〈出荷先対象区分〉などの項目です。それぞれの区分はイエスかノーのいずれかの値をとります。各区分が独立してイエスかノーのいずれかをと

る点に注意してください。つまり、得意先であり得ることと出荷先であり得ることが、お互いに影響しあうことなく同時に指定できるということです。

　取引先をこのモデルのようにとらえることの利点は何でしょう。例えば、総合商社のような業態においては、ある商品の仕入先が別の商品の販売先であることがあります。また、メーカーが協力会社（いわゆる外注）に有償支給で一部の工程の生産を委託している場合も、協力会社が生産材料の売り先（得意先）であると同時に、委託生産品の仕入先でもあります。こういったケースでは、振込手数料などを節約するために売上額と仕入額の差額だけを支払う [注] ようにするものです。そのような場合、得意先でもあり仕入先でもあるような同一の取引先については、単一の取引先としてデータベース上で認識されていないと面倒なのです。

　なお、モデルにもあるように、取引先はいくつかの「グループ」でまとめられるのがふつうです。代表的な例が［企業グループ］です。これを定義しておくことによって、取引先として事業部や支店や営業所を登録した場合に、それらが同じグループであることを指定できます。企業グループ別の取引状況をまとめる際に便利です。このほか、「業種」でまとめられるようにすることもあります。

■「一見さん」の扱い

　「一見（いちげん）さん（一回しか取引しない相手)」の扱いについては工夫がいります。一見さんを取引先としていちいち登録していたら手間がかかりすぎるからです。一見さんであっても、本来は販促活動の対象になるべきなので丁寧に得意先登録すべきだという考え方もありますが、差し当たっては取引先として管理する必要のない相手が存在するという前提で、対処法を紹介します。

　まず、初めて取引する相手については、その注文を受けた営業担当者がその相手を一見さん扱いにするかどうかを注文入力するまでに決めておくようにします。そして、一見さんでない相手なら、最初に取引先マスターに登録してから注文入力するようにします。一方、一見さんである場合には、専用の取引先コードを使って注文入力するようにします。

[注]このような操作を「相殺（そうさい）」といいます（238ページ参照）。

一見さん専用の取引先コードとしては、入力担当者が覚えやすい"0000"や"9999"といった値で、「一般法人顧客」とか「一般個人顧客」とかいった取引先名を指定して事前に定義しておきます。そして、そのような取引先コードを使った場合は、注文データ上の「摘要（備考）欄」に相手の名称を書き込むようにしたらよいでしょう。

　もうひとつのやり方として、〈得意先名〉などの項目を［受注見出し］などのトランザクションに載せてしまう方法があります。［取引先］上の名称項目を受注入力などにおける「初期値」の扱いとするわけです。この方法だと、摘要などの別項目を流用しないので項目を意味的に厳密に使えます。その反面、一見さん以外の取引先の比率が大きい場合には、トランザクションにコピーされた得意先名が単なる正規化違反にしか見えないという欠点があります。

　いずれのやり方でも、受注、売上、請求といった取引が同じまとまりで起こることが前提です。本書では、それらが異なるまとまりで起こることを前提としたより複雑な業態を扱っているので、一見さんとの取引は例外的とみなしておきます。

2 売掛と請求

　売掛とは「得意先からまだ支払ってもらっていない売上額」のことです。販売しても入金されていないなどという事態が生じるのは、企業活動が**信用取引**で行なわれているからです。信用取引にもとづけばモノやサービスのやりとりが代金のやりとりに先行されるので、さまざまな企業活動が機敏になります。そのためにこのような形式が発達してきました。

　とはいえ、売掛を現金化することで企業活動は回っていくので、**売掛残高**を管理することは重要です。情報システムは、売掛残を手早く現金化するための活動を支援してくれるものでなければなりません。また、請求先の財務状況に合わせて「信用限度額」を決めておき、その額以上の売掛残高が発生しないようにする [注] 必要もあります。売掛情報、また、その裏返しである買掛情報の管理を支援するためのデータモデルを見ていきましょう。

■売掛残高

　売掛残高と一口でいっても、いくつかのデータ項目が含まれます。まず、**前期末繰越売掛残高**といわれる前年度末時点での売掛残高があります。ほかには、当期売上総額、当期請求総額、当期入金総額などが含まれます。これらの項目を総称して「売掛関連項目」と呼ぶことにします。現時点での売掛残高は売掛関連項目から以下のように算出されます。

> 現在の売掛残高＝前期末繰越売掛残高＋当期請求総額－当期入金総額

　では、これらの売掛情報の載ったデータモデルを示します。

図1●売掛管理のためのモデル1

| 請求先 | 請求先C、請求締め日、支払方法、支払サイト、前期末繰越売掛残高、（当期請求総額）、（当期入金総額）

[注]これを与信管理といいます。

このようなモデルを利用しているシステムは実際に多くありますが、いくつかの問題があります。まず、このモデルでは期首（会計年度の初めの月）から現在までの売掛状況が示されるだけで、月次の売掛状況がどう推移したかがわかりません。これを補うために次のようなモデルが提案されます。「前期末繰越売掛残高」のほかに「前月末繰越売掛残高」が追加されました。

図2●売掛管理のためのモデル2

|請求先|　請求先C、請求締め日、支払方法、支払サイト、前期末繰越売掛残高、
　　　　（当期請求総額）、（当期入金総額）、（前月末繰越売掛残高）、
　　　　（当月請求総額）、（当月入金総額）、（現在の売掛残高）

これでもまだ、前月までと当月の売掛状況がわかるだけで、過去数か月についてはわかりません。では次のようなモデルはどうでしょう。

図3●売掛管理のためのモデル3

|請求先|　請求先C、請求締め日、支払方法、支払サイト、前期末繰越売掛残高、
　　　　（当期請求総額）、（当期入金総額）、（現在の売掛残高）、
　　　　（3月末繰越売掛残高）、（4月請求総額）、（4月入金総額）、
　　　　（4月末繰越売掛残高）、（5月請求総額）、（5月入金総額）、
　　　　（5月末繰越売掛残高）、（6月請求総額）、（6月入金総額）、
　　　　　　　　　：　　　　　　　　：　　　　　　　　：
　　　　（2月末繰越売掛残高）、（3月請求総額）、（3月入金総額）、

実はこのモデルは、第1部第1章で説明した「非正規形」に該当します。エンティティの内部に「繰り返し構造」を持っているからです。処理効率が特に厳しく要求される場合でない限り、このような設計は避けるべきです。モデルとして的確でないだけでなく、これを処理するプログラムも複雑化するからです。通常は、繰り返し構造を排除するためにエンティティに時間軸を導入して階層化するようにしてください（次ページ図4）。

図4●年月軸を導入した売掛管理モデル

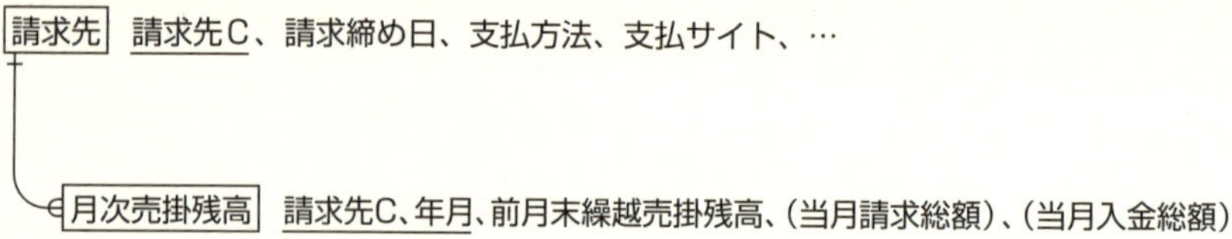

[請求先] 請求先C、請求締め日、支払方法、支払サイト、…

[月次売掛残高] 請求先C、年月、前月末繰越売掛残高、(当月請求総額)、(当月入金総額)

■識別子とエンティティ名

　上の図4をあらためて眺めると、売掛情報が「ある請求先のある年月における状況」を表わす情報の一部であることがわかります。このように視点を変えることによって、データモデルはより豊かなものになります。つまりこの例なら、「ある請求先のある年月における状況」としてほかに管理したい項目があれば、売掛情報以外にもいくらでも属性項目として追加してかまわないということです。

　このように、ある属性項目を格納するための識別子を正しく見つけることによって、その識別子が別の属性項目の存在を示唆するというのはよくあることです。例えば、［在庫］の識別子は｛品目コード、倉庫コード｝として設計されることが多いのですが、このエンティティを「在庫マスター」としか見ないなら、属性項目としては現在庫数量などの典型的な在庫情報しか思い浮かばないかもしれません。ところが、このエンティティを「ある倉庫におけるある品目の諸問題が記録される場所」として見るなら、「その倉庫におけるその品目の発注点数量」など、ほかの管理項目を必要に応じて発想できるようになります。

　そのために、エンティティ名はなるべく識別子の内容を反映したものとしたほうがいいのです。例えば、｛品目コード、倉庫コード｝を識別子とするエンティティの名前は［在庫］などより［倉庫別品目属性］と呼ぶほうが本来はベターだし、｛得意先コード、品目コード｝を識別子とするエンティティなら［契約単価］などよりは［得意先別品目属性］のほうがベターです。したがって、［売掛残高］についても、［請求先別月次取引サマリ］などと呼ぶほうが意味的に的を射ています。

図5●「発想を妨げない」ような名称に変更

```
請求先 ─┬─ 請求先C、請求締め日、支払方法、支払サイト、…
        │
        └─ 請求先別月次取引サマリ  請求先C、年月、前月末繰越売掛残高、(当月請求総額)、(当月入金総額)
```

■売上を締めて請求書を送る

　売上情報にもとづいて請求するためのモデリング例を見ましょう。得意先と請求先が異なり得ることを前提にしています。

　毎月の締め日というのは請求先ごとに決まっている請求締め日のことです。締め日が20日［注］なら毎月20日に売上額が集計されて請求額となります。例えば3月20日に請求締めを行なえば、2月21日から3月20日までの売上分が得意先ごとにまとめられて請求情報になります。

　支払方法というのはここでは手形で払うか振込で払うかなどを示す区分のことです。

　次ページには、請求関係の業務の連係を示しておきます。

図6●請求管理のためのモデル

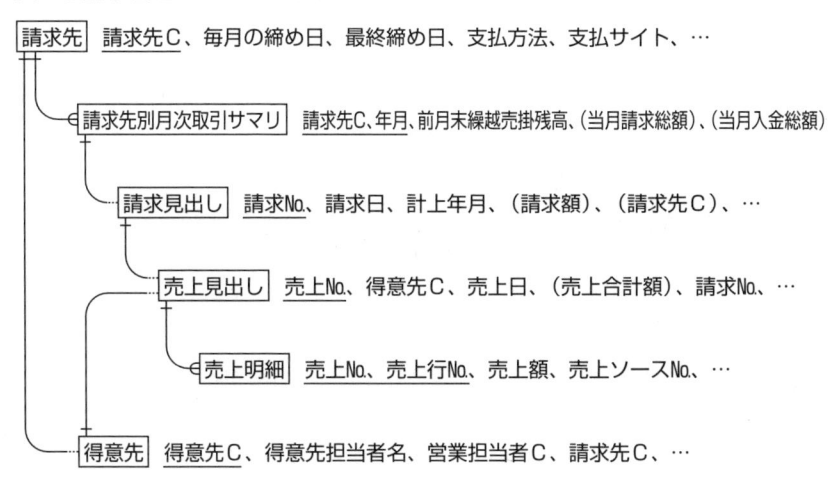

```
請求先 ─┬─ 請求先C、毎月の締め日、最終締め日、支払方法、支払サイト、…
        │
        ├─ 請求先別月次取引サマリ  請求先C、年月、前月末繰越売掛残高、(当月請求総額)、(当月入金総額)
        │
        ├─ 請求見出し  請求No、請求日、計上年月、(請求額)、(請求先C)、…
        │     │
        │     └─ 売上見出し  売上No、得意先C、売上日、(売上合計額)、請求No、…
        │           │
        │           └─ 売上明細  売上No、売上行No、売上額、売上ソースNo、…
        │
        └─ 得意先  得意先C、得意先担当者名、営業担当者C、請求先C、…
```

［注］5、10、15、20、25、月末の6つの値が指定され得ます。1桁目が5か0であることから、これらの日付のことを「ごとうび」と呼びます。

第2部 業務別データモデル用例集

図7●請求に関連する業務の連係の様子

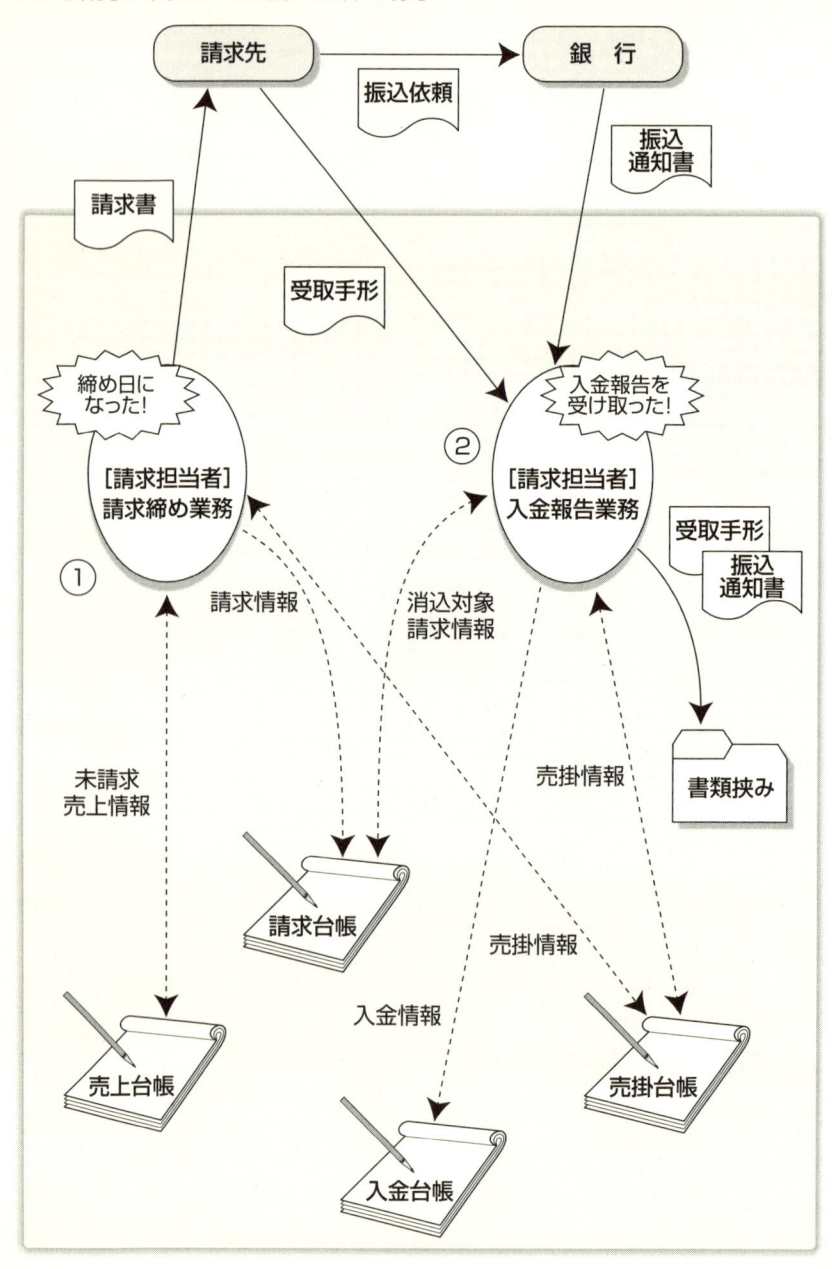

請求書の例を見ましょう。基本的に請求見出し1件について、関連する売上明細を印字したものが請求書です。売掛金の回収を促進するために、請求時点での売掛状況が印字されるのがふつうです。

図8●請求書の出力例

```
                    請   求   書

   リカー山田トカリベツ店  御中
   請求書№：26558                    グローバル物産株式会社
   請求日№：04／20

   現在売掛残高      前月末繰越売掛残高     当月請求総額      当月入金総額
    216,000           300,000           216,000         300,000

   SEQ   売上日    商品名        数量    単位     単価      売上額
   01   03／24   アサッポロ純生    20    カートン   5,000   100,000
   02   03／24   エビリン淡麗     20    カートン   3,500    70,000
   03   03／24   麦焼酎鯨呑      10    箱       1,400    14,000
   04   04／10   清酒完徹       10    箱       1,600    16,000
   05   04／10   ラベンダーワイン  10    箱       1,600    16,000
                                                合計  216,000
```

■入金消込

　請求書を送ってしばらくたつと、銀行から振込通知書が送られてきたり、請求先から手形が書留で送られてきたりします。これが**入金**です。入金額をシステムに登録すれば、入金総額が増えるので売掛残高は減ります。

　このとき、入金額を登録して終わりということにはなりません。**入金消込**、つまり、請求額と入金額との突き合わせ処理をする必要があります。売掛残どおりにぴったりと入金されないことがあるからです。そのためのモデルと請求・入金例を次ページに示します。6月の請求額に対する入金がまだなされていない状況で7月の請求書を送ったとして、8月になって売掛の一部が入金された例です。

図9●請求額と入金額を突き合わせる

請求見出し　請求No.、　請求先C、　請求日、　計上年月、　（請求額）、　消込額、　…

　　　　　　12345　　　100　　20XX/06/25　20XX/06　　　65,000　　　65,000
　　　　　　23456　　　100　　20XX/07/25　20XX/07　　 200,000　　 170,000

入金消込明細　入金No.、　請求No.、　消込額、　（請求先C）、　…

　　　　　　34567　　12345　　　65,000　　　100
　　　　　　34567　　23456　　 170,000　　　100

入金見出し　入金No.、　請求先C、　金種、　　入金日、　　入金額、　　消込額、　…

　　　　　　34567　　　100　　　振込　　20XX/08/05　235,000　　 235,000

　このようなややこしい入金も避けることはできないので、入金消込の仕事が必要になります。ただし、ほとんどの入金については一定のロジックに従ってコンピュータで自動消込できるので、想像するほどわずらわしいものではありません。上の例でも「請求日の過去の分から消し込むこと」などのルールさえ決めてしまえば自動消込が可能です。

　なお、現金振込の場合は入金時に現金が手に入ったことになりますが、手形入金の場合、受取手形を現金化できるのは何か月か先になります [注]。したがって、売掛残高が減ったとしても、必ずしも手持ちの現金が増えたことにはなりません。これは、売上計上して手形を回収したとしても財務上のバランスは何ら改善していないということで、まさにこれゆえに「勘定合って銭足らず（黒字倒産）」という事態が起こり得ます（詳しくは第6章の「キャッシュフロー計算書」参照）。

[注] 現金化できる日のことを「手形期日」といい、期日前に銀行に持っていって現金化することを「割引」といいます。また、期日前に「裏書」して支払に回すことも可能です。便利そうですが、前者では手数料がかかるし、後者では不渡り時に支払を請求されるリスクがあります。

3 買掛と支払

「売掛残高（請求先別月次取引サマリ）」の売りと買いを文字どおりひっくり返せば、「買掛残高（支払先別月次取引サマリ）」になります。売りと買いの違いがあるだけで基本的に売掛と買掛はほとんど同じ形をとります。

図1●年月軸を持つ買掛管理モデル

```
支払先   支払先C、支払方法、支払サイト、…
  ├─ 月次買掛残高   支払先C、年月、前月末繰越買掛残高、(当月仕入総額)、(当月照合済支払総額)
  │      ├─ 仕入見出し   仕入No、仕入先C、仕入日、(仕入合計額)、照合済支払額、…
  │      │      └─ 仕入明細   仕入No、仕入行No、仕入額、仕入ソースNo、…
  └─ 仕入先   仕入先C、仕入先営業担当者名、支払先C、…
```

　仕入に対する締めのタイミングは仕入れる側が一律に決めるのがふつうです。締め日に限らず支払条件などいろいろな面で、「買ってやってる側」としてはある程度自由がききます。まれに、手に入れにくい製品や原料などを独占的に扱う企業など「売ってやってる側」のほうが力のある場合もありますが、ここでは例外とみなしておきます。

　支払に関連する業務の連係の様子を見ましょう。仕入先から受け取った請求書どおりに支払うのではなく、通常、こちら側で管理している仕入実績と突き合わせて支払額を決定する手続きをとります。これを**支払照合**といいます。照合された請求情報は購買部門の管理者の承認を経たうえで支払依頼情報として経理担当者に渡されます。経理担当者は、支払先との基本契約にもとづいて、取引銀行の当座預金口座から支払先の取引銀行口座に振り込むか、支払手形を振り出して支払先へ送付します。

図2●支払業務の連係の様子

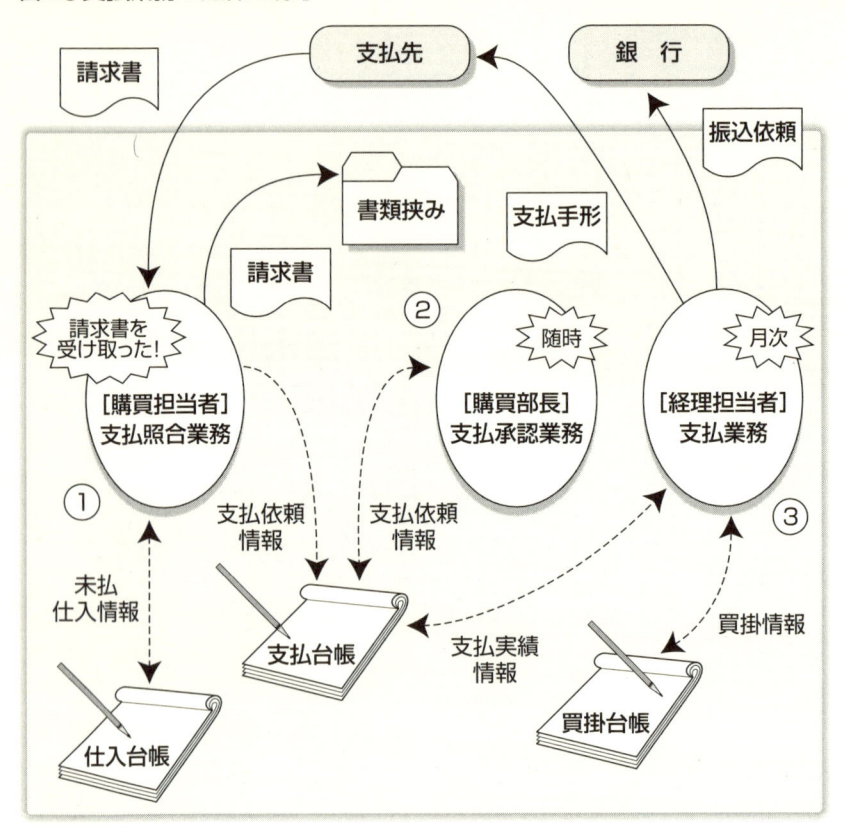

■相殺

　相殺というのは得意先であると同時に仕入先でもあるような取引先について、売掛と買掛を減額する処理のことをいいます。

　正確に言えばもうすこし複雑で、次のモデルにおける「ABC建材」への売上分と「ABC工業福岡支店」からの仕入分を突き合わせて相殺するような例もあります。両者は異なる取引先ですが、このシステムにおいては請求先（支払先）が同一であるため、「ABC工業本社」からこのような組み合わせで相殺依頼される可能性があります。

図3●「相殺」が複雑な取引先構成の例

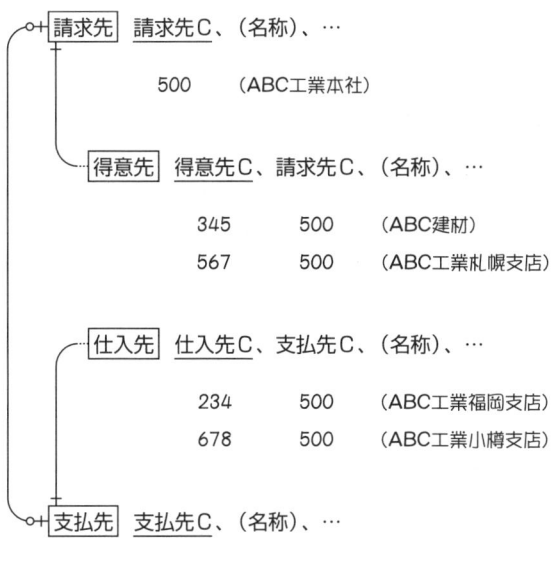

```
┌─┤請求先├─ 請求先C、(名称)、…
│
│         500    (ABC工業本社)
│
│     ┌─┤得意先├─ 得意先C、請求先C、(名称)、…
│     │
│     │       345    500    (ABC建材)
│     │       567    500    (ABC工業札幌支店)
│
│     ┌─┤仕入先├─ 仕入先C、支払先C、(名称)、…
│     │
│     │       234    500    (ABC工業福岡支店)
│     │       678    500    (ABC工業小樽支店)
│
└─┤支払先├─ 支払先C、(名称)、…

          500    (ABC工業本社)
```

相殺情報のモデリング例を示します。売掛残高の一部と買掛残高の一部が同額ぶん相殺指定されることによって、売掛残高と買掛残高が減額されます。つまり、相殺されることによって、入金消込されるべき売掛残高が減ると同時に支払うべき金額も減って、結果的にお互いに振込手数料などを節約できるわけです。ただし、どれだけ相殺するかについては事前に請求先（支払先）と話し合って決めなければなりません。そうでないと、こちらの入金予定と請求先（支払先）の入金予定が違ってくるために、双方の入金消込がやりにくくなるからです。

図4●相殺管理のためのモデル

```
┤月次買掛残高├ 支払先C、年月、(当月相殺総額)、(買掛残高)、…
    └┤相殺明細├ 相殺№、相殺先C、相殺日、相殺年月、相殺額、摘要、…
┤月次売掛残高├ 請求先C、年月、(当月相殺総額)、(売掛残高)、…
```

コラム5 エンティティとテーブル

　すでに説明したように、「データモデル上のエンティティ」と「データベース上のテーブル」は微妙に異なります。しかも、利用するDBMS製品ごとに両者の「異なり方が異なる」ことにもなります。このため、DBMS製品それぞれの特性に応じた「エンティティにもとづいてテーブルを実装するテクニック」があるというわけで、システム屋はそのような知識を押さえておかねばなりません。本書はDBMS製品の案内書ではないので製品ごとのテクニックの説明については他書に譲りますが、ここで基本的なツボだけを説明しておきます。

　データモデルの要である**識別子**は、テーブルの**ユニークキー**に相当します。それらの項目の値の組み合わせが同一であるようなレコードは格納できないということです。一見するとユニークキーと識別子は同じもののように思えるかもしれませんが、両者は大きく異なります。

　まず、エンティティの識別子において項目の「並び順」は問題にされません。例えば以下の2つの関数従属性は等価とみなされます。

　　　　　{商品コード、得意先コード} → 契約単価

　　　　　{得意先コード、商品コード} → 契約単価

ところが、以下の2つのキー定義はテーブルにとっては異なるものです。

　　　　　「商品コード＋得意先コード」

　　　　　「得意先コード＋商品コード」

これは、テーブルのキーというものが、テーブルに含まれるレコードの「並び順序」を決定するものでもあるからです。したがって、|商品コード、得意先コード| が識別子であるようなエンティティをテーブルとして実装する際には、必要に応じてユニーク指定の「商品コード＋得意先コード」と「得意先コード＋商品コード」の２つのキー定義を作ってあげなければなりません。

　また、「エンティティの識別子」に相当する特性を「テーブルのユニークキー」として実装することは可能ですが、ユニークキーであるからといってそれが識別子に相当するものとして実装された結果であるとは限りません。上記の例に沿って説明すると、「得意先コード＋商品コード＋契約単価」の３つの項目を使って定義されたキー定義は「ユニークキー」ではあっても、識別子にもとづいて実装されたものではありません。

　外部キーについてはどうでしょう。例えば、[受注明細]に含まれる〈商品コード〉の外部キーは、商品コードだけを含むキー定義（ユニークキーではない）として実装できます。このようなキー定義を用意しておけば、特定の商品マスターデータに関連するような受注明細データを簡単に一覧出力できます。

　DBMSごとに違いが出やすいのは「固有属性」、「継承属性」、「作出属性」の扱いです。これら３種類の属性項目のうち「固有属性」のみがテーブルにおけるフィールド定義（**物理フィールド**）として登録されます。残りの２つについてはDBMSによって扱いが異なります。テーブル自身がそれらを算出したうえで処理系に渡すことができる便利なDBMSもあって、この場合、物理フィールドとの違いを明確にするために**仮想フィールド**などと呼ばれます。これは、処理系の複雑さをデータベースに移行させるために大きく効いてくる機能なので、DBMSの選定の際には是非考慮したいところです。

図1●似てるようで違う「キー」の扱い

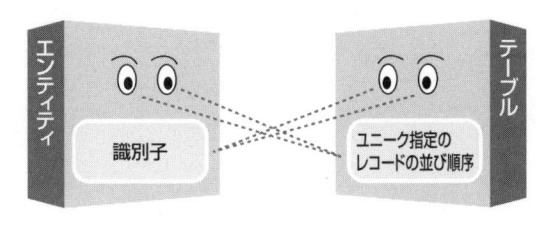

仕訳の元ネタ

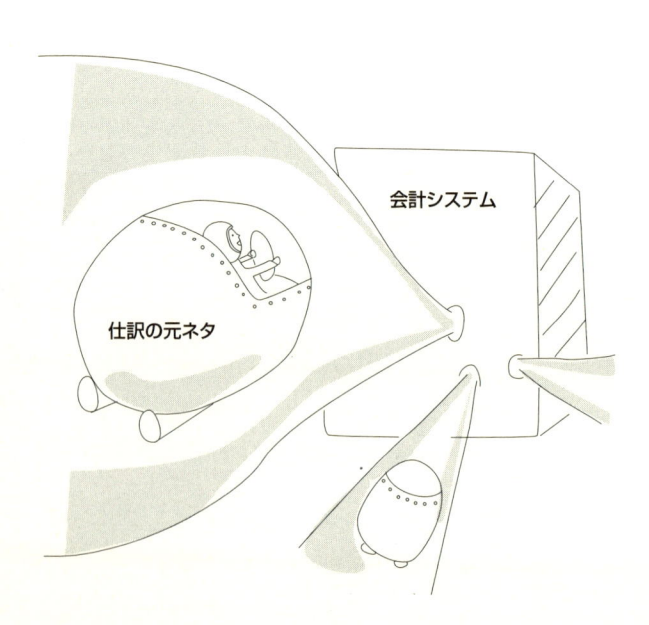

会計システム

第2部 業務別データモデル用例集

第6章 会計管理

会計を理解していなければ、業務支援システムを全社レベルで統合することは不可能です。本章では、制度会計における情報処理の基本的枠組みである「簿記」のしくみを学びます。本書の読者にはデータモデルを通して簿記を学ぶという「王道」が用意されています。恐れずに会計の世界へ飛び込みましょう

1 勘定科目と仕訳

　会計士や経理マンでもない限り、一定以上に専門的な会計知識は不要です。例えば、いかなる会計上の取引が発生したときでも的確に「仕訳伝票」を起票できなければ仕事が勤まらない、というわけではありません。

　とはいえ、「システム屋」と「業務屋」が協働して業務支援システムを開発するような場合、両者に会計知識がないと困ったことになります。気のきいた業務支援システムならば、商品を販売したり仕入れたりすれば、それぞれの取引に応じた**仕訳**を自動的に作成して会計システムに渡すものです。そのようなシステムを開発するためには、関係する取引がどのような仕訳に対応するのか、また、業務支援システムと会計システムがどのように連係しあっているのかをシステム屋と業務屋がともに理解しておかねばなりません。そのためには会計を学ばないわけにはいかないのです。

　ところが、会計の入門書はたいてい経理の専門家によって書かれているため、「ほとんどの人にとっては不要な知識」の数々を理解しなければわからないようになっています。個々の勘定科目の意味や経営指標の読み方などは「覚えておきたい知識」ではありますが、「それがなければ会計システムをイメージできない知識」ではありません。むしろ、それらが障害になって本質的な理解を妨げる可能性があります。

　とはいえ、会計の世界は広大です。その中から本質的な部分だけを抜き出して効率的に学ぶことなど果たして可能なのでしょうか——その答えは「可能」です。すでにデータモデリングの知識のある読者は、「複式簿記」における「データの形」と「データ処理の様子」をとっかかりとして会計を学んでいけばよいのです。なぜなら、複式簿記こそが会計におけるデータ処理の基本骨格を与えるものだからです。

　そういうわけで、本章ではシステム屋や業務屋に必要な会計の知識として、計算・記帳メカニズムとしての**複式簿記**のしくみと、これにもとづく決算集

計のプロセスやデータモデルを解説します。これらをじっくり理解したうえで、より具体的で細かい知識を学んでいけば、先輩たちよりも少ない努力で会計の業務知識を身につけることができるでしょう。

■簿記を学ぶということ

　簿記（ふつう「簿記」といえば複式簿記のことを指します）を発明した人物が誰であるかはわかっていませんが、13～14世紀のイタリアではその原型がすでに利用されていたようです。海運都市であるベネチアの商人たちは、儲けは大きいがリスクも大きい航海プロジェクトへの出資を募るための工夫をしなければなりませんでした。航海が無事終了したときに、利益を客観的に算定して出資者にその出資額に応じた配分を行なうための公明なしくみが必要だったからです。そのような要請に応えて生まれたのが複式簿記だといわれています。

　それはこれから説明するように「簡にして要」を得た巧妙なしくみで、経理の仕事が手作業からコンピュータ処理に置き替わっても、複式簿記のしくみそのものはまったく置き替わる必要がないほど堅牢なものです。

　では、データモデリングを学んでいる私たちは複式簿記をどのように学んでいったらよいのでしょう。上述したように、複式簿記を「データ処理モデル」として理解できるようなアプローチをとればいいのです。「複式簿記をデータ処理モデルとして理解する」というのは、おおげさに言えば、複式簿記をある種の「関数」とみなし、入力としての仕訳データや出力としての決算書などを記号の組み合わせとして形式化して理解することです。具体的にいうと、「借方／貸方」といった混乱を招きやすい用語や、「建設仮勘定」や「前払費用」といった理解に手間のかかる用語を使わずに、仕訳がどのように集計されて決算書が出力されるかのイメージを会得することです。

　ここでは簿記のしくみそのものを説明した後に、会計システムのデータモデルを示します。しくみを理解したうえでモデルを眺めると、想像するよりずっと単純でわかりやすいことに気づかれると思います。一般に習得が必要とされている知識ほとんどなしに、読者は会計システムのデータ処理モデルとしての本質を理解されることでしょう。

■勘定科目とは何か

　売上があったとか出金したとかいった「取引」が起こった場合、企業はその内容を記録しなければなりません。それらを後でまとめて利益を勘定したり、株主などの関係者に報告しなければならないからです。基本的には「こづかい帳」と同じものですが、形式がより洗練されている点と、記録されるべき取引が想像するよりずっと広い範囲にわたっている点が違います。

　複式簿記において、それらの取引は**勘定科目**と呼ばれる項目の組み合わせとして記録されます。さまざまな勘定科目がありますが、それらは「資本・負債・収益勘定（貸方）」と「資産・費用勘定（借方）」との2種類（複式）に分類されます。これらの分類の意味合いとしては、それぞれ「いかにその価値を調達したか」と「いかにその価値を運用したか」と説明されます。けれども、これらの分類の呼び方や意味合いは差し当たって覚える必要はありません。

　仮に、上述の2つの分類をA側・B側として、それぞれに金額項目が下のように分別されたとしましょう。「A1勘定」などの個々の金額項目を「勘定科目」と呼び、体系全体のことを**勘定科目マスター**といいます。複式簿記とは、このような体系にもとづいて、企業活動のうちの「勘定科目の組み合わせとして金額換算できる価値の変化」を記録していくための方法と言えます。

図1●2つの分類を「A側・B側」とした勘定科目マスター

【勘定科目マスター】

A側	B側
A1勘定	
A2勘定	
A3勘定	
A4勘定	
	B1勘定
	B2勘定
	B3勘定
	B4勘定

■仕訳とは何か

ではさっそく、上述の勘定科目の体系にもとづいて「勘定科目の組み合わせとして金額換算できる価値の変化」すなわち「取引」を記録してみましょう。

会計ではこの作業のことを**仕訳**（しわけ）といい、すべての「取引」は「仕訳」によって会計システムに報告されます。商品を売るのも、現金を銀行に預けるのも、手形を決済するのもすべて「仕訳」されるべき「取引」であって、例えば次のように仕訳されます。

図2●現実的な仕訳例

【仕訳伝票 No.1234】

A側	B側
現金勘定 ¥1,500	商品勘定 ¥1,500
合計 ¥1,500	合計 ¥1,500

【仕訳伝票 No.1235】

A側	B側
預金勘定 ¥1,500	現金勘定 ¥1,500
合計 ¥1,500	合計 ¥1,500

この例では「商品」という名目の1,500円の価値が「現金」という名目の同額の価値に変化したということ、要するに1,500円で商品を売ったということが示されています。

企業活動の中で発生するこれらの変化（取引）を認識して記録すること、それが「仕訳」です。先に見た勘定科目も「A側」と「B側」に分類されていましたが、仕訳も同様である点に注意してください。

しかし、差し当たり読者は具体的な勘定科目を覚える必要はありません。もし具体的な科目（例えば「売掛金」や「売上原価」など）にもとづいて学ぼうとすれば、理解すべき事柄がとたんに増えて簿記のデータ処理モデルとしての本質が見えにくくなってしまいます。

そこで、前述した勘定科目マスターにある勘定科目の例にもとづいて以降の仕訳を説明しましょう。

まず、もっとも単純な仕訳の例は次のようなものです。

図3●仕訳例1

【仕訳伝票 No.0001】

A側	B側
A1勘定 ¥1,500	B3勘定 ¥1,500
合計 ¥1,500	合計 ¥1,500

　読者は「A1勘定」や「B3勘定」の現実的な意味を理解する必要はありません。とにかく何らかの取引が起こったことが経理担当者に認識され、結果的にこのような仕訳として解釈・記帳されたと考えればよいのです。現実に起こったお金や価値の変化を認識して適切な科目の組み合わせとして仕訳することは、経理担当者の仕事であってシステム屋や業務屋の仕事ではありません。私たちは現実の取引に対する仕訳結果の妥当性を心配する必要はないのです。

　さて、勘定科目がA側・B側でそれぞれひとつずつとは限りません。次のような場合もあります。左右の合計が一致している点に注意してください。

図4●仕訳例2

【仕訳伝票 No.0002】

A側	B側
A3勘定 ¥1,000	B4勘定 ¥4,000
A2勘定 ¥3,000	
合計 ¥4,000	合計 ¥4,000

　また、勘定科目マスター上で本来は「A」として分類されている勘定項目が、次ページの仕訳例3のように、仕訳においてB側に記載されることもあります。

図5●仕訳例3

【仕訳伝票 No.0003】

A側	B側
A4勘定 ¥7,500	B1勘定 ¥5,500
	A2勘定 ¥2,000
合計 ¥7,500	合計 ¥7,500

　さらに、次の例のようにA側・B側ともに、一方の側の科目ばかりが記載されることもあります。

図6●仕訳例4

【仕訳伝票 No.0004】

A側	B側
B2勘定 ¥2,000	B4勘定 ¥2,000
合計 ¥2,000	合計 ¥2,000

　「なんだ、何でもありじゃないか」と感じられたと思いますが、実際、左右の合計金額が一致しており、かつ、現実の取引を正しく解釈したものである限り、どんな科目を組み合わせてもかまわないのです。これでいったい何がわかるのかと不思議に思われるかもしれませんが、まあ先を読み進めてください。

2 総勘定元帳

■仕訳日記表を作る

　とりあえず仕訳がどんなものかがわかっていただけたところで、ここまでにあげてきた仕訳の内容をまとめて一覧にしてみましょう。まず、取引の発生順（ここではとりあげた順）に並べます。このような集計結果を**仕訳日記表（仕訳ジャーナル）**といいます。単純に並べただけのものではありますが、一覧性があってとても便利です。かつては事務員が仕訳伝票を見ながら1件1件転記して作ったものですが、今ではコンピュータが一瞬で並べ替えてくれるようになりました。仕訳を合計しただけのものなので、当然ながら左右の総額も一致します。

図1●仕訳を発生順に並べた仕訳日記表

【仕訳日記表（1）】

伝票No.	A側	B側
0001	A1勘定 ¥1,500	B3勘定 ¥1,500
0002	A3勘定 ¥1,000	B4勘定 ¥4,000
	A2勘定 ¥3,000	
0003	A4勘定 ¥7,500	B1勘定 ¥5,500
		A2勘定 ¥2,000
0004	B4勘定 ¥2,000	B2勘定 ¥2,000
一致している→ 合計	¥15,000	¥15,000

　次にこれを少し変形させてみましょう。各行の科目と金額を「勘定科目マスター」で指定されている「本来の側」に無理やり移動させます。このとき、

移動にともなって金額の後ろにマイナス記号をつけるようにします。このルールに従うことで、左右の合計額の一致が保たれます（単純な理屈ですが、初めはちょっと不思議に見えるかもしれません）。ここまでくれば、後述する「試算表」や「決算書」を理解するための準備が整ったと言えます。

図2●仕訳科目を「本来の側」に無理やり移動させる

【仕訳日記表（2）】

伝票No.	A側	B側
0001	A1勘定 ¥1,500	B3勘定 ¥1,500
0002	A3勘定 ¥1,000	B4勘定 ¥4,000
	A2勘定 ¥3,000	
0003	A4勘定 ¥7,500	B1勘定 ¥5,500
	A2勘定 ¥2,000− ←	
0004		B2勘定 ¥2,000
		B4勘定 ¥2,000−
一致している→ 合計	¥11,000	¥11,000

さて、次に説明する**総勘定元帳**（または単に「元帳」）は、仕訳日記表（1）を科目ごとに抜き出してまとめたものです。次ページに例示されている元帳上の「残高」は、試算表上の科目ごとの合計額と同じものです。本来の元帳は試算表を作るための集計の過程で用意される確認用の資料としての性格が強いものでした。しかし、コンピュータを使って決算書を発行する場合にはもはや元帳の形で途中経過を出力する必要はありません。とはいえ、科目ごとの動きを明細レベルで確認するための資料として便利なので、コンピュータ化された現在でもよく利用されています。

　日記表や元帳は、これはこれで便利なのですが、企業活動の大枠を直観できるものではありません。そのためには、仕訳結果をもう少し別の形で見せる必要があります。それが次節で説明する「決算書」です。

図3●総勘定元帳の一部

【総勘定元帳（А1勘定）】

伝票No.	A側	B側	相手科目
0001	¥1,500		B3
		残高 ¥1,500	
合計	¥1,500	¥1,500	

【総勘定元帳（А2勘定）】

伝票No.	A側	B側	相手科目
0002	¥3,000		B4
0003		¥2,000	A4
		残高 ¥1,000	
合計	¥3,000	¥3,000	

【総勘定元帳（А3勘定）】

伝票No.	A側	B側	相手科目
0002	¥1,000		B4
		残高 ¥1,000	
合計	¥1,000	¥1,000	

【総勘定元帳（А4勘定）】

伝票No.	A側	B側	相手科目
0003	¥7,500		諸口（B1,A2）
		残高 ¥7,500	
合計	¥7,500	¥7,500	

3 決算書の作り方

■決算とは何か

　決算とは「仕訳伝票データの一定期間分を勘定科目ごとに金額合計して、その結果にもとづいて『**決算書**』を作成する行為」のことです。その際に作成される**決算書**は、決算の対象期間における事業活動の成果（損益）を第三者に客観的に理解してもらうための重要な公示文書です。

　上場企業の場合、決算書の公示が年次と規定されているので「一定期間」というのは1年を指すことが多いのですが、多くは半年を基準とする中間決算を行なっており、月次の決算を実施している企業も少なくありません。なぜなら、決算の結果が企業経営のための多くの指針を与えてくれるからです。とはいっても、経理担当者がもっとも力を注ぐのは年次決算です。年次決算では、法人税の申告もあり、在庫金額や費用の残高整理をはじめとして、会計監査や株主総会での承認など手間暇のかかる手順をともなうからです。

　余談ですが、日本企業の圧倒的多数が4月から翌年3月末の1年間を事業年度としており、法人税の申告が年度終了から2か月以内、上場企業の有価証券報告書提出期限が年度終了から3か月以内のため、毎年、3〜5月は経理担当者は大忙しとなります。

　決算の結果は**決算書**（または**財務諸表**）と呼ばれる資料としてまとめられます。

　これまで、決算書といえば**貸借対照表**（**B／S**, Balance Sheet）と**損益計算書**（**P／L**, Profit and Loss Statement）の2表が代表でしたが、これらに加えて1999年度決算分から正式に**キャッシュフロー計算書**（**C／F**, Cash Flow Statement）が、公示すべき決算書のひとつとして定められました。これらの資料の作成手順を見ていきましょう。

■試算表と決算書

　251ページの仕訳日記表（2）をもう少し変形して、科目ごとに金額を合算して全科目について一覧してみます。この結果を**試算表**といいます。後述する「貸借対照表」や「損益計算書」といった「決算書」は試算表から機械的に導き出されるものなので、まずは仕訳データにもとづいて試算表を集計するまでの過程を完全に理解することが決算書を理解する近道です。

図1●日記表の明細を科目ごとに合算して示したものが試算表

【試算表】

A側	B側
A1勘定　¥1,500	
A2勘定　¥1,000	
A3勘定　¥1,000	
A4勘定　¥7,500	
B1勘定	¥5,500
B2勘定	¥2,000
B3勘定	¥1,500
B4勘定	¥2,000
¥11,000	¥11,000

　では、試算表から「決算書」を導いてみましょう。まず、左右それぞれの科目のうちのある種の組み合わせを試算表から「抜き取る」ことによって試算表を2つに分割します。

　例えば、A側からはA1とA2、B側からはB1を選んで抜き出すことにしましょう。そのような組み合わせで試算表を2つに分割してみると次のようになります。

図2●試算表を左右に引きちぎる

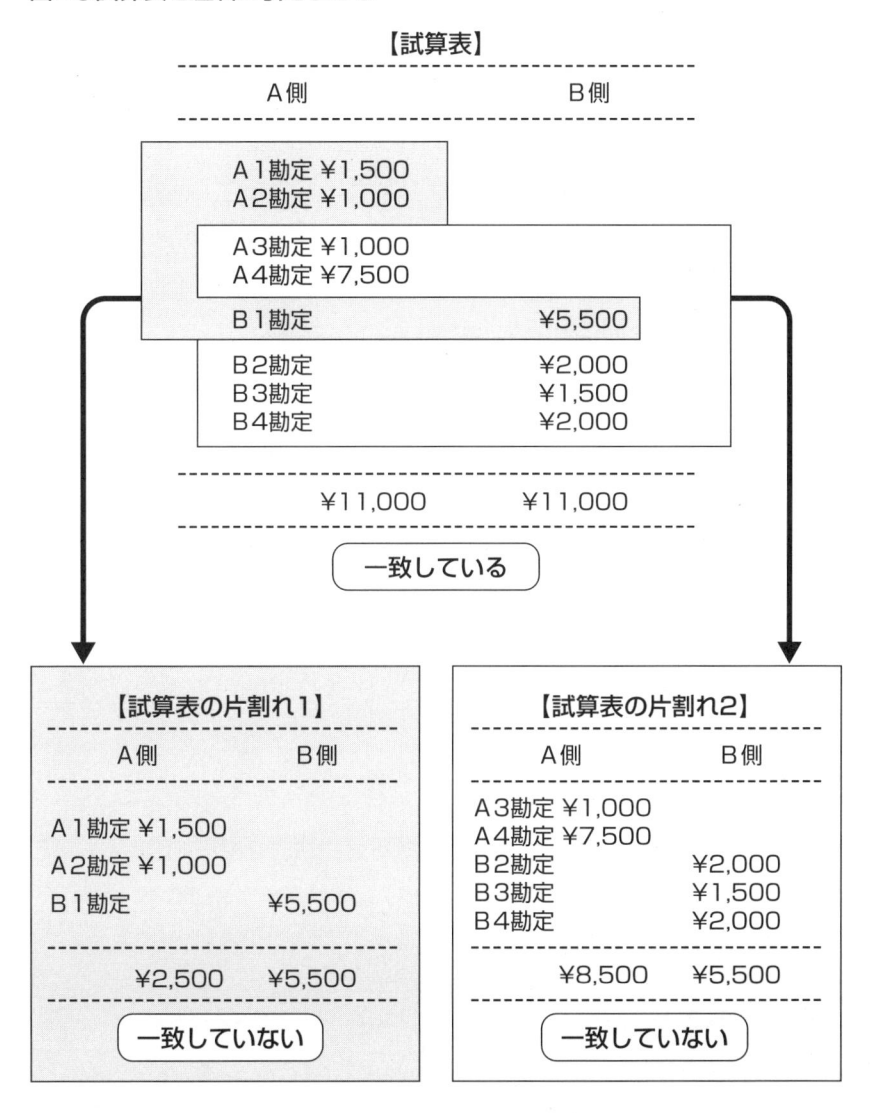

【試算表】

A側	B側
A1勘定 ¥1,500	
A2勘定 ¥1,000	
A3勘定 ¥1,000	
A4勘定 ¥7,500	
B1勘定	¥5,500
B2勘定	¥2,000
B3勘定	¥1,500
B4勘定	¥2,000
¥11,000	¥11,000

一致している

【試算表の片割れ1】

A側	B側
A1勘定 ¥1,500	
A2勘定 ¥1,000	
B1勘定	¥5,500
¥2,500	¥5,500

一致していない

【試算表の片割れ2】

A側	B側
A3勘定 ¥1,000	
A4勘定 ¥7,500	
B2勘定	¥2,000
B3勘定	¥1,500
B4勘定	¥2,000
¥8,500	¥5,500

一致していない

　それぞれの「片割れ」で左右の合計が一致しなくなってしまいました。それらが一致するように意図的に分割したわけではないので当然です。そこで、合計額を一致させるために、それぞれに調整項目を導入してみます。

その結果、次のようにめでたく左右の合計額が一致しました。このとき調整金額が片割れ1と2で同じになる点に注意してください。

図3● 「調整」を導入して両側の合算を一致させる

【試算表の片割れ1（調整後）】

	A側	B側
A1勘定	¥1,500	
A2勘定	¥1,000	
B1勘定		¥5,500
調整	→¥3,000	
一致している→	¥5,500	¥5,500

【試算表の片割れ2（調整後）】

	A側	B側
A3勘定	¥1,000	
A4勘定	¥7,500	
B2勘定		¥2,000
B3勘定		¥1,500
B4勘定		¥2,000
調整		→¥3,000
一致している→	¥8,500	¥8,500

　これらが「決算書」に相当するものです。仮に「片割れ1」のほうを「損益計算書（P／L）」、「片割れ2」のほうを「貸借対照表（B／S）」とみなして、実際のレイアウトに近い形に並べ替えてみましょう。このレイアウトに沿うと「調整」の計算式は決算書の下に示した形になります。

図4●決算書らしく並べ替える

【損益計算書（P／L）】

B1 ¥5,500	合計 ¥5,500
A1 ¥1,500	
A2 ¥1,000	合計 ¥2,500
	調整 ¥3,000

【貸借対照表（B／S）】

A3 ¥1,000	B2 ¥2,000
A4 ¥7,500	B3 ¥1,500
	B4 ¥2,000
	調整 ¥3,000
合計 ¥8,500	合計 ¥8,500

「調整」＝「P／L上のB群の合計」－「P／L上のA群の合計」
　　　 ＝「B／S上のA群の合計」－「B／S上のB群の合計」

　次に、読者がここまでの説明を理解されたものとして、勘定科目の意味合いをもう少し具体的に説明してみます。それによって簿記の理解がより実践的なものに深まっていくでしょう。ただし、これまでのところを十分理解していないようであれば、この先を読む前に本章のここまでをはじめからもう一度読み返してください。

　それではまず、勘定科目の体系を整理してみましょう。勘定科目は「A側・B側」に分かれると説明しましたが、これを**借方・貸方**と呼びます。「借りる」とか「貸す」とかいった言葉が意味ありげですが、2つの区分を表わす以上のものではありません。「左・右」でも「表・裏」でもかまわないのです。たまたま「借・貸」の言葉が選ばれているというだけのことです。

　また、上述したように試算表が分割されて2つの決算書になるわけですが、科目別の合計額がどちらの「片割れ」に含まれるべきかというのはあらかじめ決まっています。すなわち、貸借対照表（B／S）としてグルーピングさ

れる科目のことを**B／S科目**、損益計算書（P／L）としてグルーピングされる科目のことを**P／L科目**といいます。

したがって、すべての勘定科目は「勘定科目マスター」において、下のように「借方と貸方の2種類」×「P／LとB／Sの2種類」の4種類のいずれかに分類されることになります。そして、これらの分類を用いると、「調整」の計算式は以下のように示されます。

図5●科目群は4つに分類される

	借　方	貸　方
P／L科目	「借方P／L科目群」	「貸方P／L科目群」
B／S科目	「借方B／S科目群」	「貸方B／S科目群」

「調整」＝「貸方P／L科目群の合計」－「借方P／L科目群の合計」
　　　＝「借方B／S科目群の合計」－「貸方B／S科目群の合計」

これらの表現に合わせて前掲の決算書を作り替えてみましょう。

図6●科目の表現を修正した決算書

【損益計算書（P／L）】

貸方P/L科目B１ ¥5,500　　　　合計 ¥5,500

借方P/L科目A１ ¥1,500
借方P/L科目A２ ¥1,000　　　　合計 ¥2,500

　　　　　　　　　　　　　　　調整 ¥3,000

【貸借対照表（B／S）】

借方B/S科目A３ ¥1,000　　｜　貸方B/S科目B２ ¥2,000
借方B/S科目A４ ¥7,500　　｜　貸方B/S科目B３ ¥1,500
　　　　　　　　　　　　　｜　貸方B/S科目B４ ¥2,000
　　　　　　　　　　　　　｜　調整　　　　　 ¥3,000

　　　　合計 ¥8,500　　　｜　　　合計 ¥8,500

ただし「借方B／S科目群」とか「調整」などの言い方が一般に通用するわけではなく、実際は次のように呼ばれています。

図7●4つの科目群の実際の呼び方

	借　方	貸　方
P／L科目	「費用科目群」	「収益科目群」
B／S科目	「資産科目群」	「負債・資本科目群」

「**損益**」＝「収益科目群の合計」－「費用科目群の合計」
　　　　＝「資産科目群の合計」－「負債・資本科目群の合計」

「調整」が、事業活動の結果である「損益（プラスなら利益、マイナスなら損失）」と呼ばれている点に注意してください。つまり、複式簿記では「調整」が「損益」の意味になるように、上記の4つの科目群の現実的な意味が周到に定められているということなのです。

■「博打」の結果を報告する

「調整」が「損益」に相当することを理解してもらうために、4つの科目群の意味合いを「博打（ばくち）」の例に沿って説明しましょう。

なぜ「博打」かというと、企業活動は多かれ少なかれ博打的な性質を持っているからです。雇用や物資やサービスといった社会的な価値をもたらすという点では、企業活動は博打とまったく異なります。しかし、「元手を使って活動し、利ざやを得るべし」という目的がある点や、必ずしも利ざやを得られるとは限らないという点では似ています。

そんなわけで、企業活動の決算報告形式の意味も博打に沿って説明するとわかりやすいのです。

読者が10万円を持ってカジノへ出かけたと想像してください。ただし、10万円の中の5万円は自分のお金（資本）ですが、残りの5万円は友人から借

りたお金（負債）だとします。また、カジノへの交通費が往復で1万円かかるとします。

そして、カジノで手持ちの10万円のうちの7万円を使って何かの博打をやって、12万円が手に入ったとしましょう。12万円儲けるために7万円を投入したということは、交通費に1万円かかっているので、結局4万円を儲けたということです。この4万円は当初の手持ち分である10万円に加算され、読者は14万円を持ってカジノを後にすることになります。この状況を上述の4つの科目群に当てはめてみます。「調整」が「損益」に相当することがよくわかるでしょう。

図8● 「博打」の結果を4つの科目群に当てはめる

	借方		貸方	
P／L科目	カジノへの支払 カジノへの往復交通費	7万円 1万円	カジノからの受取	12万円
	費用科目群合計	8万円	収益科目群合計	12万円
B／S科目	最終の手持ち額	14万円	自分のお金 友人Aからの借金	5万円 5万円
	資産科目群合計	14万円	負債・資本科目群合計	10万円

4万円（**調整**）＝12万円（収益科目群の合計）－8万円（費用科目群の合計）
　　　　　　　＝14万円（資産科目群の合計）－10万円（負債・資本科目群の合計）
　　　　　　　＝4万円（**損益**）

家に帰ると、博打の結果を**会計報告**（Account，説明）するための資料を作らねばなりません。出資者である友人と「配当額」について話し合うためです[注]。その資料が決算書です。262ページに、この博打の結果を示した仕訳日記表と試算表、決算書を示しました。

ところで、そもそも「資産科目群」はなぜ「借方」なのか、という素朴な疑問を持った読者がおられるかもしれません。その答えは簡単です。

[注] この話し合いが「株主総会」に相当します。

図9●カジノの儲けをどう報告しようか

「資産科目群」の相方である「資本・負債科目群」が「貸方」だからです。——これでは答えになっていないように思われるかもしれませんが、4つの科目群の関係は相対的な位置関係の決まっている「東西南北」のようなものです。4つの要素のうちのどれかひとつの位置を決めさえすれば、残りの3要素の位置も自動的に決まります。つまり、ある科目群が「借方」であることの意味ではなく、4つの科目群の相対的な位置関係が決まっているという点が重要なのです。

■実際の決算書

4つの科目群の意味をもう少し正確に説明すると263ページの図11のようになります。習慣上、「利益（損失）」に相当する科目はB／S上では負債・資本科目群に含める形で分類され、P／L上では独立した利益科目群として分類されます。

図10●博打の仕訳日記表と試算表、決算書

【仕訳日記表】

伝票No.	借方		貸方		摘要
0001	資産科目1	¥50,000	資本科目1	¥50,000	自分のお金
0002	資産科目1	¥50,000	負債科目1	¥50,000	友人Aからの借金
0003	費用科目1	¥10,000	資産科目1	¥10,000	カジノへの往復交通費
0004	費用科目2	¥70,000	資産科目1	¥70,000	カジノへの支払
0005	資産科目1	¥120,000	収益科目1	¥120,000	カジノからの受取
	合計	¥300,000		¥300,000	

【試算表】

	借方	貸方
資産科目1	¥140,000	
費用科目1	¥10,000	
費用科目2	¥70,000	
資本科目1		¥50,000
負債科目1		¥50,000
収益科目1		¥120,000
	¥220,000	¥220,000

【損益計算書(P/L)】

収益科目1	¥120,000	合計	¥120,000
費用科目1	¥70,000		
費用科目2	¥10,000	合計	¥80,000
		利益	¥40,000

【貸借対照表(B/S)】

資産科目1	¥140,000	負債科目1	¥50,000
		資本科目1	¥50,000
		利益	¥40,000
合計	¥140,000	合計	¥140,000

図11 ● 4つの科目群をより正確に説明すると…

B/S系	資産科目群	預金や建物や商品在庫といった財産のこと。
	負債・資本科目群	資金のこと。このうち、他人から調達した資金つまり借金を「負債（他人資本）」といい、会社が自前で用意した資金を「自己資本」という。 なお、当期に計上された「利益」は自己資本に組み込まれるため、資本科目の一種として分類される。
P/L系	費用科目群	企業活動にともなって発生する経費のこと。
	収益科目群	企業活動の結果として実現する収入のこと。
	利益科目群	収益から費用を差し引いた差額のこと。

では、258ページ図6の決算書をこれらの表現に沿って書き換えてみましょう。これでぐっとホンモノっぽくなりました。

図12 ● よりホンモノっぽくなった決算書

【損益計算書（P／L）】

収益B1 ¥5,500	合計 ¥5,500
費用A1 ¥1,500	
費用A2 ¥1,000	合計 ¥2,500
	利益 ¥3,000

【貸借対照表（B／S）】

資産A3 ¥1,000	負債B2 ¥2,000
資産A4 ¥7,500	負債B3 ¥1,500
	資本B4 ¥2,000
	利益　　¥3,000
合計 ¥8,500	合計 ¥8,500

ここまで理解できたら、どうせなら「ホンモノ」の決算書を見ておきましょう。

　科目の名前が難しく思えるかもしれませんが、理屈はこれまでといっしょです。これらの科目はごく代表的なものなので、それらがどの科目群に含まれるかを前ページ図12と突き合わせながら名前だけでも覚えてしまってください。

図13●実際の科目名が使われている決算書

【損益計算書（P／L）】

売上高	¥5,500	合計	¥5,500
売上原価	¥1,500		
販売費及び一般管理費	¥1,000		
営業外費用	¥0	合計	¥2,500
		利益	¥3,000

【貸借対照表（B／S）】

流動資産 ¥1,000	流動負債	¥2,000
固定資産 ¥7,500	固定負債	¥1,500
	資本金	¥2,000
	利益	¥3,000
合計 ¥8,500	合計	¥8,500

第6章 会計管理

　前ページの図では示されていませんが、実は利益にも何種類かあります。損益計算書に並んでいる経費科目は上から「商売にとって本質的な順序」で並んでいるので、それぞれを差し引いていった残額は順に「商売にとって本質的な利益」といった意味合いを帯びます。それぞれに独特な呼び名がついているのでついでに覚えてしまいましょう。詳しい意味合いを確認したい読者は会計関係の入門書を参照してください。

図14●上に位置するほど「商売にとって本質的」な3種類の「利益」

売上高 − 売上原価 ＝ 売上総利益 [注1]

売上高 − 売上原価 − 販売費及び一般管理費 ＝ 営業利益

売上高 − 売上原価 − 販売費及び一般管理費 − 営業外費用 ＝ 経常利益 [注2]

損益計算書上の経費
（左から商売にとって本質的な順）

[注1] 粗利（あらり）ともいいます。
[注2] けいじょうりえき。「ケイツネ」とも略称されます。

4 キャッシュフロー計算書

　貸借対照表や損益計算書を見れば経営状況の多くの部分を理解できますが、実はこれらには「決算期間においていくらの現金が流入して、いくらの現金が残ったのか」という情報、すなわち**キャッシュフロー**が示されていません。これは前述したように、企業が「信用取引」によって売買活動をしていることに起因します。例えば、ある期間での売上が3,000万円でそのうちの2,000万円が手形などの掛け売りならば、差し当たって現金は1,000万円しか入ってきていないことになります。そして、決算期間での手持ちの現金の増減は単期の決算書を見てもわかりません。

　しかしながら、このような現金の動きというのは経営者や投資家にとってぜひとも把握しておきたい事柄です。特に近年のように、銀行がいざというときの不足現金の調達先になってくれない状況では、現金の収支を把握していないのは危険です。なぜなら「勘定あって銭足らず」の事態に陥りやすく、下手をすれば黒字倒産を招くからです。

　また、上場企業にとって現金の動きを公開することは大切なことです。特にキャッシュフローから現事業維持のための諸経費を差し引いた「自由に使える現金（フリーキャッシュフロー）」がどのように運用されるかが決算書に示されていなければ、投資家は経営者の姿勢や企業の将来性を判断できません。不況下において企業が出資を広く募るためには、キャッシュフローも含めて積極的に開示しなければならないのです。

■キャッシュフロー計算書の作り方

　決算期間におけるキャッシュフローの動きを公示するための「第三の決算書」として登場した文書が**キャッシュフロー計算書（C／F）**です。その作り方を見ていきましょう。

　キャッシュフロー計算書は「営業ＣＦ（キャッシュフロー）」「投資ＣＦ」

「財務ＣＦ」の3部構成でできており、それぞれの部分の作成手順が異なります。それをまとめると以下のようになります。なお「比較Ｂ／Ｓ」というのは前期のＢ／Ｓと今期のＢ／Ｓの科目ごとの差額を並べたものをいいます。

図1●キャッシュフロー計算書の内訳と作成方法

営業ＣＦ	直接法	現金の動きに関係する科目ごとの総額から計算する
	間接法	Ｐ／Ｌと比較Ｂ／Ｓから計算する
投資ＣＦ		Ｐ／Ｌと比較Ｂ／Ｓから計算する
財務ＣＦ		比較Ｂ／Ｓから計算する

それぞれの部分の意味合いをざっと説明しましょう。

営業ＣＦというのは、文字どおり営業活動が生み出したキャッシュフローのことです。営業ＣＦのマイナスが数年以上続くとしたら企業はその事業をやめたほうがよい、と判断できるほど基本的なものです。

投資ＣＦというのは、土地・建物や設備などの有形固定資産の購入や有価証券の売買に関するキャッシュの収支を集計した結果です。

財務ＣＦというのは、営業ＣＦと投資ＣＦの合算をいかに調整したかを表わす情報で、金融機関からいくら借りたか返したかといった実績や出資者に対する配当実績がこの部分に示されます。健全な企業においては営業ＣＦがプラスで投資ＣＦがプラスかマイナスになるものですが、財務ＣＦはそれらのＣＦの不足分や余剰分の現金をどう処理したかを示します。

これらの中でも「営業キャッシュフロー」と呼ばれる部分の作成手順がわかりにくいので特に説明しましょう（それ以外の部分は後述する間接法での営業ＣＦの作成手順と似たようなやり方で作成できます。参考書等で確認してください）。

まず、営業ＣＦをまとめる方法には2種類あって**直接法**と**間接法**と呼ばれています。それぞれのやり方を説明します。

■直接法で求める営業キャッシュフロー

　まず**直接法**ですが、要するにすべての取引における現金の動きを抽出して集計するやり方と思ってください。例えば次のように仕訳された取引があったとしましょう。

図2●現金の動きをともなう仕訳の例

借　方		貸　方	
売掛金	¥7,000	売上	¥10,000
現金	¥3,000		
合計	¥10,000	合計	¥10,000

　「直接法」においては、従来1行として認識されていた「売上」の仕訳行が「非現金での売上」と「現金での売上」の組み合わせとして、下のような2行として認識されます。

図3●現金分と非現金分が区別される

借　方		貸　方	
売掛金	¥7,000	非現金での売上	¥7,000
現金	¥3,000	現金での売上	¥3,000
合計	¥10,000	合計	¥10,000

　なお、「現金」の科目だけでなく、「預金」などの現金に準ずる支払能力のあるものも「現金での○○」を引き起こす相手科目として認識されます。
　つまり、勘定科目マスターにおいて科目ごとに「現金扱い対象科目かどうか」があらかじめ定められるということです。
　上述のように操作された仕訳情報の中から「現金での○○」を抽出・集計

してグループごとに並べたものが「直接法」によるキャッシュフロー計算書です。本来の直接法はこのように仕訳の体系そのものの見直しをともなうので、既存の会計システムで実施するとなると、それなりの手間がかかります。それが、多くの企業が「間接法」でキャッシュフロー計算書を作成する理由です。「直接法」で作成されたキャッシュフロー計算書の例を以下に示します。

【直接法による営業活動による営業キャッシュフロー】

現金での営業収入	52,000
現金での原材料仕入支出	-34,000
現金での人件費支出	-9,000
現金でのその他の営業支出	-1,000
合 計	8,000

■間接法で求める営業キャッシュフロー

　間接法は「直接法」に比べ、既存の会計システムをそのまま使いながら作成できる長所がありますが、説明するとなるとむしろややこしいものです。間接法の営業ＣＦでは、損益計算書で示された「純利益 [注]」という項目にいろいろな調整項目を足したり引いたりして「現金収支」が見てとれるようになっています。例えば次のようになります。

【間接法による営業活動による営業キャッシュフロー】

Ｐ／Ｌ上の純利益	12,000
現金でない収入1の増	-3,000
現金でない収入2の増	-2,400
現金でない支出1の増	1,000
現金でない支出2の増	400
合 計	8,000

[注] 265ページで説明した経常利益に特別損益と呼ばれる項目を加減したもの。

つまり、P／L上の純利益は「現金でない支出」が差し引かれ、「現金でない収入」が加算された結果なので、それらを調整しないと現金での収支がわからないということです。

ちなみに、調整前の収支は「(売上の) 実現主義」および「(費用の) 発生主義」、調整後は「現金主義」の基準で算出されているといわれます。「実現主義」や「発生主義」というのは会計学上の概念で、現金の動きをともなわなくても、それぞれ収入や支出の取引が発生した時点で価値の変動が起こったと認識する見方を指します。信用取引を旨とする経済社会において、これはこれで合理的な見方です。しかし、現金での価値の動きを抜き出して見ようと思ったら、実現主義や発生主義でまとめられた数字を調整せざるを得なくなります。

なお「現金でない〇〇の増減」の項目は、当期と前期のB／Sを比較することによって算出できます。例えば、前期と当期の「売掛金」の差額は「現金でない収入の増減」とみなされますし「買掛金」や「減価償却費」の差額は「現金でない支出の増減」とみなされることになります。上記のキャッシュフロー図を実際の用語を使って示すと次のようになります。

【間接法による営業活動による営業キャッシュフロー】

P／L上の純利益	12,000
現金でない収入	
売上債権の増	-3,000
棚卸資産の増	-2,400
現金でない支出	
仕入債務の増	1,000
減価償却費	400
合　計	8,000

「直接法」と「間接法」の違いを理解していただけたでしょうか。

「直接法」は現金での取引の科目ごとの「総額」を並べるやり方と言えますし、「間接法」はP／L上の純利益を前期・当期の「差額」で加減するやり方と言えます。どちらも捨て難いと思われないでしょうか。

前述したように、ほとんどの企業は「間接法」でキャッシュフロー計算書を作っているようですが、筆者が企業に投資する立場なら「直接法」のほうも見たうえで判断したいと感じます。「直接法」だとキャッシュの動き全体が示されるので、企業の取引規模に対するキャッシュフローの効率がはっきりわかるからです。

5 会計システムの データモデル

　これまでの説明で、複式簿記における仕訳や決算集計の理屈を理解してもらえたと思います。それなりにややこしいのですが、わかってしまえばどうということはないと感じてもらえたのではないでしょうか。筆者自身、そのしくみを理解したとき、その本質的な「単純さ」に驚いたものです。しかし、同時に単純であるゆえの堅牢さや美しさに大きな感動を覚えました。複式簿記は人類の大きな知的財産だと思います。

　次に会計システムのデータモデルを見ます。情報処理の前提となる「情報の形」をデータモデルの形で確認できるというのは大きな特権です。本書の読者はそのための知識を既に持っています。データモデルを確認することによって、読者は会計システムをさらに深く理解できることでしょう。

◾️勘定科目

　まず、**勘定科目**の体系は図のようにデータモデル化できます。それぞれの「勘定科目」ごとに「貸方・借方」の区別と「B／S・P／L」の区別が載ることになります。

図1● 勘定科目のモデル

| 勘定科目 | 科目C、名称、貸借区分、B／S・P／L区分 |

　話が複雑になるのでこれまで説明していませんでしたが、勘定科目には「階層」があります。決算において仕訳結果は常に上位階層の科目に集計されます。ただし、階層化される際、科目の「貸借区分」と「B／S・P／L区分」は常に上位階層から継承されます。これをモデル化すると次ページの図2のようになります。

図2●階層化された勘定科目のモデル

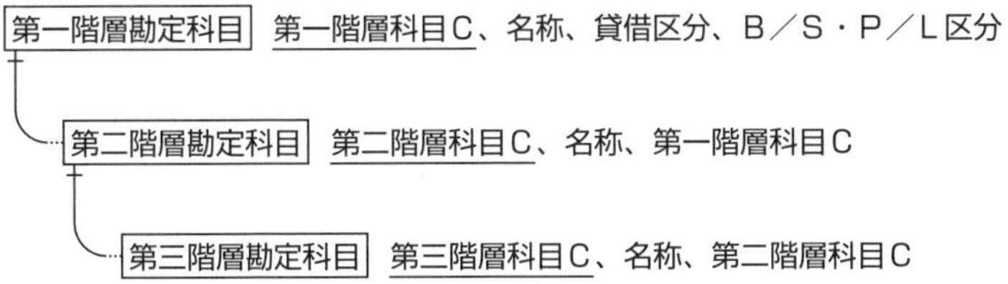

```
┌─第一階層勘定科目   第一階層科目C、名称、貸借区分、B／S・P／L区分
└─┬─第二階層勘定科目   第二階層科目C、名称、第一階層科目C
  └──第三階層勘定科目   第三階層科目C、名称、第二階層科目C
```

　しかし、このように科目を3段階に固定してしまうようなモデルは、場合によってはうまくありません。ある種の科目においては、さらに詳細なレベルの科目を用意したくなるかもしれないからです。第2部第1章で紹介したような、階層の深さに制限のないモデルを示しましょう。

図3●階層の深さに制限のない勘定科目のモデル

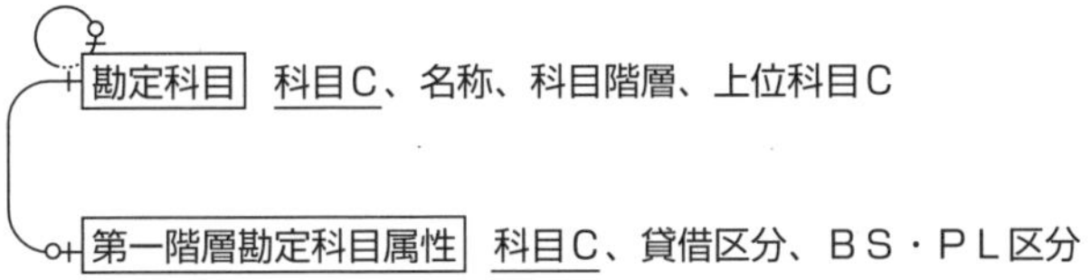

```
┌─勘定科目   科目C、名称、科目階層、上位科目C
└○┤
  └○┤第一階層勘定科目属性   科目C、貸借区分、BS・PL区分
```

　ずいぶんすっきりしました。このモデルでは階層構造が「上位階層」への自己参照で表現されています。
　ちなみに、勘定科目マスターに登録される実際のデータは各企業によって微妙に違うとはいえ、業種によってほぼ一律です。そこで、多くの会計パッケージソフトでは業種ごとの勘定科目データをあらかじめ持っていて、ユーザーが業種を指定するだけで勘定科目マスターを初期設定できるようになっています。

■部門

　仕訳情報にはそれがどの**部門**で発生したかを示す項目が含まれていなければなりません。部門ごとの決算結果も見たいからです。
　次ページ上のモデルを見てください。部門も科目と同じように階層構造を

とります。

図4● 「会計部門」のモデル

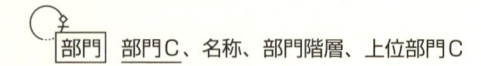

```
部門  部門C、名称、部門階層、上位部門C
```

　なお、ここでいう部門というのは、必ずしも組織図と一致するものではありません。決算結果をその単位で集計できるような独特な意味合いの部門でかまいません。組織図上の部門と区別するために**会計部門**と呼ぶことがあります。

■仕訳と決算集計

　データモデルにおいて「仕訳」は親子関係で関連づけられる「見出し」と「明細」に分かれます。

　つまり、1枚の仕訳伝票の内容が、仕訳見出し1件と複数件の仕訳明細に分けて記録されるということです。当然、特定の仕訳見出しにおける貸方側の合計と借方側の合計とは一致することになります。なお、仕訳明細1件にとっては勘定科目が1件ずつ定まるのでこれらのエンティティの間には参照関係が成立します。

図5● 仕訳情報のモデル

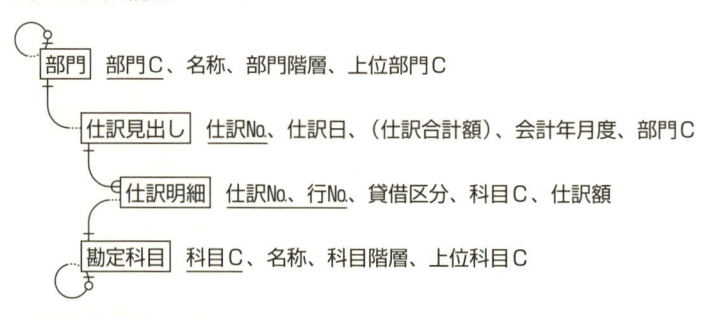

```
部門      部門C、名称、部門階層、上位部門C
仕訳見出し  仕訳No、仕訳日、(仕訳合計額)、会計年月度、部門C
仕訳明細    仕訳No、行No、貸借区分、科目C、仕訳額
勘定科目    科目C、名称、科目階層、上位科目C
```

第6章 会計管理

図6●モデルに従った仕訳情報のインスタンス

```
┌─────────┐
│ 仕訳見出し │  仕訳No、    仕訳日、     （仕訳合計額）、会計年月度、部門C
└─────────┘
              12345     20XX/03/17   120,000      20XX/03    X100

      ┌─────────┐
    ──┤ 仕訳明細 │  仕訳No、   行No、  貸借区分、科目C、  仕訳額、
      └─────────┘
              12345     01      貸      A210    120,000
              12345     02      借      A320     70,000
              12345     03      借      A320     50,000
```

会計部門別に決算集計した結果は、次のような［月次仕訳サマリ］に記録されます。このモデルでは月次決算を前提にしているので、「時間軸」が「会計年月度」になっています。

図7●年月ごとに仕訳を集計するためのモデル

```
┌───────────┐
│ 月次仕訳サマリ │  会計年月度、科目C、部門C、（仕訳合計額）
└───────────┘
              20XX/03    A201    X100    150,000

       ┌─────────┐
     ──┤ 仕訳明細 │  仕訳No、  行No、  貸借区分、科目C、  仕訳額、（符号付き仕訳額）
       └─────────┘
              23456    01     貸      A201    80,000     80,000
              34567    01     貸      A201    50,000     50,000
              45678    01     借      A201    40,000    -40,000
              56789    01     貸      A201    60,000     60,000
```

■仕訳例と集計例

上記のデータモデルは形としては単純ですが、［仕訳明細］にもとづいて［月次仕訳サマリ］にどんな集計データが入るのかを想像しにくいかもしれません。前掲の仕訳例に従って、どのような集計結果が算出されるかを見ましょう。［勘定科目］、［部門］、［仕訳］に載るインスタンスが次ページのとおりだとします。これを「決算」した結果が277ページです。

図8 ● 科目、部門、仕訳のインスタンス

勘定科目 科目C、名称、貸借区分、B／S・P／L区分、科目階層、上位科目C

```
A0    負債           貸        BS      01
A1    負債1                            02      A0
A2    負債2                            02      A0

B0    資本           貸        BS      01
B1    資本1                            02      B0
B2    資本2                            02      B0

C0    費用           借        PL      01
C1    費用1                            02      C0
C2    費用2                            02      C0

D0    資産           借        BS      01
D1    資産1                            02      D0
D2    資産2                            02      D0

E0    収益           貸        PL      01
E1    収益1                            02      E0
E2    収益2                            02      E0
```

部門 部門C、名称、部門階層、上位部門C

```
H000   全社      0
R100   R事業部   1    H000
S100   S事業部   1    H000
```

仕訳見出し 仕訳No.、仕訳日、（仕訳合計額）、会計年月度、部門C

```
12345   20XX/03/07   300,000   20XX/03   R100
23456   20XX/03/15   700,000   20XX/03   R100
34567   20XX/03/10   600,000   20XX/03   R100
45678   20XX/03/17   100,000   20XX/03   S100
56789   20XX/03/11   900,000   20XX/03   S100
```

仕訳明細 仕訳No.、行No.、貸借区分、科目C、仕訳額

```
12345   01   貸   A1   300,000
12345   02   借   B1   100,000
12345   03   借   C1   200,000

23456   01   貸   A2   200,000
23456   02   貸   B2   300,000
23456   03   借   C2   500,000

34567   01   借   D2   900,000
34567   02   貸   E1   400,000
34567   03   貸   E2   500,000

45678   01   貸   A1   200,000
45678   02   借   C2   100,000
45678   03   借   B1   100,000

56789   01   借   D1   500,000
56789   02   貸   E1   200,000
56789   03   貸   B2   300,000
```

図9 ● 仕訳の集計結果

| 月次仕訳サマリ | 会計年月度、科目C、部門C、（仕訳合計額） |

会計年月度	科目C	部門C	仕訳合計額
20XX/03	A0	R100	500,000
20XX/03	B0	R100	200,000
20XX/03	C0	R100	700,000
20XX/03	D0	R100	900,000
20XX/03	E0	R100	900,000
20XX/03	A1	R100	300,000
20XX/03	B1	R100	−100,000
20XX/03	C1	R100	200,000
20XX/03	E1	R100	400,000
20XX/03	A2	R100	200,000
20XX/03	B2	R100	300,000
20XX/03	C2	R100	500,000
20XX/03	D2	R100	900,000
20XX/03	E2	R100	500,000
20XX/03	A0	S100	200,000
20XX/03	B0	S100	200,000
20XX/03	C0	S100	100,000
20XX/03	D0	S100	500,000
20XX/03	E0	S100	200,000
20XX/03	A1	S100	200,000
20XX/03	B1	S100	−100,000
20XX/03	D1	S100	500,000
20XX/03	E1	S100	200,000
20XX/03	B2	S100	300,000
20XX/03	C2	S100	100,000
20XX/03	A0	H000	700,000
20XX/03	B0	H000	400,000
20XX/03	C0	H000	800,000
20XX/03	D0	H000	1,400,000
20XX/03	E0	H000	1,100,000
20XX/03	A1	H000	500,000
20XX/03	B1	H000	−200,000
20XX/03	C1	H000	200,000
20XX/03	D1	H000	500,000
20XX/03	E1	H000	600,000
20XX/03	A2	H000	200,000
20XX/03	B2	H000	600,000
20XX/03	C2	H000	600,000
20XX/03	D2	H000	900,000
20XX/03	E2	H000	500,000

276ページ図8のインスタンスを「決算」することで上位科目と上位部門への集計が起こり、前ページ図9のような結果が得られました（科目B1の仕訳金額がマイナスになっています。これは、B1が「勘定科目としては貸方である」のに「借方として仕訳された」ためです）。

集計結果と部門ごとの決算書とを比べてみてください。階層的に集計されている様子がよくわかると思います。

【R事業部の損益計算書】
```
【収益】
 収益1   ¥400,000
 収益2   ¥500,000         ¥900,000

【費用】
 費用1   ¥200,000
 費用2   ¥500,000         ¥700,000
                    利益  ¥200,000
```

【R事業部の貸借対照表】
```
【資産】 ¥900,000     【負債】 ¥500,000
 資産1  ¥900,000      負債1  ¥300,000
                      負債2  ¥200,000

                     【資本】 ¥400,000
                      資本1  ¥100,000−
                      資本2  ¥300,000
                      利益   ¥200,000

 合計   ¥900,000      合計   ¥900,000
```

【S事業部の損益計算書】

【収益】
収益1　¥200,000　　　　　¥200,000

【費用】
費用2　¥100,000　　　　　¥100,000
　　　　　　　　　　　利益　¥100,000

【S事業部の貸借対照表】

【資産】	¥500,000	【負債】	¥200,000
資産1	¥500,000	負債1	¥200,000
		【資本】	¥300,000
		資本1	¥100,000−
		資本2	¥300,000
		利益	¥100,000
合計	¥500,000	合計	¥500,000

【全社の損益計算書】

【収益】
収益1　¥600,000
収益2　¥500,000　　　　　¥1,100,000

【費用】
費用1　¥200,000
費用2　¥600,000　　　　　¥800,000
　　　　　　　　　　　利益　¥300,000

【全社の貸借対照表】

【資産】	¥1,400,000	【負債】	¥700,000
資産1	¥1,400,000	負債1	¥500,000
		負債2	¥200,000
		【資本】	¥700,000
		資本1	¥200,000−
		資本2	¥600,000
		利益	¥300,000
合計	¥1,400,000	合計	¥1,400,000

6 業務支援システムとの関係

　本書の締めくくりとして、会計管理システムと、それぞれの業務支援システムとの関係を眺めましょう。両者の間にも、システム全体の複雑さをどう配置すべきかという問題がかかわっています。それを理解するためには、まず会計管理システムが「仕訳プロセッサ」であるという認識が必要です。

　勘定科目や部門といった会計関係のマスター情報を編集するための機能（①）と、「仕訳の元ネタ」を受け取って仕訳データを生成するための機能（②）、そして決算集計のための機能（③）は、会計管理システムにおいて最も本質的な役目を果たします。これらが仕訳データから元帳や決算書を導き出す過程を担うからです。ですから筆者はこれらの機能をまとめて「仕訳プロセッサ」とか「仕訳集計エンジン」と呼んでいます。ちょうど、会計管理システムの皮を剥いていって最後に残る芯のようなものです。

図1●会計管理システムと業務支援システムとの関係

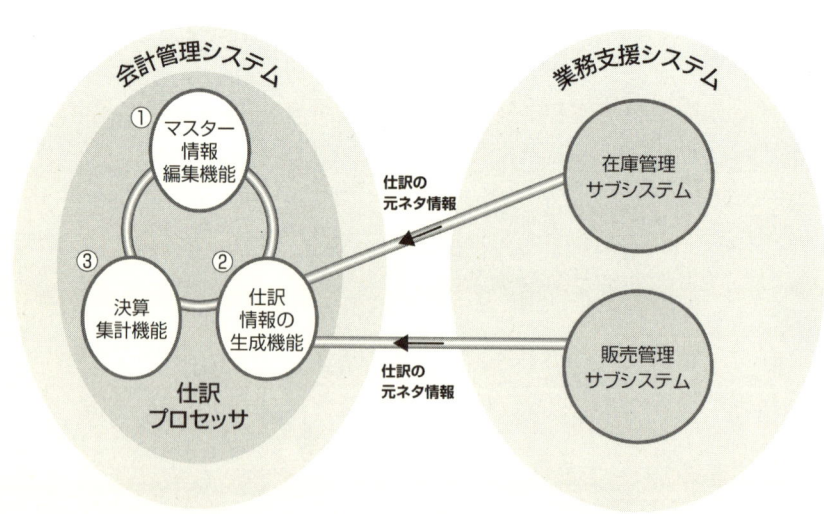

前ページ図1の業務支援システムと仕訳プロセッサとの関係に注意してください。業務支援システムは文字どおりの「業務をスムーズに回していくための支援」だけではなく、業務活動の過程で発生した取引実績情報にもとづいて会計システムで処理可能な「仕訳の元ネタ」を作り出す役目も負っています。これが、統合された企業情報システムの基本的な骨格です。

■見えなくなる会計システム

旧式の業務支援システムにおいては仕訳情報の送り込みが印刷物などの媒体を介して行なわれていましたが、図1のように、現在では仕訳の元ネタが自動処理されるように、それぞれのサブシステムが統合されつつあります。そういうわけで、経理担当者が手作業で仕訳伝票を起票して「仕訳入力」しなければならないケースはどんどん減ってきています。仕訳情報に関する社内統制、つまり仕訳を承認するのが誰かという問題はあるにせよ、企業システムが発展する過程で、会計システムは次第に「人の目に触れなくなる」傾向を示すようになります。

それぞれの業務支援システムがどのように会計システムに仕訳を渡すのかを見てみましょう。販売管理システムであれば、その連係の様子は次のようなモデルで示すことができます。

図2●販売実績情報と仕訳情報の関連を示すモデル

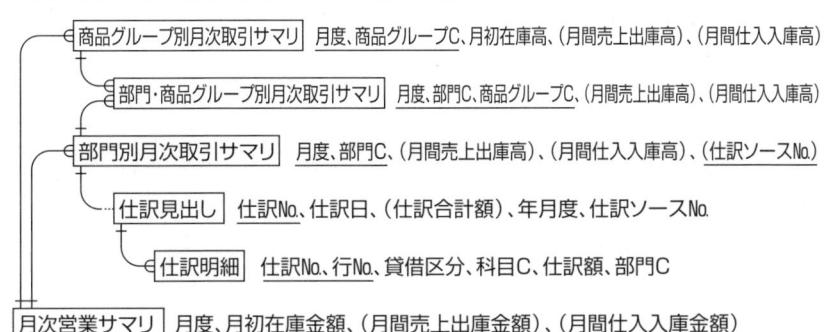

```
┌─商品グループ別月次取引サマリ  月度、商品グループC、月初在庫高、(月間売上出庫高)、(月間仕入入庫高)
├─部門・商品グループ別月次取引サマリ  月度、部門C、商品グループC、(月間売上出庫高)、(月間仕入入庫高)
├─部門別月次取引サマリ  月度、部門C、(月間売上出庫高)、(月間仕入入庫高)、(仕訳ソースNo.)
│  └─仕訳見出し  仕訳No、仕訳日、(仕訳合計額)、年月度、仕訳ソースNo.
│       └─仕訳明細  仕訳No、行No、貸借区分、科目C、仕訳額、部門C
└─月次営業サマリ  月度、月初在庫金額、(月間売上出庫金額)、(月間仕入入庫金額)
```

このモデルで〔部門別月次取引サマリ〕に載っている〈仕訳ソースNo.〉

は、「仕訳の元ネタ」になり得るエンティティに与えられる二次識別子です。また、［仕訳見出し］上にも属性項目として載って、「仕訳の元ネタ」に参照関係で結びつけるための外部キーを構成します。当然、仕訳の元ネタになるエンティティというのは［部門別月次取引サマリ］以外にもいろいろなものがあるはずなので、それらすべてに〈仕訳ソースNo.〉が二次識別子として置かれることになります。

なお、仕訳の元ネタがあっても、どのような科目をどのような貸借で組み合わせて仕訳を作るかが決まっていなければ、仕訳を作り出すことはできません。そのために、元ネタにもとづいて仕訳情報を生成する側のシステムにおいて、勘定科目の体系に沿ってそのためのルールを決めておかなければなりません。

前ページ図2のモデルを例にして〈仕訳ソースNo.〉の使われ方を説明しましょう。［部門別月次取引サマリ］にタプルを追加する際、全社でユニークになるような番号値を〈仕訳ソースNo.〉にセットしておきます。集計結果が確定して仕訳データを作成する際に、元ネタの〈仕訳ソースNo.〉の値を［仕訳見出し］に記録します。これで、仕訳情報とその元ネタ情報とが関係づけられました。必要ならば［仕訳見出し］の〈仕訳ソースNo.〉を使ってさらに詳細なことを調べることができます。ここでの例なら、仕訳上には商品グループ別の取引が示されていないので、必要なら「元ネタ」である部門別の集計結果から部門・商品グループ別の集計結果へ「ドリルダウン」すればよいわけです。

■消えゆく「補助科目」

このようなしくみにすれば、会計システムに渡されるべき仕訳には、せいぜい会計管理上意味のあるような詳細さがあればよいことになります。例えば、決算書の形で数字を調べる際に商品ごとの売上を見る必要がないのであれば、商品ごとの仕訳が渡される必要はありません。

このことは、それぞれの業務支援システムが整備され、統合されるにつれて**補助科目**が消えていくことを示しています。補助科目というのは勘定科目のもっとも詳細な階層に位置づけられる科目群のことで、例えば決算情報の

形で売上を取引先別や商品別に確認するために使われます。しかし、そのような見方は、本来はそれぞれの業務支援システムが得意とすることです。そのようなシステムがあるなら、会計システムでは決算書を出せる程度の単純な科目別の数字がわかればよいことになります。必要なら、仕訳ソースNo.によってリンクされた元ネタを調べれば、システムはいくらでも詳細な情報を示してくれるからです。

■業務支援システムと2つの会計システム

このことは、会計システムとは別に実績情報の集計や分析のためのしくみを用意できることを示しています。これまで説明してきた会計の枠組みは、社外に対する制度上の報告義務に従って決算集計するためのしくみという意味で**制度会計**とか**財務会計**と呼ばれます。一方、社内で独自の集計形式により経営効率を眺めるための枠組みのことを**管理会計**といいます。

2つの会計システムと業務支援システムとの関係を図示すると次のようになります。

図3●2つの会計システムと業務支援システムの関係

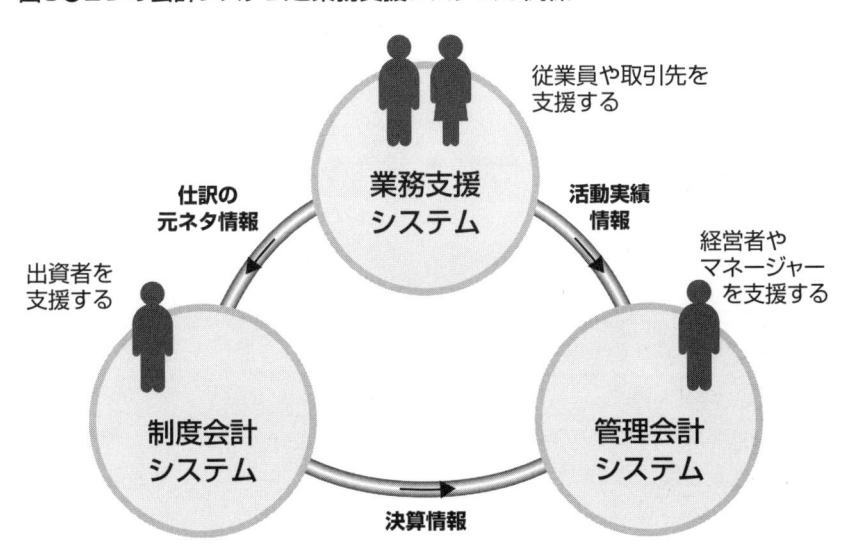

第1部で、データモデリングには処理系の複雑さをデータベースに移行させる働きがあると説明しました。その結果、情報システムの開発生産性や保守性が向上します。同じように、「制度会計」の複雑さを業務支援システムに移行させると同時に、「管理会計」を必要に応じて高度化させるというのも、企業情報システム全体の複雑さをバランスよく配置するための大事なコツです。

　本書では管理会計については説明しませんが、関心のある読者は関連書で調べてみてください。経営指標や原価など、重要な問題を扱う独特な世界で、そのためのシステムを設計するのも大変面白いものです。その際にもデータモデリング技術が役に立つことを、ここまで読んでこられた読者はもう予想できていることでしょう。

あとがき

　執筆している間、こんな本が10年前にあったら自分はこんなに遠回りしなくてよかっただろうな、ユーザーやプログラマにかける迷惑もずっと少なくすんだだろうな、という切ない気持ちを感じていました。

　筆者がデータモデリングを中心に据えたシステム設計を始めた頃、業務ノウハウをまとめた本やリレーショナル代数（データモデリングの数学的基礎理論）の解説書はあっても、両者を横断的に結びつけた実用書はほとんどありませんでした。海外にはわずかながらあったのですが、それも筆者には満足できるものではありませんでした。

　結局、システム設計の現場で手探りしながら進むしかなかったわけで、本書にある数々の指針やモデリングパターンは筆者が何度も失敗を重ねて生み出した泥臭いノウハウばかりです。それらは「唯一の正解」などではありませんが、このような形でまとめられることによって、データモデリングの思考の枠組みを会得するためのよい教材になるだけでなく、設計品質を検証するための一定レベルのレファレンスにもなると信じています。

　多くのユーザーや同業者との交流なしで本書が完成することはなかったでしょう。多すぎて名前を挙げることはできませんが、関係者にあらためて感謝いたします。

２００１年５月　　　　　　　　　　　　　　　　　　　　　　　著者

〈参考図書〉

『ソフトウェア構造化技法－ダイアグラム法による』
　Ｊ．マーチン、Ｃ．マックルーア、国友義久・渡辺純一訳、1986、
　近代科学社

『リレーショナルデータベースの基礎』
　増永良文、1990、オーム社

『アプリケーションエンジニアのための会計システム入門』
　小宮山登志雄、1994、東京電機大学出版局

さくいん

50音順 …………………288
アルファベット順………294

> カッコ書き数字は見出し語が脚注にあるページ

50音順

あ 行

赤黒基準 …………………169
赤黒訂正 …………………170
粗利 ………………………171
安全在庫数 ………………189
移管 ………………………163
依存図法 …………………101
一次識別子 ………………46
一斉棚卸 …………………179
一般化 ……………………39
一般出庫指示 ……………151
一般入出庫 ………………163
移動平均法 ………………146
イベント系エンティティ ……(48)
意味的な正しさ …………82
入り数 ……………………158
入れ子構造 ………………67
インスタンス ……………43
受取手形 …………………236
受払 ………………(142)，167
受払区分 …………………144
受払情報 …………………168
裏書 ………………………(236)
売上計上 ……………192，201
売上原価 …………………145
売上総利益 ………………(171)
売掛 ………………………230
売掛金 ……………………201

売掛残高 …………………230
運送業者 …………………226
運賃 ………………………197
運用系 ……………… 20，102
営業キャッシュフロー ……267
エンティティ ………18，42，105，
　　　　　　　132，221，240
エンティティ関連……43，46，50
エンティティ・スキーマ ………42
エンティティタイプ …………42
エンティティ名 ………………44
エンティティ・リレーションシップ …50
送り状 ……………………198
親エンティティ ………………52
親子関係 ………………52，78
卸売業 ……………………118

か 行

下位概念 ……………39，227
買掛残高 …………………237
会計部門 …………………274
階層化 ………………113，272
階層型 ……………………120
階層型データベース ……17，(18)
階層型データモデル …………(18)
階層のループ ……………122
外部キー …………46，56，241
概略設計 …………………102
掛率 ………………………128
仮想フィールド …………241
カートンラベル …………198
勘定科目 …………………246
勘定科目マスター ………246
関数従属する ………………42
関数従属性 ………22，41，240

間接法 …………………267
完全関数従属 …………………58
完全正規形 …………………66，75
管理会計 …………………283
関連 …………………18
企業間連係 …………………30
期首 …………………142，231
基数制約 …………………50
機能設計 …………………102
機能展開図 …………………101
希望納期 …………………189
基本設計 …………………103
キャッシュフロー ………155，266
キャッシュフロー計算書…253，266
業務関連図 …………………96
業務設計 …………………102
業務定義 …………………101，161
協力会社 …………………228
拠点 …………………143
倉出 …………………(199)
クラッド …………………(134)
繰り返し構造………64，223，231
経済的発注量 …………………210
継承属性 …………………59，151
契約単価 …………………128
契約販売単価 …………………128
決算 …………………253
決算書 …………………253
限界利益 …………………205
原価法 …………………146
現金主義 …………………270
現在庫金額 …………………145
現在庫数 …………………144
検収 …………………214
更新時異状 …………………66
構造化分析／設計 …………………100

購買リードタイム …………………210
候補キー …………………42
小売業 …………………109
子エンティティ …………………52
コッド，E．F．………17，(67)
ごとうび …………………(233)
コード体系 …………………110
個別梱包 …………………197
固有属性 …………………58，241
混合型アプローチ …………………94
混載 …………………196
コンテナ …………………98

さ 行

債権 …………………202
在庫 …………………142
在庫金額………………145，171
在庫繰越 …………………147
在庫計上 …………………212，219
在庫残高 …………………142
在庫単価 …………………146
在庫取引 …………………163
在庫評価替 …………………148
在庫評価法 …………………146
最終仕入原価法 …………………146
才数 …………………188
債務 ……………………(202)，219
財務会計 …………………283
財務キャッシュフロー ……267
財務諸表 …………………253
先入れ先出し …………………194
先入れ先出し法 …………………146
作出属性 …………………59
サブシステム …………………133
サブシステム構成図 …………102

サブタイプ …………61, 63, 227	出荷 ……………163, 188, 192
サプライチェーン ………30, 117	出荷先 ………………………226
参照関係 …………………56, 78	出荷指示 ……………………192
参照先エンティティ …………56	出荷指示書 ………182, 192, 198
参照元エンティティ …………56	出荷実績報告 ………………164
三段論法 ………………………82	出荷予約済数 ………………149
仕入計上 ……………212, 219	出庫 …………………………142
仕入原価 ……………………128	循環棚卸 ……………………179
仕入先 ………………………226	上位概念 ………………38, 227
仕入情報 ……………………219	詳細設計 ……………………103
仕入入庫 ……………………144	上得意 ………………………143
時価法 ………………………146	商品 …………………………108
識別子 ……………42, 46, 240	商品コード …………(38), 112
仕切書 ………………………198	商品在庫 ……………………152
自己参照 ………………………56	商品情報 ……………………117
資産科目群 …………………259	商品単価 ……………………128
試算表 ………………………254	商品振替 ………………119, 164
事象 ……………………………96	処理系 ……………………20, 102
システムコントロール …45, 127,	仕訳 ……………244, 247, 274
137, 153	仕訳ジャーナル ……………250
実現主義 ……………………270	仕訳日記表 …………………250
実棚差異表 …………………174	信用限度額 …………………230
実棚数 ………………142, 171	信用取引 ……………………230
実棚調査表 …………………171	数値化 …………………………40
実棚調整 ……………………172	スーパータイプ ……61, 63, 227
実棚調整受払 ………………180	正規化（する） ………65, 221
実地棚卸 …………………(171)	正規化違反 …………………222
失注 …………………………205	正規度 …………………………69
支払依頼情報 ………………237	請求先 ………………………226
支払照合 ……………………237	請求書 ………………………235
支払手形 ……………………237	請求情報 ………………233, 237
締め日 ………………………233	制御系テーブル ……………137
収益科目群 …………………259	生産者価格 …………………128
従属子 …………………………42	製造業 ………………………128
受注伝票 ………………………92	製造原価 ……………………128
受注票 …………………………92	

制度会計 …………………283
セカンドオピニオン ……………35
セット商品 ………………118
前期末繰越売掛残高 …………230
宣言方式 …………………173
総勘定元帳 ………………251
倉庫 ………………………143
総合商社 ……………117，228
倉庫間移動 …………163，164
相殺 ……………(228)，238
総平均法 …………………146
属性項目 …………………42
損益 ………………………259
損益計算書 ………………253

た 行

第一正規形 ……………64，71
第五正規形 ……………66，75
第三正規形 ……………66，73
貸借対照表 ………………253
第二正規形 ……………65，72
第四正規形 ………………69
多重度 …………………50，105
棚卸 ………………………171
棚卸結果表 ………………176
棚卸更新 …………………176
棚卸資産 ……………145，201
棚卸指示書 ………………175
タプル ……………………43
単価 …………………128，198
チェックデジット …………111
チェン，P …………18，84
注文書 ……………………184
調整売上 …………………204
調整仕入 …………………220

帳簿棚卸 ………………(171)
直接法 ……………………267
直送 …………………199，220
直交 ………………………125
低価法 ……………………146
定期発注方式 ……………210
定量発注方式 ……………208
手形期日 ………………(236)
適度な一般化 ……………40
手順 ………………………101
デスマーチ ………………31
データインタフェース ……134
データ項目 ………………38
データ指向アプローチ ……22
データフロー図法 …………96
データベース ……………13
データベース管理システム ……17
データベース系 …19，(34)，102
データベースシステム ……15，28
データベースソフト ………12
データモデリング ……16，40，78
データモデル……18，19，28，33，
　　　　44，83，102，104，137
テーブル………17，(18)，19，24，
　　　　134，221，240
テーブル構成 ……………62
同一関係 …………………60
投資キャッシュフロー ……267
得意先 ……………………226
特売単価 …………………128
トップダウン・アプローチ ……94
トランザクション系エンティティ…48
取引先 ……………………226

な 行

内部構造 …………………… 64, 117
二次識別子 ………… 46, 47, 168
荷姿 ……………………… 119, 158
荷揃 ………………………………… 197
入荷 ……………………… 163, 212
入荷情報 ………………………… 219
入荷報告 ………………………… 212
入金 ………………………………… 235
入金消込 ………………… 235, 239
入庫 ………………………………… 142
入庫実績報告 ………………… 166
入庫伝票 ………………………… 166
ヌル値(をとる) ………… 46, 62
ネットワーク型データベース …(18)
ネットワーク型データモデル …(18)
値引き …………………………… 129
納期 ……………………… 149, 189
納期回答 ………………………… 189
納品書 …………………………… 198

は 行

バージョン管理 ……………… 127
派生関係 ………………… 60, 106
パッケージ（システム）……… 29
発生主義 ………………………… 270
発注管理 ………………………… 208
発注中数量 ……………………… 210
発注点数量 ……………………… 208
発注点方式 ……………………… 208
発注リードタイム ……………… 200
バラ ……………………………… 119
パレート曲線 ………………… 180
販売単価 ………………………… 128

引当 ……………………………… 150
引当済数 ………………………… 149
非正規形 ………………… 64, 231
費用科目群 ……………………… 259
表計算ソフト …………………… 12
品目 ……………………… 62, 119
フィーチャ・オプション …… 115
フィーチャ・オプションコード …117
フィーチャ項目 ……………… 115
フィーチャ体系 ……………… 117
複合キー ………………………… 48
複式簿記 ………………………… 244
負債・資本科目群 …………… 259
物理フィールド ……………… 241
不定期棚卸 ……………………… 179
部品構成 ………………………… 62
フリーキャッシュフロー …… 266
フロー …………………………… 98
プログラミング言語 …………… 20
プロセス指向アプローチ … 21, 100
分割納入 ………………………… 191
分納 ……………………… 191, 211
分納出荷 ………………………… 189
分類基準 ………………………… 125
分類体系モデル ……………… 120
分類方針 ………………………… 126
変動原価 ………………………… 205
返品 ……………………………… 203
返品売上 ………………………… 203
返品仕入 ………………………… 220
返品出庫 ………………………… 144
返品入庫 ………………………… 144
ボイス・コッド正規形 ………… 67
包材 ……………………………… 119
簿記 ……………………………… 245
補助科目 ………………………… 282

ボトムアップ・アプローチ ……92

―――― ま 行 ――――

マスター系エンティティ ………48
マスターテーブル …………137
マーチン, J ………………18
マトリクス型 ……………124
見出しエンティティ …………52
見出し／明細関係 ……………52
無限ループ ………………122
明細エンティティ ……………52
メニュー構成図 ……………101
モジュラス11 ……………111
モックアップ ………………91
元帳 …………………251

―――― や・ら・わ 行 ――――

約束納期 ……………189, 211
有効在庫数 ………………149
有効な識別子 ………………67
ユニーク …………………47
ユニークキー ……………240
許されざる関係 …………69, 71
与信管理 …………………(230)
予約済数 …………………149
利益科目群 ………………263
リソース系エンティティ ……(48)
利用可能在庫数 ………149, 163
リレーショナル・データベース …17,
　　　　　　　　　　　(18), (43)
リレーショナル・データベース管
理システム ………………17
リレーショナル・データモデル …(18)
リレーション ………………43

理論在庫数 ………………142
理論数 …………………171
レイアウト標準 ……………105
例外出庫 …………………144
例外入庫 …………………144
レベリング ………………100
ロケ ……………………160
ロケ管理 …………………160
ロケーション ……………160
ロット …………………156, 194
ロット管理 ……………156, 218
ロット在庫管理 ……………156
ロット振替 ………………164
論理的な正しさ …………82, 87
割引 …………………(236)

アルファベット順

ABC管理 ……………………180
B級品 ………………………144
BC(Boyce-Codd)正規形 …67，74
B／S(Balance Sheet) …………253
B2B(Business to Business) ………30
B2C(Business to Consumer) ……30
CASEツール(CASE, Computer Aided Software Engineering) …102，(138)
C／F(Cash Flow Statement) ……… 253，266
CRUD(Create, Read, Update, Delete) ……………………134
DBMS(DataBase Management System) ……………………13
DFD(Data Flow Diagram) ………96
EAN(European Article Number) …… (109)
EDI(Electronic Data Interchange) … 30
EOQ(Economical Order Quantity) … 210
ER図(Entity Relationship Diagram)… 18，44，84，132
ERP(Enterprise Resource Planning) ……………………………27
FIFO(First In, First Out) ………147
JANコード(JAN, Japan Article Number) ……………………109
P／L(Profit and Loss Statement) …… 253
RDB(Relational DataBase) ………17
RDBMS(Relational DataBase Management System) ……………17

SA／SD(Structured Analysis/Structured Design) ……………………100

渡辺幸三（わたなべ　こうぞう）

新潟市生まれ。北海道大学理学部卒。(株)エス・イー・ラボにて、さまざまな業務支援システムの設計・開発に従事。パソコン系技術雑誌での執筆多数。『業務システムのための上流工程入門』『生産管理・原価管理システムのためのデータモデリング』（日本実業出版社）、「上流設計へようこそ！」（日経ソフトウエア編集『ゼロから学ぶソフトウエア設計』所収）、他。

＜業務別＞データベース設計のための
データモデリング入門

2001年7月1日　初版発行
2005年5月1日　第6刷発行

著　者　渡辺幸三　©K.Watanabe 2001
発行者　上林健一
発行所　株式会社　日本実業出版社　東京都文京区本郷3−2−12　〒113-0033
　　　　　　　　　　　　　　　　大阪市北区西天満6−8−1　〒530-0047
　　　　編集部　☎03-3814-5651
　　　　営業部　☎03-3814-5161　振替　00170-1-25349
　　　　　　　　　　　　　　http://www.njg.co.jp/
　　　　　　　　　　　印刷／厚徳社　製本／共栄社

この本の内容についてのお問合せは、書面かFAX（03-3818-2723）にてお願い致します。
落丁・乱丁本は、送料小社負担にて、お取り替え致します。

ISBN 4-534-03250-1　Printed in JAPAN

下記の価格は消費税（5%）を含む金額です。

日本実業出版社の本
ソフトウェア開発関連

好評既刊！

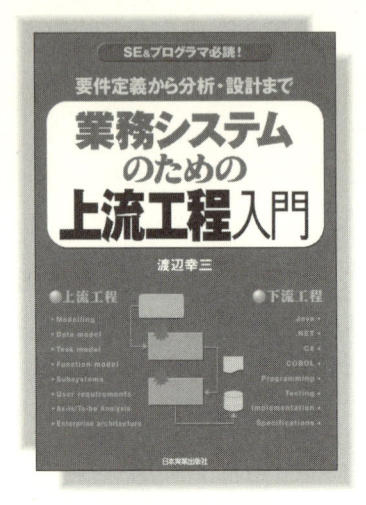

渡辺幸三＝著
定価 2520円（税込）

渡辺幸三＝著
定価 2940円（税込）

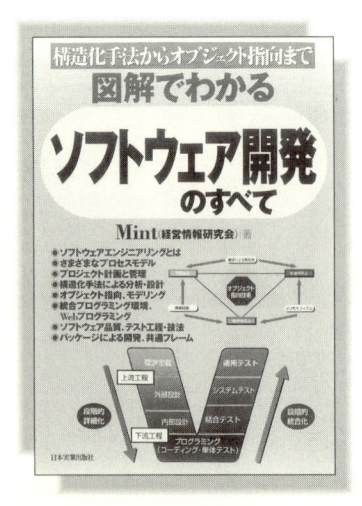

Mint（経営情報研究会）＝著
定価 2625円（税込）

Mint（経営情報研究会）＝著
定価 2940円（税込）

定価変更の場合はご了承ください。